西北民族大学民族学学科建设丛书

张家川回族研究

1

主编　虎有泽　　副主编　马小军

民族出版社

前　言

张家川回族自治县位于甘肃省东南部、天水东北部，东邻陕西省陇县，南倚甘肃省清水县，西靠秦安县，并与华亭、庄浪两县接壤。人民政府驻地张家川镇，与周边市县均有公路相通，西距省会兰州市378公里，东经陕西省陇县至西安市388公里。张家川县历史悠久，远在新石器时代就有人类繁衍生息。夏、商时为西戎活动地。秦时属雍州陇西郡，汉代属陇县、街泉县。隋唐、宋时分隶于陇城、清水两县；元、明、清时分隶于秦安、清水两县；中华民国废陇南道，属甘肃省陇南道（民国16年改道为行政区）之清水、秦安2县，1949年7月29日张家川地区解放.1950年5月设甘肃省天水专员公署，属甘肃省天水专署之清水、秦安、庄浪和陕西省陇县管辖.1953年7月6日成立张家川回族自治区，1955年6月8日经省人民委员会批准，张家川回族自治区更名为张家川回族自治县。1958年12月20日国务院决定撤销张家川回族自治县、清水县，合并设立清水回族自治县，1961年12月15日国务院决定恢复张家川回族自治县建置，以合并前的区域为自治县管辖区域。

张家川从元明开始，已有少量回族居住。依据一些零星史料推断，其一部分是1225年成吉思汗在结束第一次西征时，将被征服国家的“回回”群众编成卫军、亲军、“探马赤军”等，协助蒙古军队作战。或派遣到各地驻防，或在中国的西北部屯兵垦田，日久便散居各地，这些人在内地有的经商、有的从事各种小手工业。其中有一批“回回”便进入张家川定居屯垦。据《元史》记载，元朝因多次移军屯田和军队的不断转移，众多的“回回”军散布西北各地，他们就地驻扎屯垦，亦兵亦农，垦田备战，后因军队编入民籍，成为民户，与当地汉族联姻结亲，有一部分定居生活在张家川地区，从事农业生产。第二部分是据《明史》记载，明成祖永乐年间（1403—1424年），成祖朱棣对海外边远诸国招徕怀柔，使西域贡使、商人由新疆吐鲁番、哈密等地进入河西走廊直至关中，岁岁不绝，且有留居中国的，不仅经商，还定居为农。张家川位居关陇交通过往要道，是农商具茂的地方，一部分商人在经商往来中留居，使张家川逐渐形成了回汉民族杂居的情况。到清代中期，由于一部分回族后裔，先后以投亲靠友、经商开店、做皮毛生意等方式，选择有回民居住的村落和集镇定居，境内汉多回少，有“汉七回三”之说，当时，境内大部分为荒山大林，耕地少、居民稀。群众多以一姓一族为聚居处，形成“大分散、小聚居”的回族村庄，回族人数约占当时总人口的1/4。主要分布在境内东关、西关、上磨、刘堡、梁山一带。

张家川形成回族聚居区的主要原因是，清穆宗同治年间（1862—1874年）西北回族反清斗争失败后，清政府把被迫投降的官兵安置到甘肃清水、秦安两县境内的张家川镇、恭门镇、龙山镇、胡川、刘堡、平安、张棉驿、川王、连五、梁山、阎家等15个乡镇。他们大多利用已逃亡或迁徙汉民所遗留的村庄或屋舍居住，被安置在张家川的降清回民军共有三部分：一是李得仓部。李得仓在宁夏固原肖河城降清后，其所部“南八营”官兵及群众，共有9.62万人，被安置在张家川的有3.1万人，他们有张家川本地人、礼县盐官人、秦安莲花城人、陕西固关人、陕西巩昌人、甘谷人等。二是崔伟部。清政府将在西宁之役失败后被迫投降的崔伟部，即陕西凤翔籍回民军和眷属共1万余人，安插在清水、秦安两县境内的恭门镇、张川镇、龙山镇。他们是陕西凤翔“三十六坊”人、陕西麟游、渭南人、华亭神峪河人、灵台人、陕西澄城人。三是毕大才部。毕大才西宁兵败投降后，被安置在张家川地区的官兵及眷属共有3280人，他们多为泾阳、三原、蓝田人，集中在今连五乡境内。至此，张家川地区的民族成分发生了巨大变化，由以前的汉民多回民少变为回民多汉民少的回族聚居区。此后，陆续又有回族后裔、亲戚因逃荒或经商留居张家川镇、龙山镇、胡川乡、木河乡一带。民国26年（1937）抗日战争爆发后，又有河南的张、马、丁、白等姓皮毛商20多户连同眷属迁到张家川定居，还有因逃荒、经商留居到张家川的外地回族群众。共同形成了一个以张家川镇为中心，人数较多，面积较大的回族聚居区。在贫瘠、偏僻、荒凉和恶劣的自然环境下，生息于此的张家川回汉人民靠自己的勤劳、勇敢在这块土地上顽强地生息发展了起来，他们征山治水、战天斗地，开发和建设着自己的家园。据最新数据统计，张家川全县共有人口321513人，其中，回族222746人，占人口总数的69.28%；汉族98767人，占人口总数的30.72%。

近年来，张家川县在经济发展、社会事业、宗教文化、城市规划、交通等各个方面花了大力气，取得了巨大成绩，回汉群众在社会变迁中也表现出了巨大的潜力，积极投身于各项社会事业，取得了巨大成就，如在区域文化、特色经济等方面逐渐走出了一条独特的道路。因此，对于这一地区的历史、文化、宗教、民族关系、人物的研究，能够帮助我们把握新形势下民族地区社会发展的现状、特点及存在的问题等等，帮助我们在民族地区经济发展、社会稳定、宗教管理、教育等方面制定一些更加行之有效的机制，还可以进一步推动民族地区文化事业的繁荣发展。总之，在社会转型期，张家川作为一个民族自治县，既有机遇，也有挑战，有成就，也出现了一些新的社会问题，对张家川县回族进行研究，把握民族地区发展的规律，有着十分重要的现实意义。

编　者

2017. 10

目 录

历史研究

经济研究

文化研究

伊斯兰教研究

民族关系研究

人物研究

历史研究

“南八营”考

马　通

“南八营”所指的是哪八个营，这个名称起于何时？领导人是谁？在起义运动中有何功绩？社会影响如何？如此等等，在白寿彝先生主编的《回民起义》、慕寿祺编著的《甘宁青史略》以及甘肃有关史志中，只记述了一些比较大的问题，记述的比较简单，且不尽相同，近年来研究论述有关清同治年间回民起义的文章较少，专题论述“南八营”问题者几乎没有。1997 年出版的《李得仓传》，是记述南八营最多的一本书，书中提出“早期南八营”[①] 和“后期南八营”[②] 之说，前者为穆生华所建，后者为李得仓组建，也有把穆生华与李得仓两支武装“在教内史上合称南八营者”。[③]

陇南地区的回民自卫反清起义军，在这次起义中的影响比较大。这支起义军实际上是两支，一支为秦安县所属莲花城、龙山镇的穆生华，另一支为清水县所属张家川的李得仓。这两支起义军都是马化龙自卫反清起义军的重要组成部分，穆生华在莲花城率众起义，克常家园、邵家店子以及车车塬的壮烈战斗和攻守平、固的厮杀中表现了反清到底、宁死不屈的英雄气节，在义士中影响很大；李得仓为维护陇东南地方安全，积极推行回汉团结，帮助残存义军渡过生存难关，并和哲赫忍耶第七代教主马元章一起冒死寻找、扶持马化龙的后裔等，做了大量工作，所以在哲赫忍耶信众中的影响更大。[④]

---

① 苏德成、马国强：《李得仓传》，27 页、56 ~ 57 页，兰州，甘肃文化出版社，1997。

② 苏德成、马国强：《李得仓传》，27 页、56 ~ 57 页，兰州，甘肃文化出版社，1997。

③ 参见张承志：《心灵史》，158 页，广州，花城出版社，1991。

④ 参见马通：《中国伊斯兰教派与门宦制度史略》，422 ~ 424 页，银川，宁夏人民出版社，1983。

“南八营”是指甘肃陇南地区回民自卫反清起义的队伍，但在起义初期，并没有这个名称，陇南起义回民主要以秦安县莲花城、龙山镇、清水县的张家川和礼县盐官地区为基地，而这些地区在当时大多为哲赫忍耶的信众。这些地区的自卫反清起义领导人，主要是穆生华和李得仓，他们都是哲赫忍耶派的“穆勒提”，所以人们把他们领导的起义武装不加区别地称为“南八营”，其实还是一个误称，穆生华、李得仓分别领导的起义武装，在运动过程中虽互有接济和援助，但这两支武装始终是独立存在的。穆生华是秦安莲花城、龙山镇起义的领导人，他领导的起义人数最多，最早号称“莲花城反清起义军”（以后又有新的称谓，没有打“南八营”牌子的记载）。李得仓是清水县张家川起义回民的领导人，开始只编了五个营，通称张川营，至于“在教内史上合称南八营”的说法事实上是不存在的。

“南八营”的形成，要从李得仓起义的全过程说起。

同治元年（1862 年）八月，陕西固关老营里回民数十户投奔张家川避难，城内回民怕引起地方官干预，不敢收留。王家堡子汉民王平安（秀才）出面将这些难民收留在本庄及周围的汉民村庄。同治元年十月，清军范铭率军进剿张家川。张家川回民为了自卫，推董家坡李朝栋为大帅，并联络避难的陕回宣布起义，后在张迅梁与范铭初战获胜。但大帅李朝栋在途中被团练击杀，大众遂推选李得仓继任大帅。李得仓（1827—1896）是甘肃张家川李家山村人，回族，他继任大帅后，即组建兵营，加固城堡，秣马厉兵，继续自卫反清。同治二年（1863 年），李得仓是参与攻取平、固，还是守卫张家川，未见记载。从同治三年（1864 年）张家川保卫战看，李得仓没有参与攻取平、固的故事。《平回志》记述：同治三年六月，提督雷正绾部攻陷平凉城后，即与陶茂林等部于八月初攻打张家川，直至九月才攻下了张家川城，城陷之后，龙山镇铁正国部与张家川李得仓部合兵一起，潜至莲花城与穆生辉（穆生华率义军攻取平、固时，留其弟穆生辉在莲花城等地继续活动）所率义军共同打击清军，并开展了一次大反击，打死打伤官兵千余人，雷正绾亦受伤，但清军在龙山镇追杀义军途中攻开邵家堡、马家堡，杀害起义群众 2000 余人。[①] 同治三年“十月初六日诸军齐奋，遂将莲花

① 参见（清）易孔昭：《平定关陇纪略》（卷二），见白寿彝主编：《回民起义》（第三册），295 页、301～303 页，上海，神州国光社，1953。

城攻开，短兵巷战，毙贼数千，余逆向盐官窜去”①。

李得仓率部在秦安莲花城血战突围后，于同治四年（1865 年）初抵达礼县盐官，受到张满拉、何士秀的欢迎与支持。当时清军曹克忠部尾追其后，重兵进攻盐官，高楼寨一战，张满拉牺牲，李得仓遂采用运动战术，开始转战于陇西、静宁、会宁、海原、固原、隆德、同心一带，大营扎驻穆家营（时属静宁所辖）。当时（同治四年）穆生华已率部分义军奔向金积堡，被打散的部分穆生华义军投靠李得仓，于是李得仓在静宁组织了“南八营”，李得仓为大帅，苏生太为副帅，张家川李生华、莲花城穆生辉、礼县何士表、伏羌马圣杰、龙山镇铁正国、李成恩为各营首领。同治四年三月，清军曹克忠部围攻盐茶，李得仓率3000人马援助盐茶义军，结果城破，义军首领田城基被俘，同治五年（1866 年）五月，固原、静宁、会宁等地义军在马生彦、任老五、李得仓、崔三等领导下欲谋东归，陕西巡抚刘蓉正在围剿捻军，西捻张宗禹由豫向西安进发，与陕甘回民互相呼应。六月，李得仓率部进攻华亭县城失利。七月中旬，陕甘总督杨岳斌见东南军情吃紧，亲督诸军进攻清水张家川等处义军，王得胜、傅先宗进驻邵家湾，彭楚汉、李明发移驻李家堡（李得仓老家）。八月初二夜，义军携眷先撤。八月初四，杨岳斌途中与义军李得仓相遇，交战中，傅先宗受伤，② 九月下旬，李得仓又率部转战于泽州、固原、静宁等地；九月二十二日与清军会战于洪河川，义军获胜。由于李得仓的运动战术取得了成功，加之粮荒严重，搅得陕甘总督杨岳斌防不胜防，忧虑万分，这种情况，为李得仓部众提供了一个较宽松的活动时间。

同治六年（1867 年）五、六月李得仓率众降清。“初，静宁州回目李得仓，盐关营回目何士秀率静宁南八营及盐关营十六万人投诚。诏张瑞珍、王得胜往抚。瑞珍按册稽点，实得九万六千二百余人，其中汉民胁从者三万一千五百余人，遣散回籍。其无归者，尚千余人，令在萧河城以北至盐茶、豫旺城一路垦荒田。回众陆续因饥病死亡，尚存三万一千余，皆愿回籍。瑞珍以回众旧住秦安、清水所辖之张家川等处，令其各诏旧产生理，遣李得仓严束所部，不得扰及汉民。盐关营回亦安插于秦州、静宁等处。两年来，汉、回和好，商贾道行，张家

① （清）易孔昭：《平定关陇纪略》（卷二），见白寿彝主编：《回民起义》（第三册），295 页、301～303 页，上海，神州国光社，1953。

② 参见（清）易孔昭：《平定关陇纪略》（卷二），见白寿彝主编：《回民起义》（第三册），295 页、345 页，上海，神州国光社，1953。

川附近民堡及陇州知州汤敏皆称李得仓约束有方。……六月穆图善以为张瑞珍等能恩上威并济，安插回众数万，未烦一兵，未糜一饷，南路州县获保安全，办理有方，奏请给奖以示激励”①。

从前文中可以看出，李得仓降清的时间是同治六年（1867 年），因为这段史料往往被置于同治健康长寿年，但文内穆图善说“两年来，回汉和好……”，这说明是同治六年降清的。这时，正是穆图善任陕甘总督时期。穆主张宜抚不宜剿，对受抚者较宽容，所以李得仓就抚后，准许回原籍，认旧业生产，只要求李得仓严加管束，不得生事。② 李得仓率 16 万之众降清，平息了陇东南一大片地区的战火，对摇摇欲坠的清廷也是十分重要的。李得仓部的大部分时间是东窜西扰，以求生存为目的，很少与清军针锋相对。最重要的是，李得仓“有勇有谋，胆略达人，善于驾驭时局”，这是他躲过左宗棠的屠刀使数万之众活了下来的重要原因。文中所记述的“静宁南八营及盐官营”也说明了李得仓组织“南八营”的地点及时间，同时，通过对李得仓的整个反清活动的考察，证明穆生华并未参与组织“南八营”，是穆生华之弟穆生辉参与了“南八营”。

（原文发表于《甘肃民族研究》1998 年第 4 期）

① （清）杨毓秀：《平回志》（卷四），见白寿彝主编：《回民起义》（第三册），140 页，上海，神州国光社，1953。

② 参见苏德成、马国强：《李得仓传》，27 页、56～57 页，兰州，甘肃文化出版社，1997。

从李得仓致左宗棠书看陕西回民反清运动的起因

——兼论李得仓其人

马国强

李得仓，回族，甘肃清水县张家川（今甘肃张家川回族自治县）李家山村人。他是清同治年间响应陕西回民起义最早的甘肃回民起义领导人之一。同治元年（1862年）八月，在陕西关中回民起义影响下，李得仓在家乡张家川揭竿而起，率众起义，被推举为大帅，先后同前来进剿的清军范玉春、雷正绾、谭玉龙、张在山、陈开泰、陶茂林、曹克忠等部大战于张家川、龙山镇、莲花城、盐关等地。由于清军重兵集结，残酷镇压，李得仓在张家川、龙山镇、莲花城、盐关等地相继失守后，在同治四年（1865年）北部转战会宁、海原、固原、同心一带并创建了南八营。同治五年（1866年），李得仓统率南八营挺进陇东董志塬，与退守在那里的陕西回民起义军并肩作战。在这期间，他会同陕甘回民起义军马生彦、任武、崔伟、穆生华等部东进陕西战场，牵制清军，支援陈得才部太平军同清军作战。李得仓还同张宗禹率领的西捻军有过几次大的联合军事行动，而且这几次联合作战都取得了成功。李得仓曾配合西捻军攻入汧阳、陇州、凤翔等地。从同治元年到同治七年（1868年）这一段时间，李得仓率领义军驰骋陕甘各地，攻城夺地，重创清军，沉重地打击了清王朝的统治。清代官方史料是这样评价他的："回逆漫延陕甘，至逆回之最著者，则静宁州肖河城逆首李得仓一大股。"①

然而就在同治八年（1869年）左宗棠实施"三路平回之策"，进剿以金积堡为中心的陕甘回民起义军之际，"静宁州回目李得仓、盐关营回目何士秀率静宁

---

①（清）易孔昭：《平定关陇纪略》（卷四），见白寿彝主编：《回民起义》（第三册），367页，上海，神州国光社，1953。

南八营及盐关营十六万人投诚”[①]。李得仓在固原县属之穆家营（今西吉县城）投诚时，曾向左宗棠呈送了一份长达万言的禀帖，即所谓《万言书》。这份《万言书》备述了陕西“同治事变”的缘由，笔者认为这是研究清同治年间陕西回民起义起因和发端的不可多得的史料。其珍贵之处是，它出自于同治年间多次东进陕西战场同清军作战的甘肃回民起义首领李得仓之手，是李得仓亲自呈送陕甘总督左宗棠的重要书信。这里应着重指出的是，这份书信既未被《左宗棠全集》的有关部分收录，又未载入清代任何官方文献，这说明《万言书》在民间广为流传，被称为杰作。张家川至今仍有人能将其主要内容背诵下来，这说明《万言书》在民间的影响及深入人心的程度。

左宗棠从政入仕，步入军旅生涯之后，他所有的政治、军事、经济、文化活动都被幕僚们编纂成集，包括批札、咨札、告示、说帖、书札等，但李得仓因投诚而写给左宗棠长达万言的重要书信为什么没有被幕僚们收录于《左宗棠全集》呢？笔者以为由于行军作战，这封书信有可能于军旅中遗失。因为《左宗棠全集·札件》一书在首部“本册说明”中说：“初，左宗棠以四品京堂襄办军务，率领湘军与太平军角逐于东南，戎马倥偬，战事激烈，环境极不安定，文书档案多有丧失。后来官至封疆大吏，军书旁午，公务频繁……这种情形尤以晚年为甚。”[②] 但笔者设想还有一个极重要的原因，就是这封书信因为切中要害，极为真实地揭露了“同治事变”的真相，从而触犯了左宗棠这个清朝封建地主阶级代理人的大忌，为了维护本阶级利益和进一步愚弄人民，掩盖事实真相，所以左宗棠以及他的幕僚在编纂文集时有意将它割舍了。事情往往不以人的意志为转移，尽管《万言书》被清代官方封闭，但这份攸关生死存亡的书信却在张家川地区的回民群众中扎了根。笔者以附录形式刊载于后的《万言书》部分内容，就是中华人民共和国成立初期由张家川回族自治县政协常委、民主人士马守礼先生在拟定文史资料时，从民间根据一些老人靠记忆背诵下来的一些断断续续的部分整理出来的。它虽不完整，但仅这些片断也足以反映“同治事变”的端倪，它是我们研究清代同治年间陕西回民起义历史的重要口碑文献资料。

吴万善先生在其《清代西北回民起义研究》一书的前言中说：“统治阶级留

---

① （清）杨毓秀：《平回志》（卷四），见白寿彝主编：《回民起义》（第三册），140页，上海，神州国光社，1953。

② 《左宗棠全集·札件》，1页。

下的文书中，充满了对起义的诋毁歪曲之词，旧史家也难免怀有偏见，或受其阶级与时代的限制编写史书的，而起义者本身又未能留下文字资料，流传下来的口碑材料虽十分珍贵，但却不多。”① 而《万言书》恐怕是起义者本身陈述“同治事变”端倪的仅有的局面资料吧！李得仓致左宗棠的投诚禀帖虽称《万言书》，但实际是3600余字，整理出来的片段约500余字。笔者这里就该书信的重要内容和核心部分谈谈自己的管窥蠡见。

第一，书信首先指出同治初年陕西回民起义的导火索为华州圣山砍竹事件。而之所以会发生砍竹事件，是因为官府逼迫回勇去防堵太平军，要制作武器。因回民砍汉人的竹竿，竹园主纠众打死回勇二人，而官府处理不公，回民愤而起事，遂引发了回民大起义。《万言书》载：“陕西华州赵老五与回民有隙，因砍竹竿起手。长毛残部窜入陕境，皇上有命到处防御，赵老五不许回民砍竹竿，只许汉民去砍，两下相争打架，回民打死汉民一人，汉民打死回民两人，回民上衙告状，其官不分黑白，将回民打押，回民呕气不过，又和汉民打架。”

第二，书信指出陕西团练大臣张芾对回民施行的种族灭绝政策和血腥镇压是陕西回民起义爆发的起因。《万言书》载：“陕西团练大臣张芾，沿路一带设立铡子会，到处铡回民，此刑比唐史之网铃、商纣之炮烙刳剃，歹有甚焉。彼时回回欲翔无翅，欲潜无源，势如穷途，激成变乱。”

第三，书信引用了两个喻义不同的历史典故。用“汉武侯渡泸水恩报南蛮”说明执行友好的民族政策，以德待人，可以转危为安，赢得民心；反之，如果像“白起收赵一事”那样施行暴虐统治和种族灭绝政策，就会激成变乱，而一个弱小民族在面临生死存亡之际就会众志成城，奋起反抗。

第四，因为是属于降表一类的书信，为了达到就抚的目的，从措词策略上讲，书信不免要对左宗棠及清廷恭维一番。如“我大清临御以来，列圣相称，回汉两教一视同仁”。“回回修盖礼拜寺，内设万岁牌，一则报其皇天原造之恩，二则报其皇王水土之德……恳祈宫保大人转呈皇上皇太后御前，回回感其教，汉民感其德”。这些套话无非是为了取得清廷的谅解，争得发族生存权。

总之，李得仓致左宗棠书“婉言诉陕西回变过程，控告陕西团练头子张芾劣迹”②，书信措词得当、是非分明、柔中有刚、刚柔相济、引用典故、慷慨陈词、

① 吴万善：《清代西北回民起义研究·前言》，2页，兰州，兰州大学出版社，1991。

② 张承志：《心灵史》，161页，广州，花城出版社，1991。

不卑不亢、铿锵有力，是一篇颇费心力、耐人寻味的传世佳作，难怪有人将它死记硬记，使之得以流传于今。

同治八年（1869 年）六月，李得仓派苏生杰持投诚禀帖去西安面见左宗棠，得到左宗棠的允准。同治九年（1870 年）正月，李得仓到平凉见了左宗棠，“被赏戴红顶花翎，钦封武翼都尉四品衔”，并享有越级奏事权。其部众被安插于“清水所属之张家川等处，令其各认旧产生理，遣李得仓严束所部。”①

怎样评价李得仓的“就抚”问题呢？列宁指出：“在分析任何一个社会问题时，马克思理论的绝对要求，就是要把问题提到一定的历史范围之内。”② 本着这一要求，我们深入分析，西北回民起义与太平天国、捻军不同，它不同于一般的农民起义，它是民族自卫性的，有反抗就被屠杀。而只要能生存，不被屠杀，就可以“受抚”。事实上，1864 年天京的陷落和 1868 年捻军斗争的失败，标志着中国近代第一次革命高潮的结束，在西北，清王朝已可腾出手来，开始集中兵力对回民起义进行残酷镇压。李得仓在左宗棠三路大军压境之际，审时度势，适应了左宗棠“剿抚兼施”的策略，接受了“招抚”，在一定程度上中止了屠杀和抢劫，使社会生活和生产稍稍恢复安定，因为整个形势对回民起义军不利。值得一提的是，李得仓“就抚”后，并未干弯弓反射，掉转枪口屠杀同胞之事，而充分利用自己的身份在起义军和清军之间进行斡旋。同治九年（1870 年）三月，李得仓暗中支持转战当地的陕回崔伟部在距张家川城东五里许的王堡村设伏，遂“败王得胜军于王家堡”③，重创了尾追崔伟所部的清军。

李得仓在张家川“严束所部”期间，还收留陕西、河州被打散的回众于龙山镇、马家堡、马家河等南八营堡寨之中。此事被左宗棠觉察，他在有关批札上称：“有言陕、河各逆见分藏南八营各堡寨内”，“唯该军功疑畏过深，恐不免仍持两端，求自全之策，而终不免于败露。”④ 并责成马德顺察看“李得昌（即李得仓）南八营有无阳顺阴违情事”⑤。李得仓暗中和崔伟常有书信来往，他致崔

① （清）杨毓秀：《平回志》（卷四），见白寿彝主编：《回民起义》（第三册），140 页，上海，神州国光社，1953。

② 《列宁全集》（第二卷），512 页。

③ （清）曾毓瑜：《征西纪略》（卷二），见白寿彝主编：《回民起义》（第三册），35 页，上海，神州国光社，1953。

④ 《左宗棠全集·札件》，159 页。

⑤ 《左宗棠全集·札件》，159 页。

伟的书信被清军截获后呈送左宗棠，李得仓因此事受到左宗棠的严厉斥责。他还参与接受河州马永瑞、马占鳌的求抚活动。

由于李得仓善于周旋和驾驭时局，多年来在他的辖区内“汉回和好，商贾通行，张家川附近民堡及陇州知府汤敏皆称李得仓约束有方”①。因此在一个较长时期内创造了汉回友好相处的社会环境，并赢得了人们的尊敬。

附录：

李得仓致左宗棠书

我大清临御以来，列圣相称，回汉两教一视同仁。自顺治、康熙、雍正、乾隆、嘉庆、道光、咸丰以来，有白莲教、八卦教、长毛、南蛮、李顺达、蓝大顺前后叛乱，是皆汉民叛逆，未闻我回民作乱者也。自同治登基以来，风调雨顺，国泰民安。陕西华州赵老五与回民有隙，因砍竹竿起手。长毛残部窜入陕境，皇上有命到处防御，赵老五不许回民砍竹竿，只许汉民去砍，两下相争而打架，回民打死汉民一人，汉民打死回民两人，回民上衙告状，其官不分黑白，将回民打押，回民呕气不过，又和汉民打架。……陕西团练大臣张芾，沿路一带设立铡子会，到处铡回民，此刑比唐史之网铃、商纣之炮烙刳剃，歹有甚焉。彼时回回欲翔无翅，欲潜无源，势如穷途，激成变乱……故此前来投降。至于收回一事，如汉武侯渡泸水恩服南蛮，宋曹彬下江南德感李煜；比如白起收赵一事，我回回虽愚，因愚而有预备。今口里口外回民不下百万，战将不下千员，不争江山，不夺社稷，意欲杀尽贪污汉吏汉官，到处练团之匪首，然后甘心。……我回民文不下阁台之铨，武不下武略之才，饮水思源，应效咬人之啼……回回修盖礼拜寺，内设万岁牌，一则报其皇天原造之恩，二则报其皇王水土之德……恳祈宫保大人转呈皇上皇太后御前，回回感其教，汉民感其德。

（原文发表于《甘肃民族研究》1995 年第 2 期）

① （清）杨毓秀：《平回志》（卷四），见白寿彝主编：《回民起义》（第三册），140 页，上海，神州国光社，1953。

清同治年间张家川回族聚居区的形成

马国强

张家川回族自治县位于甘肃省东南部陇山西麓。东接陕西省陇县，西连甘肃省秦安县，北与平凉地区的华亭、庄浪接壤，南与清水县毗邻，境内大部分为山地，地属黄河中游黄土丘陵沟壑区，总面积为 1311.8 平方公里，共有 23 万多人，其中回族占 68%，余为汉族。

张家川地区之所以形成一个以回族为主的少数民族聚居区，溯其根源，始于清代同治年间的陕甘回民反清起义。在此以前虽有回民居住，但其人数少于汉民。当时回族居住地区主要有：1. 张家川城的东城、东关，其中张、魏、苏三姓的大族，张家川城原只有西城，城内居民皆汉民，后经张、魏、苏三族承头筑东城一座，东、西城相接之处留有夹道地带各开一认城门，称之“双城门”，双城门以东为回民聚居区，以西为汉民聚居区。城西西关、鸦儿沟门一带汉回杂居，城东北的上磨、苏家山庄、董家坡一带皆回民村庄。2. 刘堡一带的马家天、李家山、毛家峡、毛家湾、蝉丹沟、峡里、大麻子、王山家等处，以李、马两姓居多。3. 龙山一带的龙山镇、马黑墁、马家角头、川里王家、马家河等处，以李、马、王三姓居多，龙山城内汉多回少，在洪、年、桑、李四大家族中，只有李姓是回族。4. 马关一带的梁山、杨家梁、杨家崖边、斜头下、白家湾、黄家、樱桃沟、马家堡等处，以杨、马二姓居多，其中马家堡汉回杂居，汉多回少。5. 马鹿镇有少量回民，闫家店、恭门镇等处只有个别回民迁移户。

同治元年（1862 年）十月，张家川地区回民公推李得仓为大帅，发动反清起义之后，境内汉民或筑堡寨集结，或迁逃邻县。张家川成为甘回、陕回往返流离之要道和起义军与清军相互拼杀的主要战场。经过战乱，境内大部分地区几乎人烟绝迹，农田荒芜。至同治九年（1870 年）李得仓降清，所部“南八营”被安插张家川后，境内四周虽然不断有所干扰，但大部分地区暂告平静。就抚之回民群众开始安居就业，但在李得仓降后的四五年间，陕回各部仍在辗转流动作战。宁夏马化龙、河州马占熬以及西宁、肃州一带回民起义军亦尚与清军激烈抗衡。此情况下，张家川被抚回民仍惧清军剿袭；而汉民群众亦怕回民复变。因而逃离原村庄之汉民不敢上庄，被安抚之回民亦是“推度时日，等待下落”的心理，哪里有可耕之地、可住之屋，就暂在哪里栖身。其中当地回民有家可归者，大半仍还居原村庄，因家舍破坏或原住村庄距回民聚居区太远，不便还居原村庄的，以及甘谷、莲花城、陇西盐关、固关等处的客回，均利用战乱中迁徙逃亡的汉民住所暂时栖身。

同治十二年（1873 年）春，西宁之役失败后，陕西凤翔回民崔伟部和陕西泾阳、三原、蓝田一带的回民毕大材部面临粮尽援绝、孤军作战，濒临覆灭的危险境地。在丧失作战能力的不利情况下，崔伟部和毕大材部在西宁接受了左宗棠的招抚。崔、毕两部降清后，其所部精壮人等被左宗棠改编，组成“旌善马队”，后随刘锦棠出关进兵新疆，两部眷属及老弱妇孺三万余陕西回民被清军押赴秦安、清水两县（即今张家川境内部分地区）择地安插。战争中的颠沛流离，大量牺牲，使其人口骤减，及安插时，所剩无几。

崔伟是陕西凤翔人，所部亦完全是凤翔人，凤翔原有回民三十六坊。其中城内两坊、城外三十四坊。同治初年，崔伟在凤翔府崔家洼率众起义后，清军镇压时，凤翔城内两坊只有苗、朱、蕲、王、马五姓是从城墙跳下出走，幸免于难，其余城内回众均被清军屠杀。战乱中，凤翔男女老幼共六万余人，编为中、前、左、右、后五个营。乃至同治末年崔伟兵败投降被安插在张家川地区时，崔伟所部不足一万，其余均死于战乱，崔伟部安插在张家川的恭门、闫家、张良、平安、桃园一带，安插后仍称凤翔人或三十六坊人，居住村庄亦完全以凤翔老地方命名。如恭门之麻家崖、丁家团庄，还有桃园、官材等都是陕西凤翔原地名，又如桃园一带居住的凤翔五营中的前营，起义后编为十二棚子，至今仍称十二棚子人。

毕大材是陕西泾阳人，所部包括泾阳、三原、蓝田三个县的二十六坊回民，至今仍称二十六坊人，他们安插在龙山一带后，所住村庄亦沿用陕西泾阳等县原地名。如连五的蓝家、安伍家、锁家等都是泾阳原地名，及安插龙山一带时，毕大材所部共有三千四百多人，较之起义时减少十分之七八。

张家川境内的回民，就同治末年而言，有甘回、陕回两大部分，甘回即李得仓之“南八营”回民，陕回即崔伟、毕大材所率之陕西各地回民；就籍贯而言，有本地回民和客回之别，客回除陕西人外，还包括甘谷、盐关、莲花城、陇西和所有外来回民。

以上回民的人口比例，张家川本地人约占28%，陕西回民约占26%，莲花城人约占18%，盐关人约占14%，甘谷人约占8%。

在甘肃回民中，张家川本地人，主要居住在张家川城内外和原张家川之北川各村庄；上磨、袁三、胡川一带的一半村庄；峡里、马天、大麻等地的大部分村庄、龙山镇、木河、韩川和张家川城附近的崔家湾、仁家湾、黄家湾、罗圈湾、柳家湾、碾子湾、野鹿、仁黄家、毛家山、毛家沟等村庄和龙山镇西街等处。盐关人主要居住在原张家川城近郊之付家山、潘家山，上下渠子、许家湾、大地里，刘堡一带的张棉驿、苏家湾、周家大庄、黑确下、喜家湾、李家角，马关一带的斜头下、杨家渠、杨家崖边、瓦房儿等村庄。莲花城人主要居住在龙山的西沟、川王的大部分村庄，中庄各村庄，渠子的一半村庄，张家川城郊之瓦泉沟、潘家峪、火湾、杨家店子、芦子湾，马关一带的陈家台子、聂家湾，恭门镇邻近的古土坡、梁家湾、许家湾等处。华亭神峪河人，百余户，居住在川王的小河子一带的马天的何家坡一带。陇西人，不满百户，主要居住在龙山镇本街和张家川西边饮沟等处。此外，还有陆续迁来的各地回民，人数不多，均插花居住。

在陕西回民中，凤翔人主要居住在恭门、张良、平安、付川、付堡、闫家、桃园、张家川东街、龙山镇北街，其中以恭门、闫家、张良、桃园、平安五处最多。泾阳、三原、蓝田等县人，主要聚居在连五、赵坡，也有散居在龙山镇附近的。连五、赵坡的陕西人中，有三原人一庄、蓝田人四庄，其余为泾阳人。固关人，通常称老营里人，不满百户，居住在张家川上磨、刘家一带。临潼、渭南等地人（又称东弥人，西安东部回民之别称）不满百户，在龙山镇本街和北山一带插花居住。

崔伟、毕大材两部安插张家川时，相传他们在西宁降清后，有人主张仍回陕西原籍，有人则说回陕西人少势孤，前途险恶，主张暂在甘肃择山林地带居住，以利自卫。于是他们要求安插在化平和张家川一带。他们要求安插在化平和张家川的另一个原因是化平已经安插过一部分陕西人，张家川又是回民地区，有利于互相扶助。他们的最终目的仍想回陕西原籍。他们初到张家川时，有“借土三年”之说，但这毕竟是他们思乡、恋乡的一种愿望而已。由于清朝廷“秦不留回”的民族歧视政策，他们自后便长远留住在甘肃张家川了。

（原文发表于《甘肃民族研究》1991 年第 1 ~2 期）

从考证地名审视回族聚居社会演变历史

——以张家川回族自治县地名调查为例

马守途　青　觉

地名有它的起源、词义、演变、转译。在这个过程中每每与当时地理的、人文的、政治的诸因素密切相关。在大小地名中，常见现象是以自然地形、山川河流、地理位置而命其名。如河南、河北、山西、山东、梁头上，沟底村、阳庄、阴坡里，凡此地名现象到处可见。也有些大地名是来自小地名，如甘肃之名来自甘州与肃州之联（即今之酒泉、张掖），张家川县域名源自张家川镇。藏区、壮乡之称，虽不属确切地名，但因分别住有藏、壮同胞才得此称。

在我国统一多民族的大家庭中，以民族称谓而命名的地名，多见于少数民族散居的地区。回族在形成过程中及形成后的多次迁徙中，散居全国，形成“大分散、小聚居”的格局，史有“回回遍华夏”之称。因此，在全国各地以回族族名为地名的也不乏其例，且在所有少数民族中，以回族族称为地名的最为常见。诸如全国回族散居地区常见的回回台子、回回巷巷、回回冲、回回道、回回场、回回寨子等。这类地名一般又都是自他称而得来，不是回族自称而得之。但这些地名，在中华人民共和国成立后随着落实党的民族政策及贯彻民族区域自治法，进行了更新换名，如重新被命名为自治巷、团结村、清真街、民族路等新地名。这些地名的新旧更替，看似小事，但却充分反映了不同政府对待民族问题的立场、态度及具体政策，也反映了回族在其发展过程中所经历的不同的历史阶段。

一、缘由及个例分析

由西安沿古丝绸之路南大道西行，翻越巍巍关山，便进入张家川回族自治县。整个县域位于甘肃省东南部，陇山西麓，东临陕西省陇县，南、西、北分别与甘肃省清水县、秦安县、华亭和庄浪县接壤，总面积1311.8平方公里。2003年全县总人口30.8万人，其中回族21.3万人，是目前我国回族分布比例最高的自治县。

上面所论及的地名，形成、固定并自然地传承至今，能够充分反映出该地名形成时所受的影响因素，（地）名实（含义）相符，在地名中常见的另一现象是名不副实，即包含在地名中的成名参数（因素）和其反映出的信息与现实不相吻合。上述两种地名现象在张家川回族自治县境内都有表现，且名不副实地名十分普遍。另外，在其地名中还存在一些地名与姓氏、民族、现状都相符的特殊现象。还有，县域内的有些地名虽辈辈相传，却至今不知其来历，有些更难知其字其义。因此，考查这些地名，穷究其来源，本身就是一件有意义的事情。再者，弄清楚这些地名的时代和相互关系，复原其所处的历史背景，对阐明某一民族的历史和某些历史事件的因果关系，是有补益的。[①] 笔者在对该县实地考查的基础上，对其地名现象和尚无定论的一些地名作一考析。全县地名中有代表性的有下列几类情形。

（一）地名中常见名不副实的现象

这种地名现象，在张家川回族自治县较为常见。凡属此类又有几种情况：

第一，以姓氏为地名，但名实不副。如该县上磨多高家台子，却无一户高姓人家，全为回族最常见之牛、海、杨姓；刘家里（地名）全为回族常见之苏、魏、马姓居住；而在之纳家十字，居民中无一户纳姓，全为回族最常见之马姓居住。经查，这些村庄原为当地汉民居住，在清同治陕西回民起义战乱后期，原地汉民迁出，外地回民或逃亡，或被安置于此（多为空置）。

第二，地名转译，同音异字，改变原义，名不副实。如该县恭门乡古土坡（音）、上磨乡陡头里（音）两地名，至今不解其意，走访推理得知，在清朝同治年间及之后一段时间里，原地名应为滚头里。系清代同治年间陕西回民起义中，清军在以上两地屠杀被俘回民，因被砍人头顺坡滚落而下，遂得此地名。民国以来其地名因有不雅之嫌，官方换字，群众顺音，不知不觉自然更名。20世纪50年代当地农民在此整修梯田时，挖出数百颗人头骨成排状，证明其事属实，另作解释不确。

---

① 参见宋蜀华：《唐宋时期傣族史上的若干地名人名研究》，载《民族研究》，1981（1），15页。

第三，外地回族迁来，地名遂名不副实，又使迁出、迁入两地的民族和方言结构发生变化。如该县上磨乡崔家湾村，村民全为马姓，经证实，受清同治陕西回民起义波及甘肃省甘谷县（旧称伏羌）之回民，几乎全迁逃张家川入居崔家湾，且迁来回族多为马姓，遂形成地名姓氏不符，即今虽称为崔家湾，但村民全为马姓，另外，此后甘谷县几乎没有回族，张家川却出现了专操伏羌方言的回族。①

（二）两省异地，地名却同源一处

此类地名张家川回族自治县境内较多。如该县的兰家、丈八寺、坎家、马咀、麻崖、桃园、瓦一头、角寺、凤翔巷、凤翔咀等村名庄名，经考在清代同治回民起义中，陕西回民举家拔眷逃迁，中途被安抚在张家川。如起义前的1861年，凤翔府之岐山县有回民28坊，平均每坊2250人，岐山全县就有6.3万回民。②

虽新近易地，但入迁者仍尚用其陕西之旧名，在张家川回族自治县境内的以上地名在陕西今仍存，出现陕西、甘肃两省同地名之现象。另外，也使张家川回族自治县出现了说陕西地方方言的回民。

（三）地名与姓氏、民族、现状“三相符”

在张家川回族自治县境内此类地名见于回族聚居村庄，有马家河、麻家崖、丁家团庄、丁家渠、摆家壑落、摆家湾、沙家庄子、毕家沟、坎家梁、喜家湾、马家咀头、马合曼家等这些以姓氏命名的地名。以上姓氏大都源自回族先民之阿拉伯姓氏，亦是回民常见之姓。这类地名是为回族先民之阿拉伯姓氏，亦是回民常见之姓。这类地名是为回族世居于此而形成，这与自汉武帝开拓西域以来，唐、宋两朝均有大食人于张家川定居，与元代“回回”人亦多有迁居张家川者的史实是相吻合的。③ 因此，可视为“三相符”的特殊地名，即单从地名看，其反映出了居住者的姓氏，从姓氏又可知这里住有回族同胞，而现实中确是如此。

（四）地名由宗教场所及军事编制而来

张家川回族自治县境内以宗教场所命名的地名有礼拜寺、坟园寺巷子等，自中华人民共和国成立前至今一直沿用。中华人民共和国成立初期所设立的宣化

---

① 参见张家川回族自治县地方志编纂委员会：《张家川回族自治县志》，1390页，兰州，甘肃人民出版社，1999。

② 参见马长寿：《同治年间陕西起义历史调查记录》，214页，西安，陕西人民出版社，1993。

③ 参见张家川回族自治县地方志编纂委员会：《张家川回族自治县志》，296～297页，兰州，甘肃人民出版社，1999。

区，就是人民政府以县境内中国伊斯兰教哲赫忍耶教派圣地宣化冈之名而命名的（后撤销并入张家川镇）。[①] 以军事编制和军队驻地而命名的，至今有扎子梁、扎子地、炮台咀，皆因清同治回民起义时期的军事编制及战祸所成。

（五）空有地名，而无住户的地名

如该县上磨乡分之赵家庄，多方证实原为赵姓汉民一村庄，在清同治回民起义中赵姓全族迁出，后无人再入住于此，故空留一地名。此类地名在该县也有多处。

（六）虽官赐地名，而终不流畅，复用旧地名

今张家川回族自治县上磨里（地名），在清同治回民起义之前，就为百户马姓回民所聚居。清朝嘉庆道光时期，此地经济发展较快，陕西回民起义波及于此后，全体原住回民守地不动，因未遭动乱，及后至民初。该地遂成名震西北的首富之地，涌现出了万盛生（商号，后同）、天顺裕、全义德、福厚昌、万盛昌、长发祥等大商巨贾，有的贸易范围及达京、津、沪、晋、陕等地并置有地产。后经新文化的启蒙，在民国时期该地走出了马乾三（国民革命二军骑兵旅旅长）、马得凤（“西安事变”前东北军骑兵师师长）、马得彪（“西安事变”前东北军骑兵师参谋长）[②]、马良骏（现代中国社会活动家、伊斯兰教经学家）[③] 等一批政治上显赫、宗教界有名的人士，民国地方政府赐此村以“上达”之名，以为彰显，并在此村方圆设立上达乡。[④] 但在一段时期内，官员称上达，民仍呼上磨，新旧并用，中华人民共和国成立后人民政府在地名普查中，复用上磨。

（七）汉族聚居村庄亦可常见地名与姓氏、民族、现状“三相符”现象

如上磨乡王家堡子，今是以王姓为主的汉族聚居大村，村民自称其祖上于明清之交由山西大同府迁来。清同治陕西回民起义期间，王家堡子以王平安为首的汉民，对落难于此的陕西回民竭力救济，关系甚好，此地未出现住民旧出新入的事实。因此，在这里也形成“三相符”现象，即，从地名可知住有王姓人家，从王姓知为汉族，而现实也是这样。一个有趣的现象是，该县群众即使没有去过这个地方，也可从“王”（《百家姓》之八，汉族之大姓）和“堡”（示集中住有多户

---

① 参见张家川回族自治县地方志编纂委员会：《张家川回族自治县志》，67 页，兰州，甘肃人民出版社，1999。

② 参见马怀玉：《“三马回”事略》，载《回族研究》，1995（1），92～96 页。

③ 参见白寿彝：《中国回回民族史》，1459 页，北京，中华书局，2003。

④ 参见张家川回族自治县地方志编纂委员会：《张家川回族自治县志》，90 页，兰州，甘肃人民出版社，1999。

人家，是为大村庄）推断出此地为汉族居住。当然，上面提到的回族聚居村庄地名“三相符”的，也存在这种现象。该县刘家堡子（地名）是刘姓占绝大多数的汉族大村，村民自称是汉朝皇刘之后，祖上明时由山西大槐树庄迁来，亦在地名与姓氏、民族、现状“三相符”之列。另据该县高龄老人讲述，在清同治陕西回民起义中，该地刘姓汉民亦接济过流落于此的回民。此类地名在该县还有其他几处。

（八）两姓相连作为地名

这主要常见于汉族聚居的较大的村庄。如该县的赵坡韩家，是因过去住有赵、韩两姓得此地名，今仍为赵、韩两大姓居住。赵为《百家姓》之首，韩为十五，因此，这亦属“三相符”之列。

（九）以人名形成地名

该县之平安乡、平安村，经考在清代同治年间回族起义之前，此地偏远荒芜，无甚名称，更不称平安。清同治年间陕西回民起义中，大批回族逃迁于此，前已述及，该县上磨乡的王家堡子，时有一汉族大绅士名曰王平安，为人豪爽，仗义疏财，对逃难而来的回民散金给粮，鼎力相助，对此，陕西回民歌曰：“骑黄牛，过关山，来到张家川的上磨川。上磨（里）人，真短见，不如王家堡子的王平安。王平安，真好汉，又给油，又给面。”入住此地后，回汉群众为示纪念，遂将上述地名冠以“平安”，也表达了人们对时势的良好祝愿和对未来的美好向往。

二、一些基本史实和结论

“具有史料价值的一个地名，一个人名，都是重要的，如和各方面的史料相互印证，互为补充，也可补史料之不足”①。通过对张家川回族自治县境内这些地名的考查，知其形成演化的过程与清代同治年间陕西回民起义的始末密切相关，有助于我们从另一角度去审视今天和历史上的回族聚居社会的历史，可以佐证或得出一些基本史实和结论。

第一，清同治年间回民起义中，张家川作为陕、甘咽喉，成为陕西回民往返流散之要道，也是回民与清军厮杀的主要战场，通过地名考证，亦可窥见清王朝对回民残杀镇压的痕迹和对回族政策。这场发端于陕西而波及省外的战争，初起

① 宋蜀华：《唐宋时期傣族史上的若干地名人名研究》，载《民族研究》，1981（1），15页。

因于回汉杂居，俗尚各别，睚眦小忿，本人情所不能无。[①] 后因风俗习惯而致“齵龉相仇杀，（亦）视为固然者久矣”[②]。关中地区的西安、同州、乾州等府州既是全省回、汉人口最为集中的地区，也是回、汉矛盾最为激化的地区。然而，清朝廷却利用“以汉制回”的策略，处处纵容、徧袒汉人肇事者，有意激化、利用这本已临近燃点的矛盾，“凡争论斗殴，无论曲直，皆抑压回民，汉人复持众欺凌，不知回性桀骜，亿万同心，日积月长，仇恨滋深”[③]，至咸丰末年，这种矛盾已发展到一触即发的程度。同治初年，随着太平军入陕，矛盾随之激化，战争的爆发已不可避免，从 1862 年初至 1869 年底，这场战争整整持续了 7 年之久，整个陕西省，尤其是人口稠密、富甲一方的关中地区，成为双方厮杀的战场，而毗邻于陕西的张家川，因其和关中有鼻息拂肤的特殊地理位置，自然被卷入其中。其间，大批陕西回民举村拔寨，扶老携幼，奔命于秦陇大道，前有巍巍关山，后有虎狼之师，死于兵戈、疾疫、饥饿者十之有九，实回族千百年来未有之洗劫。

这种局面的最终形成，与清官方对回族政策密切相连，即对大众采取“密切防闲”，在政治法律上排斥压抑，清“弄部自宪庙以来，屡奉堂官严禁，虽皂卒亦不许一回杂人”[④]。在官方文书上把“回”字加以“犭”旁，以示“回回”不侔于人类。回回罪犯刺“回贼”二字。这与元、明初的对回政策形成鲜明对比。国内有学者撰文指出，清代民族政策是我国历代封建王朝中最成功的。然其民族政策特别做到了因族而异，并吸纳、发展了历代的民族政策，且以法律的形式固定下来，但在评判一个时代的民族政策时，也应看其贯彻情况和取得的实际效果，前面的结论，就有悖于包括回族历次起义在内，清代是我国各民族人民反抗封建的和民族的双重压迫最烈一代的历史事实。另外，应看到清廷在对外大环境中实行“闭关锁国”的政策，这不会不反映到国内小环境的民族政策上来，上至朝廷，下至地方，在民族事务上“不知有汉，无论魏晋”的现象是比较普遍的，以回族为例，地方官员在奏折中竟曾称回民“夜聚明散”（实为回民做晨礼），“耳毛为号”（实为回民喜蓄络腮胡须，称“利赫耶”胡须），荒谬至极。

---

① 参见（清）易孔昭：《平定关陇纪略》（卷一），见王寿彝主编：《回民起义》（第三册），269 页，上海，神州国光社，1953。

② （清）曾毓瑜：《征西纪略》（卷一），见王寿彝主编：《回民起义》（第三册），34 页，上海，神州国光社，1953。

③ （清）张集馨：《临潼纪事》，34 页，上海，神州国光社，1953。

④ 杨建新：《中国西北少数民族史》，528 页，银川，宁夏人民出版社，1988。

第二，同治年间的陕西回民起义，使张家川和陕西全省的人口结构都发生了巨大变化。在明末清初，前者是“汉多回少的回汉杂居地区……回民占总人口的四分之一左右”①。但却在事变中后期，随着陕西各地回民或迁徙、或被安置于张家川，以前的人口状况发生了变化。左宗棠在事件平息后奏报中称，同治年间的回民起义平息后，陕西回民除西安城内仍留后外，其余皆西行。地方志书载，“清同治年间反清起义失败后，义军余部被安置于张家川”②，具体数字为“左宗棠将回民军约4.5万人安置于此”③。这为后来在张家川形成回族聚居区起了决定性的作用，到1953年自治县成立时，全县总人口13万人，其中回族10.8万人，占总人口的83%。④

与此同时，回民绝对人口数在全国首屈一指的陕西省，在起义的前与后，全省回族人口数量和结构也发生了巨大的变化。同治年间回民起义前至乾隆四十六年（1781年），署理陕西巡抚毕源在奏折中称，陕西省各属地方，回民居住较他省为多。而西安府城及本属之长安、渭南、临潼、高陵、咸阳及同州府属之大荔、华州，汉中府属之南郑等州县，回民多聚堡而居，人口更为稠密。今人著名学者马长寿先生在20世纪50年代进行实地调查后，就陕西回民的峰值指出：“原在陕西省西安、同州、凤翔三府和乾、邠、三州共二十多个州县里，住有回民七八十万到一百万。”⑤ 复旦大学路伟东老师在充分掌握史料和缜密推算后，认为同治年间回民起义前陕西回民人口峰值的确切数字当在1861年的170万左右规模。⑥ 而在历经7年战乱后，陕西全省回族人口损失竟达155万之巨，损失比例高达91%，几乎到了亡族灭种的地步。⑦ 战前陕西作为全国最主要的回民聚居区，到战后回庄踪迹全无，此后百余年间，就小的回民聚居区也再未形成，即

① 张家川回族自治县地方志编纂委员会：《张家川回族自治县志》，298页，兰州，甘肃人民出版社，1999。

② 张家川回族自治县地方志编纂委员会：《张家川回族自治县志》，1064页，兰州，甘肃人民出版社，1999。

③ 张家川回族自治县地方志编纂委员会：《张家川回族自治县志》，306页，兰州，甘肃人民出版社，1999。

④ 参见张家川回族自治县地方志编纂委员会：《张家川回族自治县志》，24页，兰州，甘肃人民出版社，1999。

⑤ 马长寿：《同治年间陕西起义历史调查记录》，1页，西安，陕西人民出版社，1993。

⑥ 参见路伟东：《清代陕西回族的人口变动》，载《回族研究》，2003（4），73页。

⑦ 参见路伟东：《清代陕西回族的人口变动》，载《回族研究》，2003（4），75页。

使在1964年，中华人民共和国成立后15年的休养生息，陕西全省回族人口仅为86 561人，位列全国回族人口分布第13位。另外，张家川作为战后陕西回民的一个比较大的落脚地，只有4万多人重新生活在这里，与陕西全省回民损失数字对应，亦可知这种损失绝大部分是被剿杀、饿死造成的。

第三，陕西回民在清同治时期反抗斗争失败后，被赶出数百年来建立的家园，被强迫迁徙、分散、安置到难以生存的恶劣环境之中，余生回民的社会经济基础和生存环境发生了质的变化。就是在清廷已凸显衰败之相的咸丰年间，“陕西回民本居于三府二州沃壤之地……蒲、富、临、渭，陕西省著名四大县，地处渭北，一望平坦，辽阔无垠，东北连同州府附廓首邑大荔县”①。时人称关中地区回民颁布比较集中的10个州县为“二华关大水，三城朝合阳”，号称“东府十大县”②。就是在同治初年，西安府亦是“节署前、后、左、右、迤北一带，教门烟户数万家，几居城之半。教堂经楼，高矗云天，气势雄壮，绅富三分之一，乐业安居，自成风俗”③。

战后，不仅使陕西历经200多年逐步发展起来的回族人口几近绝灭，而且使陕西全省社会经济遭受了毁灭性的打击，摧毁了陕西回民继续发展的基础。据马长寿先生资料，战后官府对回民资产肆意夺取没收，对回庄多付之一炬，仅清查收缴回民田产2万多项，占战前陕西全省田地总数的1/10。④ 昔日“绣壤相错之地，树木丛生，丫杈成拱，或行数十百里不见一椽一屋一瓦之覆”。劫后余生的陕西回民越过关山，再西行进入甘肃后，分布于与关中平原不可相提并论的荒毛之地，沿途居住于山峁村庄，或男耕女织，或从事畜牧，或经商营利，或行医制药，开拓进取，奋斗不止，百余年来，在新的环境里和其他民族一道，共同建设自己的家园。从张家川这块缩影，就能看出回族酷爱自由和逆境求生而不息的民族特质，即在历史上，每当中央王朝腐败、昏君当政、奸臣当道时期，“回教徒必有动作”，这种“动作”一方面旨在反抗封建统治者对回族人民的阶级压迫和

① （清）余澍畴：《秦陇回务纪略》（卷1），见王寿彝主编：《回民起义》（第四册），218页，上海，神州国光社，1953。

② 参见路伟东：《清代陕西回族的人口变动》，载《回族研究》，2003（4），72页。

③ （清）余澍畴：《秦陇回务纪略》（卷1），见王寿彝主编：《回民起义》（第四册），219页，上海，神州国光社，1953。

④ 参见马长寿：《同治年间陕西起义历史调查记录》，2页，西安，陕西人民出版社，1993。

民族压迫，另一方面通过自身的努力，为建立一个于国于民都有利的国家政权而奋斗；每当新的社会环境和政策相对宽松的时期，回族人民便投身于建设自己家园的生产劳动中，利己利国，为国家的经济、文化、文明发展做出自己的贡献。

第四，包括同治年间陕西回民起义在内的清代历次回民起义，是回族发展史的重大事件，对回族共同心理素质的演化和重新铸就产生了重要影响。一个民族的共同心理素质，是表现于共同民族文化特点上的心理方面的东西。它是一个民族的社会经济、生活方式、历史发展以及地理环境特点在该民族精神层面上的反映。① 它更具有稳定性和传承性，但也是动态的和变化的。回族在清代200多年的时光中，大规模的起义不下10起，这些起义本身就是回族发展历史上的重大事件，况且在历次起义中，回族大众的社会经济、生活方式以及生存的地下环境都发生过深刻的变化，这必然会在回族共同体的精神层面上得到反映，使它的民族心理素质在相对稳定中渐进地演化发展。近现代，回族个体心理上民族内聚力的加强，“为众牺牲”精神超越本民族而得到的升华，整个民族对和平自由的酷爱以及所具有的关注时局和国家命运的宽广眼界、逆境求生而不息的进取特质，视“爱国如爱教”的以中华民族之一员自立的主人翁意识的最终形成，与清代回族所走过的历程不无关系。

只有在中华人民共和国成立后，回族的理想才变为现实，今与昔的不同，反映了不同历史时代和性质的政府在民族立场和政策上有着本质区别，由此形成截然不同的结果，表明只有中国共产党才能解决中国的民族问题。今天的张家川，回汉人民像爱护自己的眼睛一样，倍加珍惜安定团结的政治局面，自觉维护民族宗教团结，回汉群众亲如一家，堪称全民族团结的典范。这种现象，从根本上说是社会主义制度和我党的民族政策带来的。当然，回族在其近现代发展历程中的不同境遇，不会不在他们的心灵深处打下烙印，更深知和平的意义及其所来之不易，表现在民族间的团结，更具有自觉性，这也是形成张家川民族团结局面的一个朴素的民族心理因素。

（原文发表于《宁夏大学学报·人文社会科学版》2005年第3期）

① 参见金炳镐:《民族理论通论》，81页，北京，中央民族大学出版社，1993。

张家川的回族

李　忱

张家川回族自治县是甘肃省除临夏回族自治州之外的又一回族聚居区，位于甘肃省东南部、陇山西麓，曾是丝绸之路古道上的一个重要驿站。该县始建于1953年7月，是由甘肃省属秦安、清水、庄浪、华亭和陕西省属陇县之部分地区组合而成。全县现有人口260 496人，其中回族人口176 966人，占总人口的67.9%，是我国回族自治县中回族比例最高的，同时又是中国伊斯兰教哲赫忍耶门宦的中心之一。本文通过对张家川回族的历史和现状，对经济、宗教信仰、风俗习惯等方面的反映，以期使更多的人了解张家川及张家川的回族人民。

一

回族始入张家川无明确的史料记载。一般的说法是，清朝前期张家川有回族居住，但为数不多，约为汉族的四分之一，且与汉族杂居。清同治年间西北回民大起义爆发后，张家川的回民作为其中的一支力量，进行过英勇的斗争。起义失败以后，清廷基于封建统治的需要，对参加回民起义的人采取遣散与集中安插的办法，将大批回族群众安置于张家川。

（一）李得仓部

"静宁州（应为清水或张家川）回目李得仓、监关营回目何士秀率静宁南八营及盐关营十六万人投诚……按册稽点，实得九万六千二百余人，其中汉民胁从者三万一千五百余人，遣散回籍……回众陆续因饥病死亡，尚存三万一千余，皆愿回籍。瑞珍以回众旧住秦安、清水所辖之张家川等处，令其各诏旧产生理，遣李得仓严東所部……”① 这三万一千五百余人，除了一部分是张家川人，更多的则是盐关、陇西、静宁、莲花城等地人。除原张家川人“各认旧产生理”以外，外地人被安置于今张家川胡川、刘堡、木河、龙山、四方等乡镇。

（二）崔伟部

崔伟系陕西凤翔县人。同治元年（1862 年）秋，他率凤翔府“三十六坊”回民在东关麻家崖起义反清，转战数年后，于同治十一年（1872 年）十一月在西宁降清。崔伟被封为威建将军，所部 9000 余人被安置于张家川阎家、恭门、平安、张良等地。该部人主要包括凤翔人、渭南人等。

（三）毕大村部

毕大村也是西北回民起义领袖之一，他在陕西起义，后与崔伟一起在西宁降清。他本人及其余部 3400 余人被安置于今张家川连五乡。该部人多为陕西泾阳、蓝田、三原等地回民。

以上三部计 4 万余人被安置于张家川以后，彻底改变了张家川回汉民族的比例，使该地形成了回多汉少的状况，以后又有河南等地的部分回族群众陆续迁入张家川，使张家川的回族人口不断增加，最终形成了回族聚居区。

虽然张家川在清同治年间西北回民大起义以后就形成了回族聚居区，但历代统治者一贯采取“分而治之”的办法，至新中国成立前，现张家川地区一直隶属于陕甘两省五县管辖。

1928 年，张家川发生了严重的灾荒，今木河乡人马顺与妥老三一道，以“回汉一家、联贫闹富”为口号，联络本村的一些饥民，向张家川镇、龙山镇的富户展开斗争。此时，又有宁夏同心人杨老二在固原起事，率众南下，到张家川与马顺等会合组成队伍，杨老二为司令，马俊义（今张家川平安乡人）为副司令，马顺为旅长，人数 5000 余。

同年九月底，杨、马率兵进入宁夏，攻下吴忠城以后，队伍发展至 3 万人。1929 年初，国民军刘兆祥旅取道秦安，进攻马顺。马顺率部于张家川镇以西约 40 华里之韩川发生激烈战斗。不料马俊义倒戈，当马顺引敌军于木河沟时，前后受敌，激战一整天后，妥老三战死，部众大部被歼，马顺只身逃亡。后经群众掩护，马顺隐姓埋名，准备伺机起事，但不幸于 1932 年被华亭县民团抓获

① （清）杨毓秀：《平回志》（卷四），见白寿彝主编：《回民起义》（第三册），上海，神州国光社，1953。

杀害。

1941年农历四月，爆发了西北革命史上著名的海固第三次回民起义。这次起义遭到国民党军队的血腥镇压后，义军在处境十分困难的情况下，主动南撤，进入张家川。张家川回民在义军到来之后，一批青壮年踊跃参军。起义军领导人之一马思义，选精壮者组编为一个营，号称“张家川营”。四月二十日，义军在张家川城以北的大麻子山设伏，歼国民党新编预备第七师二十一团黄锄非部近千人，取得了重大胜利。国民党政府又连夜调来大军围攻义军。义军挥戈北上，但沿途遭国民党军队的围追堵截，损失惨重。1942年4月，马思义率300余人进入庆阳老区，接受了共产党的整编。整编后成立了回民骑兵团，马思义任团长，“张家川营”被编为骑兵团第三连。至此，第三次海固回民起义的剩余力量走上了新的革命道路。

1949年7月，国民党马步芳嫡系马继援部八二师在王震兵团贺炳炎军、彭绍辉军的痛击之下，主力被歼，其残部沿关山进入甘肃省张家川境内，贺炳炎军乘胜追击，很快解放了陕甘交界的马鹿镇。此时，在张家川坚持斗争达8年之久的我地下党组织，立即与解放军取得联系，并引导解放军迅速解放了恭门镇、阎家、张家川镇、木河、龙山等地，使张家川全境得到解放。

张家川地下党组织发展和吸收了一大批回族穷苦青年和学生参加革命。至解放时，地下党员已发展到300多名。这些同志在党组织领导下，发动群众反抗国民党的统治，为张家川的解放作出了贡献。

二

解放40多年来，张家川回族人口大幅度增长。1953年自治县成立时，全县有回族107 716人,① 1991年回族人口增加到176 966人,② 全县现有19个乡镇，其中纯回族乡（回族所占比例95%以上）4个，回族人口超过半数的乡镇有5个（包括纯回族乡）。

党的十一届三中全会以后，张家川这个被国务院列为“老、少、边、穷”县之一的重点扶贫县，在改变贫困落后面貌方面取得了很大成就，1991年，全

① 根据张家川县档案馆有关资料。

② 张家川县统计局1991年年底统计资料。

县工农业总产值达9392.7万元，乡镇企业总产值达1110.40万元，粮食总产量达60 135.62吨，人均占有粮食483公斤，全县人均纯收入为341.80元。①

张家川的文化教育事业近年来发展迅速。张家川新中国成立前95%以上的人是文盲或半文盲，整个回族聚居区内仅有学校四五所。如今，全县基本实现了村有小学、乡有中学、县有重点中学。截至1991年年底，全县有学校316所，在校学生达35 693人，其中回族学生为23 104人，占总学生数的64.5%；教师总数为1799人，其中回族为998人，占总数的55.5%。全县适龄儿童入学率为83.2%，其中回族儿童入学率为90.62%，高于全县平均值。

张家川回族自治县成立以后，党和政府十分重视回族干部的培养。自治县成立时，全县有干部616人，其中回族干部386人，占干部总数的62.7%。改革开放以后，党和政府重视和加强干部队伍的建设，使张家川干部队伍迅速壮大，截至1989年年底，全县共有干部2522人，其中回族干部1374人，占干部总数的54.5%，在县级干部中，回族干部占79.31%，在科级干部中，回族干部占52.62%。②

在张家川经济的发展中，特别值得一提的是皮毛经济。新中国成立前张家川就成为我国比较著名的皮毛集散地，皮毛行栈林立，从业人员多，交易规模大，仅外国人在此开设的皮毛洋行就达17家之多。党的十一届三中全会以后，张家川传统的皮毛业迅速恢复，上万人的皮毛购销大军足迹遍布我国17个省市，一时形成我国最大的民间皮毛集散市场。现在，张家川皮毛市场皮张年上市量达400万张，近30个品种，年成交额8000万元左右，直接或间接从事皮毛业的劳动力8万余人。随着市场的不断发展，在国家的扶持下，一批专营皮毛加工的乡镇企业相继投产运营，使张家川传统的以皮毛经销为主逐渐转变为皮毛贩运—皮毛加工—皮毛产品销售的综合经济。皮毛经济已成为张家川经济的支柱之一，也是张家川对外交流的一个窗口。

三

张家川的回族在信仰上分属于四个教派，即哲赫忍耶、格底目、伊赫瓦尼和

① 张家川县统计局1991年年底统计资料。

② 张家川县统计局1991年年底统计资料。

赛勒菲耶。其中以哲赫忍耶影响最大，信教群众最多。现在全县共有清真寺（含恢复开放的）354座，宗教活动点72处，拱北道堂2处。

（一）哲赫忍耶

哲赫忍耶门宦进入张家川以及在张家川的发展，是在清同治年间西北回民大起义失败以后。该门宦创始人马明心之四世孙马元章于光绪初年来到张家川后，即落足于回民起义降将李得仓家。在李得仓的支持下，他一方面宣传教义，扩大影响，另一方面游历陕西、河南等地，寻找被清廷杀害的第五代教主马化龙后裔的下落。他派人找回马化龙父子的首级，在张家川宣化冈修建拱北埋葬，又派人救回马化龙之孙马进西。之后，哲赫忍耶门宦在张家川形成北山（宣化冈）派和南川派，马元章在宣化冈大修拱北，马进西在南川建有道堂。至解放前，全县哲赫忍耶派（简称哲派）群众约占回民总数的60%。

1958年以前，哲赫忍耶门宦在张家川拥有宏伟壮丽的拱北一处（宣化冈）、道堂一处（南川道堂），下属清真寺二百余坊。但在宗教改革中，拱北道堂被夷为平地，清真寺被全部拆除。党的十一届三中全会以后，党和政府积极落实宗教政策，拨专款重新修复了拱北和道堂，开放了清真寺。现在哲派信教群众达10万人以上，清真寺总数已经大大超过了宗教改革以前。

（二）格底目

在哲赫忍耶门宦未传入张家川以前，张家川的回族居民全部属于格底目派。以后由于战乱不断，一些陕西的格底目派群众先后流落张家川，使张家川格底目派信教群众不断增加。现在全县格底目信教群众约三四万人，清真寺占总数的20%左右。

（三）伊赫瓦尼

民国五年（1916年），张家川凤翔人（原陕西凤翔县人，清同治回民起义以后被安置于张家川）中的一位阿訇，去西宁马万福（人称“果园哈知”，伊赫瓦尼派创始人）处念经归来后，首先在凤翔人中传播该派教义。由于一些人积极传播，很快吸引了很多人信仰该教派，哲赫忍耶门宦的部分群众也分化出来，信仰了伊赫瓦尼派。现在全县有伊赫瓦尼清真寺近60座，约占全县清真寺总数的14%。

（四）赛勒菲耶

张家川人一般称“三乃夫”。该教派进入张家川是在民国二十五年（1936年）以后。当时张家川几位回族群众自麦加朝觐归来后，即在张家川宣传“三乃夫”教义，但一直影响不大。现在全县有“三乃夫”教众160余户，清真寺4座。

四

张家川的回族在风俗习惯方面和其他聚居区的回民大体相同，但也有自己的特点。

（一）服　饰

张家川哲赫忍耶门宦的信教群众，男子喜戴一种圆边六角尖顶帽，帽顶处有一个用布捻成的细绳。据说，六大信仰就用六角来体现。妇女平时则喜戴盖头，老年妇女为白色，中年妇女为黑色，姑娘或新婚妇女喜戴绿色。但近两年，张家川不少姑娘喜戴白色或金黄色的大方丝巾。这样既能代替盖头，又显得异常漂亮。一些老年人喜欢扎裤脚。

（二）婚　姻

和其他地方的回民一样，张家川回民在婚姻方面大体分为提亲、定亲、送礼、过门、回门几个阶段。但也有不同的地方，如：“吃睁眼饭”，即新婚夫妇在新婚第一夜的凌晨，家人包好饺子，由母亲端给新人吃。“谢媒人”：在结婚当日，招待完送亲人以后，婆家人在送娘家人时，同时当众答谢媒人，一般给媒人送一双鞋，意即这门亲事的成功媒人跑了不少路。“躲麦芒”：即结婚以后，新娘在遇到的第一个夏收季节之前回到娘家，直到夏收结束后才由新郎去接回。

（三）居　住

张家川回民由于集中，一般是一村一寺而居。大都一家一院，房屋多是“安架”和“厦房”，房屋多习惯坐北向南，院子由丈许土墙围住。喜睡热炕，炕上多铺羊毛毡。备有炕桌，供吃饭喝茶用。家中来了亲戚或朋友，一般让座于炕上认为最尊敬。室内墙壁上喜贴字画，以阿拉伯文中堂、条对和“克尔白”图最为尊贵和讲究。

（四）饮　食

除和西北其他地方的回民大体相似外，张家川回民在饮食方面有自己的传统特色。如宴席，有“十三花”，即十三个品种的菜一起端上；“九碗”，也是九个品种的菜一起端上；“碗菜”，这是最普遍的一种；家中一般来了尊贵的客人，则以“五碗”或“四碟子”招待。张家川人平时喜欢吃的食品有“锅盔”“长面”“搅团”“撒饭”等。

（五）文化活动

张家川回民普及较广、历史比较悠久的民间体育活动是武术。张家川回族武术内容比较丰富，有查拳、长拳、棍术、刀术等，且普及面广，喜好的人多。历史上曾出现过一些有名的拳师，如张家川人咸正纲在新中国成立前曾打遍数省无敌手，又曾在四川将一俄国武士击败，在张家川民间威名甚高。

张家川回族男子在劳动生产之余喜欢“下方”。“下方”由两人对阵，在地下横、竖各画七道而成“方”，然后一人用土块，一人用木棍，依照一定的规则比赛决出胜负。此活动在张家川特别普遍。

张家川回族男子还喜欢唱“乱弹”，“乱弹”来源于陕西，近似于秦腔，是一种山歌，内容可以现编现唱。

（原文发表于《宁夏社会科学》1993 年第 3 期）

李得仓和“南八营”

高小岩

鸦片战争以后，清朝廷奉行“扶汉抑回”策略，对回族人民长期推行不平等的民族高压政策，终于在同治年间酿成了风起云涌、规模巨大的回民大起义。几十支起义军转战于陕、甘、宁、青、新，相互支持。其中陇东、陇南的回族起义军格外善战，在杨毓秀所著的《平回志》中有对这支起义军专门的描写：“其人习掠、凶狠好斗，平凉、盐、固之陷皆出其谋。……既居万山丛中，又处适中之地，疾在心腹。”① 这支被清廷视为心腹之患的队伍便是由李得仓领导的“南八营”回民起义军。

一、组建“南八营”反抗清朝压迫

李得仓（1827—1896 年），回族，张家川县刘堡乡李山村人，出生于一个世代务农的贫苦家庭。其父母的名字无从考证。为了谋生，他从幼年起就开始外出流浪做工。清同治元年（1862 年），爆发了大规模的回民自卫反清起义，此时，李得仓 35 岁，正在衙门里充当衙役谋生。在衙役生涯中，他目睹了贪官劣绅的敲诈勒索和穷苦百姓的悲惨生活，看到了昏庸的官府不时制造回汉纠纷，甚至“不容回民行路，擅自截杀”，因此，当陕西回民起义后，李得仓便在张家川回族群众中积极筹划起义之事。

同治元年（1862 年）八月，陕西陇州固关部分回族群众因人少势孤，无力

---

① （清）杨毓秀：《平回志》（卷三），见白寿彝主编：《回民起义》（第三册），上海，神州国光社，1953。

对付清军的剿杀，为躲避关中战乱，携眷带口，取道清水大麻村，来到张家川。途中遭遇秦州知府赵桂芳率清军兵堵截，双方触战，赵桂芳部败退。固关回民来到张家川，要求暂时在城内躲避，“但是张家川回族人不收纳固关回族，怕受株连”。[①] 这时，李得仓洞观局势，想出了一个办法。他出面斡旋王家堡汉族中的有识之士，终于说服汉族士绅王平安等给予救济，固关回民甚为感激。

然而当年十月，清军参将范铭（字玉春）带领大军前来剿杀固关回民，张家川回民急忙推选董家坡人李朝栋为头领，与固关回民一起抵抗清军，李朝栋在张家川城南十余里的张巴梁与清军接战，击败范铭。“冲败官军，军械多失。玉春退往清水城外”[②]。当天战斗结束后，李朝栋率队途经纳家堡子时，为堡里射出的炮弹击毙，副领李生华许诺：“谁能夺下大帅遗体，便扶谁做大帅。”李得仓“应身而出，夺回了那具亡人遗体，也夺得了他在张家川长达数十年的军事和宗教地位”[③]。舍身夺大帅遗体是偶然的机遇，但李得仓智勇双全、胆略过人，这些才是他赢得起义军首领地位的先决条件。李生华兑现了许诺，顺应绝大多数起义回民群众的意见，决定推选“在回众中素有声望”的李得仓为统帅，人称“李大帅”。李得仓担当大任之后，将全体群众编为中、前、后、左、右五个大营，之后，重新进行周密的军事部署，正式举起反抗清朝民族歧视和压迫的起义大旗，响应陕西回民反清斗争。“回民军反清一直处于此伏彼起之势”[④]，李得仓领导的张家川回民起义军，时而“出没于静宁、隆德，与固原……郝明堂、孙老五联为一气，以梗塞陇东粮道为宗旨”，[⑤] 时而进入陇州，不断配合捻军打击清军。

同治三年（1864 年）七月，李得仓集中张家川和固关回民起义军兵力，固守张家川城，积蓄力量。清廷闻知陇东南“又生变故”，遂不顾固原战事吃紧，急调清军雷正绾、曹克忠、陶茂林部进攻张家川，大军压境，战云密布，八月初一日，清军开始攻城，先夺取了田家山，再转攻木城，回民军英勇抵抗，清军猛

① 参见马国柱、虎有泽、马河图：《试析历史上张家川的回汉民族关系》，载《西北第二民族学院学报》，2004（3）。

② （清）杨毓秀：《平回志》（卷三），见白寿彝主编：《回民起义》（第三册），上海，神州国光社，1953。

③ 张承志：《心灵史》，160 页，广州，花城出版社，1991。

④ 霍维洮：《清代西北回民反清斗争中的抚局》，载《回族研究》，34 页，1998（1）。

⑤ 慕寿祺：《甘宁青史略正编》（卷二十），兰州，兰州古籍书店，1945。

攻不克。起义军用炮石反击，范玉春头部受伤，又逢暴雨忽至，清军收兵。至次日凌晨前，清军派总兵谭玉龙、胡大贵、张在山、陈开泰及副将刘效忠等率兵偷袭，双方各伤亡1000余人。初二日，清军全体出动，仍然不能取胜。初三日，清军改变战略战术，用火攻对付城内的起义军，至晚，清军架设云梯，火器齐发，不料引爆了起义军的火药库，烧死双方军民无数，起义军惊溃不已，开西门直奔龙山镇，清军“并拦途截杀，前后夹攻，约死五六千名，投井自缢者更难以数计”①。

逃到龙山镇的回民起义军在李得仓指挥下与清军继续鏖战时，秦安莲花城回民也在穆生华阿訇带领下进行抗清斗争。盐关、静宁、陇西、伏羌回民受形势鼓舞，也纷纷加入反抗清朝民族压迫的行列中去，一时间，起义队伍连成一片。

“张家川回民揭竿起义后，在驻甘的清军将领中引起了震动”②。固原清军提督雷正绾说：“莲花城、张家川等处……若不痛加剿洗，徒事羁縻，适以遂其奸媒，将终无了局耳。”③ 于是抽调七成兵力追击起义军。龙山镇地形复杂，易守难攻，李得仓利用短暂的战间空隙，休整队伍，后来清军将留驻张家川镇的另外三成兵力也悉数用在龙山镇战场，起义军“自知难敌，遂于初七夜，开门潜遁”④。实际上，龙山镇城墙坚固，李得仓采取的固守战术也是得当的，起义军并未受到多少损失，但是，当起义军撤退之后，清军对城里手无寸铁的妇孺老弱进行了大屠杀，这激起了李得仓起义军极大的义愤。李得仓军战略转移至秦安莲花城，与穆生华军合兵一处，清军随后追击至此。起义军与清军浴血奋战了两个多月后，穆生华军内柳师爷和先期投降的王大桂合谋暗杀了起义军重要将领马兆元，向清军泄露了重要情报，最终城池还是于十月初六日陷落，起义军伤亡几千人。李得仓与穆生华于是带领回民起义军余部在陇东地区坚持游击战争，清代官方史料记载他们于同治五年（1866年）曾攻入陕西凤翔、岐山等处。以后，穆生华因战局不利而心急如焚，于同治九年（1870年）在甘肃固原金积堡忧愤

---

① （清）易孔昭：《平定关陇纪略》（卷二），见白寿彝主编：《回民起义》（第三册），上海，神州国光社，1953。

② 苏德成、马国强：《李得仓轶事》，载《回族研究》，1996（1）。

③ （清）杨毓秀：《平回志》（卷三），见白寿彝主编：《回民起义》（第三册），上海，神州国光社，1953。

④ （清）易孔昭：《平定关陇纪略》（卷二），见白寿彝主编：《回民起义》（第三册），上海，神州国光社，1953。

而死。

在起义斗争陷入低潮时，李得仓作为统帅，顶住压力，决定整编回民起义队伍。同治四年（1865 年），李得仓率部由莲花城血战突围到达礼县盐关。盐官是一个回民聚居区。撤到盐关镇的李得仓部回民起义军受到当地回民起义军首领张满拉、何士秀和广大回族百姓的大力支持。他们在盐关镇获得补给后，休整队伍。肆后李得仓又接收了穆生华余部 3 个营。同治五年（1866 年），李得仓率起义军到达陇西鹞子川，将其 5 个营和穆生华 3 个营统编为 8 个营，号称“南八营”（即陇南反清回民起义军八大营的别称），又称“后南八营”，以区别于穆生华在莲花城建立的前期“南八营”。李得仓遂任“南八营”大帅，苏生杰任副帅。“南八营”各营首领为张家川的李生华、苏上达、魏锡万、张守玺，秦安的穆生辉（穆生华之弟），盐关的张满拉、何士秀，伏羌（今甘谷）的马圣洁等，大营扎在固原县属之穆家营（今西吉县）。

这一时期，李得仓的军事斗争思想发生重大转折，他分析认为，敌强我弱，单纯采取对攻的方式与清军打阵地战，回民起义军必然要吃亏。李得仓便从回民起义军的特点出发，找到了应对办法。发挥起义军机动灵活的优势，在运动战中给清军大部队出其不意的打击，就可将起义军的伤亡尽可能降到最低。此后，李得仓率部转战于陇东董志塬及会宁、静宁、隆德、华亭、平凉、海原、固原、同心等地，在移动中寻机歼敌。

同治五年（1866 年）六月，李得仓率“南八营”进攻清军防守力量相对薄弱的华亭县城。二十四日，清军分四路抢上大北山、暖庄川一带，双方在这里遭遇，互有伤亡。七月中旬，陕甘总督杨岳斌见陇东南军情吃紧，亲督诸军进攻清水、张家川等处起义军。八月初四日五更时分，杨岳斌率诸将、亲兵下山时遇到李得仓所部，交战中“该逆坚忍耐战，傅先宗右手被伤”。九月下旬，李得仓率部转战泾州、固原等地。九月二十二日，与清军会战于洪河川，起义军获胜。易孔昭的《平定关陇纪略》记述道：“沈大兴击之洪河川，官军失利。谭玉龙至政平镇，军中绝粮，为该逆所乘，全军几覆。”肆后，李得仓率部又进至固原，他机动灵活的运动战，加之清军的粮荒，搅得杨岳斌防不胜防，忧虑万分。史载：“是时兵机原非不顺，逆回亦颇怀畏惧。惟粮食缺乏已极……杨岳斌内抚饥军，外筹逆匪，触处棘手，焦灼万分。”①

二、与太平军、捻军并肩作战

西北回民反清起义是与太平军、捻军攻入陕西同时进行的。陕甘回民起义军与清军作战时，太平天国运动也如火如荼地进行着，两者互为犄角，沉重打击了清朝的腐朽统治。

同治元年（1862 年），太平军进入陕西，与清军在周至、凤翔一带激战，这时正是李得仓所领导的张家川回民起义军初举义旗之时，一时间使清军疲于奔命，腹背受敌。张家川回民军的起事转移了清军视线，直接牵制了一部分清军兵力，这给了太平军最有力的支持。

同治二年（1863 年），太平军在周至作战失败，被迫向南撤退之时，李得仓率张家川回民军进入华亭神峪河，截断清军的运粮道路，阻挡了清军的行动计划，再一次有力地配合了太平军，为其撤退起到了掩护作用。

除了与太平军相互配合之外，“李大帅”的“南八营”与当时活跃于整个北方地区的捻军，还有规模更大的、联系更紧的联合行动。

同治五年（1866 年），李得仓率领“南八营”与退守董志塬的陕西回民起义军会合，展开了一次大规模的东进军事行动，与此同时，西捻军由梁王张宗禹率领由河南向陕西进发。捻军的入陕，使陕、甘两省的回民自卫抗清斗争掀起了高潮，当时不少的汉族反清武装，如甘肃董福祥、高万镒部也都积极配合李得仓等部回民起义军。

同治六年（1867 年）七月，李得仓率领“南八营”攻入陕西千阳、陇州、凤翔及关中东部一带，与捻军首领张宗禹联合作战。尤其是李得仓部到达凤翔地区时，与捻军仅有一河之隔，而且已经有渡河会师之议。但是不料机密泄露，清军总兵刘松山、谭玉龙随即合兵一处，进行堵截，使这一计划半途夭折。接着捻军与“南八营”同时向东转移，准备再次联合。“惟据擒贼供称：回捻合谋，欲以捻逆窜扰同朝回逆扑犯省城等语”②。这对清廷震动不小，一方面火速调兵遣

① （清）易孔昭：《平定关陇纪略》（卷二），见白寿彝主编：《回民起义》（第三册），上海，神州国光社，1953。

② （清）易孔昭：《平定关陇纪略》（卷二），见白寿彝主编：《回民起义》（第三册），上海，神州国光社，1953。

将开进陕西，另一方面命令在陕的郭宝昌迎击于前，刘松山等追剿于后。在清廷重兵围剿的优势兵力阻挠下，回、捻两军在三原至咸阳间被冲散，致使这一计划未能实现。

从同治五年（1866 年）西捻军在灞桥十里坡大捷之后与进攻凤翔的李得仓回民起义军制定正式作战计划开始，直到同治六年（1867 年），西捻军在回民军掩护下由宜川渡河入晋为止，西捻军和回民军共有过 3 次大规模的联合作战，而且都取得了成功。如 1867 年 11 月，捻、回两军共同占领了绥德，曾一度出现陕甘反清斗争的高潮，然而由于左宗棠采取"先捻后回"的策略，集中兵力打击捻军，"东捻军在华北告急，西捻军在回民军的掩护下抢渡黄河东去，陕甘回民军在关中陷于孤立，被迫再次退往甘肃"①。

虽然由于种种原因，回民军与太平军、捻军未能对腐朽的清朝统治进行决定性的打击，但各民族共同打击清军、反抗封建专制压迫的英雄事迹却为后人留下了一段光辉的史话。

三、为保回众受清廷招抚

清朝廷为了镇压烈火燎原的西北回民起义，曾先后诏命了六任总督（钦差大臣）办理陕甘军务。第五任为穆图善，他主张对回民起义军宜抚不宜剿。第六任为左宗棠，是主剿派。同治六年（1867 年）六月至八年（1869 年）十一月这一时期，陕甘军务实际上是由左宗棠和穆图善共同署理，穆图善由于先期督办不力，归左宗棠节制。二人经常为应抚还是应剿产生分歧，互相攻击，但是以左宗棠为首的主剿派受到朝廷的支持。

同治七年（1868 年）十月，左宗棠进驻西安，开始布置对陕甘回民起义军的围剿，他购进大量洋枪洋炮，用来对付回民军。左宗棠制定了三路平回的作战方案，招抚了董福祥集团令其作为清军南翼，自己亲率中路，刘松山为北路浩浩荡荡向回民起义军杀来。

同治八年（1869 年）三月，"左宗棠移军乾州，压诱陕境回回入甘，以便节省他的兵力。陕境回回堕入他的圈套，左宗棠便得专心来对付甘肃"②。李得仓

① 苏德成、马国强：《李得仓传》，兰州，甘肃文化出版社，1997。

② 白寿彝：《回回民族底新生》，上海，东方书社，1951。

发现双方力量悬殊，认真分析了斗争形势，经过深思熟虑，他决定接受清廷的招抚。

同治八年（1869 年）五月，“李得仓在萧河城（今西吉县城）和盐关营何士秀部一起率众 10 万人（一说 16 万人）受抚”①。六月，清廷派遣巩、秦道张瑞珍、提督王得胜前往招抚，“瑞珍按册稽点，实得九万六千二百余人，其中汉民胁从者三万一千五百余人……回众陆续因饥病死亡，尚余三万一千余人，皆愿回籍，瑞珍以为回众旧住秦安、清水之张家川等处，令其各诏旧产生理。谴李得仓严束所部，不得扰及汉民”②。

关于李得仓接受清廷招抚这一历史事件，何兆国先生在他的《伊斯兰教哲赫忍耶派概述》一书中认为，金积堡的陷落与其有直接因果关系。从双方兵力对比来看，左宗棠三路进剿金积堡时动用了清军 120 营 7 万余人，而马化龙与撤退至金积堡的陕西回民军加起来才不过 2.7 万人，清军还配备了不少先进枪炮，两相对比，清军占绝对优势。从《平回志》记载的情况来看，扣除随军老弱妇孺之外，李得仓部战斗人员也只有 4.5 万人，因此李得仓所部“南八营”10 余万众是金积堡外围抵抗清军的一支重要力量。李得仓的向背，对整个战局有决定性影响。他被清廷招抚使得陇东门户大开，左宗棠率中路大军便可兵不血刃，长驱而入进逼金积堡了。

清代官方文牍是这样记述李得仓的：“回逆漫延陕甘，至逆回之最著者，则静宁州萧河城逆首李得仓一大股。”③ 由此看来，李得仓颇让清统治者头疼，是清廷的心腹大患，从同治元年首义一直到同治八年招安，应该说李得仓的革命性十分坚定，这一点是毋庸置疑的，那么他为何会一反常态向清军投降呢？有两种说法较为通行。据张家川教内传说，李得仓是一个极其虔诚的穆斯林，他率部投降完全是受了十三太爷马化龙的密令的。相传同治八年（1869 年），李得仓驻军固原县穆家营后，“欲在宁夏依附马化龙，曾在穆家营派遣马义林（大号红房马老爷，张家川西关人）、苏师傅（张家川上磨崔家庄人）二人去金积堡与马化龙

---

① 张家川回族自治县地方志编纂委员会：《张家川回族自治县志》，兰州，甘肃人民出版社，1999。

② （清）杨毓秀：《平回志》（卷三），见白寿彝主编：《回民起义》（第三册），上海，神州国光社，1953。

③ （清）易孔昭：《平定关陇纪略》（卷四），见白寿彝主编：《回民起义》（第三册），上海，神州国光社，1953。

联系。当时马化龙……自感后果险恶，乃嘱咐李得仓设法先行投降，仍退居张家川，作为他将来万一失败后退身之地”①。

另外一种说法是，无论金积堡还是“南八营”都面临严重缺粮的生死威胁。马霄石在《西北回族革命简史》中说：“在金积堡保卫战吃紧的时候，大家曾商讨办法……因当时的粮食短缺异常，已发生食人的事件，马化龙顾虑丛生……因之他对他的儿子说他愿以百余口家眷作为牺牲，去和左宗棠讲和。他并授意李得仓在南八营防区内就地讲和，以免连累广大的人民。”②《平回志》中记载，李得仓将“皆愿回籍”的受抚部众往清水县张家川带领时，“回众陆续因饥病死亡，尚存三万一千余”。在清廷择地安插回民军这么短的时期之内，就有将近一半的受抚回众因饥饿和疾病死亡，由此可见粮荒已将起义军推向死亡的边缘。“而且李得仓所部中相当一部分人员是随军眷属，这一部分眷属直接影响义军的行军和作战，形势必定越来越对回民起义军不利”③。

从宏观上讲，全国的革命形势这时已走入低潮，太平军和捻军早已被先后镇压，清廷腾出手来出动重兵专门来对付陕甘回民起义军，苦斗于甘肃一隅的回民军的处境更加艰难和危险。

李得仓回民起义军受抚后，被安排居住在秦安、清水张家川一带。安插之初，清廷按口计粮，大人日给半斤，小口日给6两，秋后停止。多亏周围汉族群众接济，回民群众才得以全生。清朝廷对投降的回民，一般是由地方官吏挑选荒芜贫瘠的土地，人烟稀少，无汉族居住的地方进行安置。安插的回族群众，由地方官登记在册，编入户口，每户发一良民证。一律设立十家长、百家长进行严密的人身控制，必须有地方官的亲笔签名发号才能出门探亲和集市交易。到其他州县去要携带路票以备查验；家里来了亲戚朋友，百家长同意之后才可收留招待；严禁私养骟马、私藏枪炮军火，一经发现，照律从重治罪。直到清光绪二年（1876年），张家川有回民请票要去陕西割麦，清水县令高蔚霞以“结众不便”为由，不予放行，而西去凉、甘、肃各州及关外的则一律明令禁止。

---

① 马守礼：《张家川形成回民聚居区的经过》，政协张家川文史资料委员会编：《张家川文史资料》（第一辑），9～10页，陕西陇县印刷厂，1991。

② 马霄石：《西北回族革命简史》，上海，东方书社，1951。

③ 马国瑸：《宣化冈志》，兰州，甘肃人民出版社，2005。

小　结

在生死存亡的危急时刻，李得仓作为“南八营”的统帅，要对近 10 万人的起义军将士和家属的生命前途负责，压力之大可想而知。是继续与清军对抗到底还是接受招抚，不管做出哪种决定，都经历了极其激烈的思想斗争。“南八营”的最终受抚，无论是马化龙授意也好，抑或李得仓自行决定也好，都是出于形势所迫。当时回民起义是反抗民族压迫与歧视，[①] “他们之反清只不过为了打破清政府对回族的压制”[②]。

当回民起义军面临刀剑和疾病的双重威胁时，李得仓不计个人的名誉与得失，以极大的勇气和魄力放弃了奋斗多年的抗清事业，顺应潮流，为数万回族父老乡亲换取了一条生路，从而延续了回族的血脉。李得仓的“求抚”客观上捍卫了本民族的最大利益，起到了削弱清朝封建专制压迫的目的。

（原文发表于《西北民族大学学报·哲学社会科学版》2005 年第 6 期）

① 参见杨永福、张克非：《国内五十年来的回民起义研究述评》，载《云南社会科学》，2001（5），87 页。

② 霍维洮：《近代西北回族反清运动中的政权问题》，载《宁夏大学学报》（哲学社会科学版），1998（1），78 页。

经济研究

张家川皮毛贸易的历史与现状

李　忱

张家川是一个以回族为主体民族的自治县，全县总人口 1126 万人，其中回族人口占总人口的 69%。改革开放以来，张家川各项事业都得到了很大发展，民族经济发展也从单一的农业经济发展为农、工、商、林、牧业经济互补的局面，使张家川的贫困面貌有了很大的改变。尤为突出的是，回族群众传统的皮毛业经过恢复以后，发展最为迅速，现已成为张家川经济发展的支柱产业。由于张家川皮毛市场历史悠久、规模大、从业人员多，使张家川成为西北乃至全国最大的民间皮毛集散地，人称“皮毛之乡”。以皮毛市场为依托，大力发展皮毛加工工业成为振兴张家川、发展民族经济的根本性途径之一。因此，系统调查和研究张家川皮毛经济的历史和现状，对于充分挖掘和利用张家川皮毛经济的优势与潜力、发展张家川民族经济无疑具有重要的意义。

一

张家川皮毛贸易的历史，要从张家川皮毛市场的形成说起。张家川皮毛市场有比较悠久的历史，据现有资料记载：清同治末年张家川形成回族聚居区以后，就开始有小规模的皮毛市场。在当时的市场上，仅有少量的革皮上市交易。羊皮以单家小户收购泡制皮衣，其他种类的皮张则由皮匠收购制作各种草皮厂然后就地销售。到了 1921 年以后，皮毛货栈的兴起才使张家川的皮毛市场兴旺起来，并促进了皮毛贩运业的发展。当时皮毛货栈的特点是散收总发，将皮毛贩运客从各地收购运来的皮张收购集中，然后发往外地厂家和客户。皮毛货栈还同时为客户提供经济担保，并为客户提供服务，包括安排食宿、代办业务、托收挂账等。

张家川最早出现的皮毛货栈是由本地的大户开设的。如苏尚达的“万盛皮店”、李得仓的“德盛皮店”等。1922—1934 年，外国商人也先后在张家川设立皮行，如德商的“德斯股”洋行和“美最时”洋行、英商的“聚生众”洋行、俄商的“古宝”洋行、美商的“慎昌”洋行、日商的“春天茂”洋行等。同时本地的皮毛货栈也不断扩大增多，最为有名的是马锡武的“天锯萜”、马恒武的“恒盛店”、马保元的“大成店”、马少凡的“凡盛店”等，总计有 18 家之多。由于有这些皮毛货栈（店）的开张和兴起，一方面促使本地回民大量外出收购散皮，另一方面吸引了外地商客来张家川采购皮张，使张家川的皮毛市场日渐繁荣起来。外地来张家川的主要有天津、上海、汉口、河南、山西、成都、张家口、山东、宁夏、吉林、辽宁等省市的客商。他们有的是长年驻扎、坐地收购，有的是来回往返、随购随运，这样直接刺激了张家川皮毛市场的发展，也使皮毛贸易行业逐渐成为张家川的传统优势行业。

张家川皮毛市场的形成与发展，经历了由小到大，由分散经营到规模发展，由本地自购自销到形成集散地、辐射西北乃至全国的过程，并且随历史的发展变化而出现反复，萧条与繁荣交替出现。大体可分为以下几个阶段：

1912 年以前，是张家川皮毛市场的初步形成阶段，这一时期的特点是皮毛经营量小，且以本地销售为主。

1912—1933 年间，由于皮毛货栈的兴起，大量客商往来于张家川，皮毛开始大量外销，市场逐渐繁荣。但此时张家川通往外界的交通不便，皮毛贩运主要靠“脚户”驮运和人力背挑（张家川称这些人力背挑的人为“背夹客”）。凡是“脚户”“背夹客”贩运来的皮张大都交售给皮毛货栈，价格随行就市，随到随销，十分方便。然后由皮毛货栈出售给外商，或由皮毛货栈直接发往外地。发往外地时依然要依靠“脚户”或“背夹客”，有时依靠畜车外运，所以在一定程度上限制了皮毛贸易更大规模的进行。

1934—1937 年间，陕甘公路（西兰路）修通，天水至宝鸡段经过张家川，大大方便了张家川的皮毛运输。皮毛贩运由人力背挑转向畜车、汽车运输，使皮毛运销量大大提高，皮毛市场趋于兴旺。

1937 年抗日战争爆发以后，张家川的所有洋行被迫停业，外商大部分回国。本地皮毛货栈也受到很大影响，市场出现萧条。少量必须出口的皮货，也要绕道宁夏从天津出口，整个皮毛经营业大部分由外销转为内销。

1939—1949 年的十年，是张家川皮毛市场的一个鼎盛时期。这一时期的特点是，皮毛经营量大，品种多样。以牛皮为主（主要由外商经营），羊皮次之，还有狐皮、马皮、驴皮、狗皮、兔皮等杂皮。当时最抢手的是二毛皮、猾子、云板等皮。客商在天津驻收，全部销往国外，当时参与市场交易的群众每集（张家川的传统习惯是以农历双日为集）近千人，皮张上市量每集数千张。这一时期还有一个显著的特点是：本地手工皮制品作坊大量出现，据说当时有名的就有30多家。这些手工作坊制作的成衣远销天津、武昌、北京、西安、上海、成都、重庆等地。

新中国成立以后，张家川皮毛市场在一段时期内是比较兴旺的。但是自1952年实行皮毛统购政策以后，个体加工、贩运者不多，自由买卖停业，皮毛市场逐渐消失。自党的十一届三中全会以后，市场重新开放，皮毛市场也逐渐恢复并发展起来，出现了历史上从未有过的繁荣局面。现在张家川人进行皮毛运销的足迹遍布全国各地，皮毛作坊遍布张家川城乡，张家川皮毛贸易市场空前繁荣。仅每年皮张上市量最多可达400万张以上，使张家川成为西北乃至全国最大的民间皮毛集散地。

张家川从历史到现在都是一个以农业生产为主的地区，本地畜牧业并不发达，皮毛产量很小。但为什么会在这里形成大规模的皮毛贸易市场呢？主要原因有两个：

一是张家川所处的地理位置。历史上张家川是丝绸之路南大道的必经之地，是西北各地通往陕西及中原腹地的必经之地之一。兰西公路及天宝铁路未通之前，从天水经张家川，越张家川以东之关山要隘可直通陕西之宝鸡（解放前便有国民党甘肃交通警备司令部之一旅驻扎张家川马鹿、关山一带，名曰“护路大队”）。因此，从明末时张家川就是陇南一带比较繁华的集镇，过往商客较多。西北各地盛产之皮毛要运往内地及中原一带，经张家川者自然不少。这样为张家川形成皮毛集散地提供了客观条件。

二是清同治年间陕甘回民大起义失败后，清朝廷将大批回民安置于张家川，彻底改变了张家川的回汉民族比例，使张家川最终形成了回族聚居区。但张家川地区山大沟深、土地贫瘠，自然灾害频繁，加之苛捐杂税繁多，长期以来人民群众的生活处于极困难的状况。在此情况下，单纯依靠农业生产难以生活下去。于是“穷则思变”，回族群众亦农亦商、以商补农的特点和善于经营皮毛的传统得以恢复和发展，绝大多数群众在进行农业生产的同时，又以皮毛贩运、手工作坊加工皮毛来维持生活。这样直接促使了张家川皮毛市场的形成和发展。

党的十一届三中全会之后，改革开放的曙光照遍神州大地，张家川回族自治县也同其他地区一样，由小农经济向市场经济过渡，具有历史传统的皮毛贸易得到了空前发展。

张家川现有专业性的皮毛市场两处：张家川镇皮毛市场和龙山镇皮毛市场。现在的皮毛市场无论是规模、品种，还是从业人员等方面，都是历史上从未有过的。

第一，规模。张家川镇皮毛市场和龙山镇皮毛市场总占地面积2.6万平方米（主要指市场交易场所面积，不包括皮毛货栈交易点）。1992年皮张上市量达560万张以上，其中羊皮340万张；牛皮120万张；驴皮40万张；各种杂皮60万张左右；各种珍贵野生皮5万张左右，羊毛、羊绒600吨；年成交额达1亿元左右。张家川镇和龙山镇有专门从事皮毛贸易的皮毛货栈51家（1987年到1988年间曾多达80余家），其中龙山镇有41家、张家川镇10家。

第二，从业人员。全县从事皮毛贩运的人遍布城乡，达4万余人。这些人主要是张家川县境内中、西部地区的农民，他们常年或季节性地从事皮毛贩运活动。直接从事或参与经营皮毛货栈的人有500余人。还有来自河南、河北、青海、宁夏、山东等17个省市的客商常年或季节性地往来于张家川洽谈皮毛生意，平均每集200人左右。另外，还有围绕皮毛市场，从事熟皮加工，成品、半成品贸易的本地农民1500户6000余人。总之，围绕皮毛贸易市场，以皮毛贩运、皮毛交易、皮毛加工为主要内容的张家川皮毛贸易活动，已经直接或间接地解决了全县近三分之一、约8万人的温饱问题。

第三，皮毛品种及经销地。从外地集中到张家川的原皮，产地以西北地区为主，西南地区次之，也有少量本地所产皮张。西北地区主要是青海、新疆、宁夏等地，还有来自内蒙古等地的皮张。西南地区主要是云南、贵州、四川等地，有时在皮毛市场上还出现来自缅甸等国的皮张（水牛皮）。张家川本地产皮主要是县内中、东部地区。皮张品种有，牛皮（黄牛皮、牦牛皮，还有少量水牛皮），羊皮（山羊皮、绵羊皮）及驴皮、马皮、狗皮、狐皮、翠獭皮、胡皮等其他各种野生皮。毛类品种主要有绵羊毛、山羊毛、羊绒及各种杂毛。张家川本地所产皮毛，主要是土种绵羊皮、土种黄牛皮及土种绵羊毛。参加皮毛贸易的本地作坊手工加工的成品、半成品主要有皮衣筒子、皮褥子、皮背心、皮干衣、皮大衣等。

张家川皮毛贸易市场集中的大量皮毛原材料，主要销往河南、河北、山东、上海、武汉、宁夏、西安、兰州、安徽等全国17个省市的皮革厂、毛纺厂。这些省市的大型皮革毛纺企业大多数在张家川派有常驻人员收购。

张家川皮毛贸易市场和其他商业贸易市场相比，具有明显的特殊性，主要表现在以下三个方面：

一是专业性强、辐射面广。作为一种商业贸易市场，以单纯的皮毛贸易活动而形成很大规模，在西北乃至全国亦属少见。据了解，在全国最为有名的几个皮毛市场中（河北的邢台，以皮毛加工闻名，张家口以羊绒、羊毛交易加工为特点，甘肃的三甲集主要以毛类交易为主，兼以洗毛、皮类交易，甘肃的平凉市也是近几年兴旺起来的皮毛集散地），以张家川的牛羊皮最为集中、规模大，尤其是羊皮最为突出，新疆、青海、内蒙古、甘肃等西部地区走向内地的羊皮大部分要经张家川皮毛市场交易而进入内地，有时陕西、河南一带的皮张也要在张家川集中后行销内地。同时，由于近几年来各省（区）对畜牧业产品跨省（区）流通实行控制，加之畜牧业本身的一些原因，内地一些皮革、毛纺厂家直接深入牧区收购大宗皮毛比较困难，而在皮毛市场上收购则灵活、方便，因而许多厂家都转向张家川皮毛贸易市场，这也是直接刺激张家川皮毛贸易市场不断繁荣发展的一个原因。反过来，张家川皮毛贸易市场的变化发展又直接或间接地反映着我国皮毛行业的一些情况。张家川的皮毛来自国内 19 个省（区）市，包括我国所有的牧区和半牧业区，销往 17 个省市。因此，张家川皮毛贸易市场不仅成为张家川经济发展的窗口，也成为我国专业性强、辐射面广的大型民间皮毛贸易集散地。

二是民间经营、直接贸易。张家川皮毛贸易市场是民间自发形成并不断发展的。国家只是通过税务、工商管理等手段予以管理，并在税费、工商管理费等方面制定了优惠政策，加以引导和扶持。由于市场是民间自发形成的，且从事皮毛贸易的人基本上都是县内中、西郊地区的农民，由于受季节、市场行情等因素的影响，所以民间皮毛贸易的随意性很大。通常的情况是以赶集的形式举行，即收购皮毛逢集日进行，销售皮毛也逢集日进行（张家川镇以农历双日为集，龙山镇以农历单日为集，这是张家川从历史上所形成的传统）。在这些从事皮毛贸易的人当中，有一部分是开设皮毛货栈的人，这些人常年从事皮毛贸易，基本上已经不直接参加农业生产；还有一部分人利用市场价格差，低价收购，然后在有利可图的情况下出售给客商或皮毛货栈，他们长年奔波于张家川镇和龙山镇的皮毛市场。能经营就经营，不能经营就参加农业生产；还有一种人就是在农闲季节去西北各地收购散皮，运回张家川后在皮毛市场交易。由于从事皮毛贸易的人情况差异，加上皮毛贸易本身的一些特点，张家川皮毛贸易的民间特性是非常明显的。有的不懂行情的人很难判断对方的情况。不熟悉当地的民情，不掌握市场行情，往往很难做成生意。

在交易方式上，可以说非常灵活，效率也很高。从一两张散皮的交易到大宗皮毛贸易，都没有太多的手续，一般都当面议价，现款交易。即使是和外地客商进行大宗皮毛交易，也只是在中间人引见、撮合下直接洽谈，手续也很简单，大致就是议价、验货、付定金、提货、付款等几项。当然，有些贸易因双方所需订立合同，所以在市场旺盛季节，每天的交易额是非常高的。

三是皮毛贸易市场的繁荣与疲软大致随着季节的变化而变化。一般冬季非常繁荣、兴旺，夏季相对疲软一些，这是因为：一是冬季是张家川地区的农闲季节，从事皮毛贩运的人很多，而夏季是农业生产的大忙季节，从事皮毛贩运的人相对要少。二是冬季是我国主要畜牧区的产皮季节，而且冬季皮质量好。由于货源充足，在价格上也相对于夏季要低。所以，张家川皮毛贸易市场在冬季一般货源充足、品种齐全、价格适中，市场非常繁荣，外地客商可以随到随购，而夏季相对来说货源、品种要少，价格也偏高。三是秋冬季是皮毛产品销售的旺季，消费者需求量大，直接导致了国内皮毛原材料购销旺盛，而夏季则平淡，这一特点也直接从张家川皮毛贸易市场上反映出来。总之，张家川皮毛贸易市场的季节性非常明显。

张家川皮毛贸易市场除具有以上特点外，还具有商业自由贸易的其他一些特点。从皮毛专业贸易的角度分析，它的局限性也是比较明显的。由于经营者都以个体的形式出现，在皮毛购销过程中不能进行有效的协作，有时甚至互相拆台，各不相让；有时只顾眼前利益，不注重皮毛质量和信誉。在此情况下，外地客商在张家川购销皮毛在一定程度上带有一定的冒险性。这也在一定程度上限制了张家川皮毛贸易更大规模、更高层次的发展。

张家川皮毛贸易市场的繁荣与发展，直接促进了皮毛贩运和皮毛加工业（手工作坊加工）的发展。皮毛贩运业和皮毛加工业（手工作坊加工）已经成为张家川规模性的群众经济活动，在张家川整个皮毛行业中占有重要的地位。

首先，在皮毛贩运方面。

皮毛贩运是和皮毛贸易市场直接相连的。没有皮毛贩运业，就不会有大的皮毛市场，而没有规模性的皮毛贸易市场，皮毛贩运就没有保障。张家川的皮毛贩运业的历史和张家川形成皮毛贸易市场的历史一样早，并且在长期不断发展的过程中，皮毛贩运成为张家川回族群众的传统行业。新中国成立前的“脚户”“背夹客”即是指从事皮毛贩运的人。而真正形成皮毛贩运大军，则是在党的十一届三中全会以后，随着皮毛贸易市场的恢复和发展，从事皮毛贩运的人越来越多。据统计，张家川全县现有2.5万余人、60多辆汽车、100多台大、中、小型拖拉机，长年或季节性地从事皮毛贩运。这支皮毛贩运队伍足迹遍布全国19个省（区）市，运回的皮毛达30余个品种，保证了张家川皮毛贸易市场的货源。

从事皮毛贩运的人，根据他们的人员构成和贩运方式，可分为以下三种：

第一种为有比较多的流动资金的人，即当地人称为有大本钱的人。这些人根据自己资金的多少，或单人单户行动，或几个人、几家联合进行。他们直接到盛产皮毛的新疆、青海以及甘肃省河西地区收购当地牧民的皮毛，然后用汽车运回张家川。这些人一般对购销两地的价格非常了解，当有利可图时能够迅速往返，获利较高。这些人大多是市场开放之初便经营皮毛贩运的人，他们有一定的经济基础，经验丰富，经营手段高明。他们有时也直接和内地一些皮毛厂家打交道，即先和厂家订好业务合同（一般以付定金的方式担保），然后将收购到的皮毛原料直接运往厂家交售，这样一般能获得更好的利润。

第二种人即为小本经营的人。属于这一类的人最多，他们是张家川皮毛贩运队伍的主力军。他们的资金在几百元到几千元之间不等。这些人在农闲季节深入西北牧区（也到一些亦农亦牧的地区）走乡串户，收购散皮，然后通过长途客车，或搭载过往的汽车、拖拉机，运回张家川参加交易。他们收购的原皮价格虽然相对便宜，但是由于他们资金少，贩运量小，并且由于往返时间长，所以除去开销外，获利的把握并不是很大。一旦行情不好，就有可能亏本，有的人赔进去一趟就再很难喘过气来。但只要稍微有利可图，他们就不计艰苦而奔波于各地。当然赔与赚也在一定程度上取决于贩运者的素质。

第三种人的情况更为特殊，是指资金更少，无法直接贩运皮毛，而采取以货易货的方式从事皮毛贩运的人。这类人虽然是少数，但都是比较贫困的农民。他们利用张家川及周围清水、庄浪等县山货资源比较丰富的优势，在这些地区收购簸箕、筛子、木锨等农用工具，两三人合作，用架子车徒步拉运到牧区、亦农亦牧区，和当地农牧民交换皮毛。交换时，虽然双方都是各取所需，但以价格低廉的农用品换取价值相对很高的皮毛，显然能获得好处。如用一个价值几元钱的簸箕换取一张价值20元左右的羊皮，或用数个簸箕换取一张牛皮等。这些人采取热情灵活的方式，尽量使牧民愿意和他们交换。交换完后或徒步，或搭载过往车辆运回张家川交易。由于他们换来的皮毛价格低，而且凭着回族人吃苦耐劳的精神，尽量减少旅途中的开支，所以他们一般都能获得利润。但由于往返时间长（少则月余，多达数月）而且本小，获利也是很有限的。从事这种以货易货方式贩运皮毛的人，1987、1988两年最多，现在逐渐减少了。

另外还有一些人专门从事皮毛运输。这些人比较少，但他们都有自己的运输工具，即汽车或拖拉机。有汽车的人一般受雇于皮毛货栈、外地客商或到牧区收购大宗皮毛的人。他们或者从外地运皮毛到张家川，或者从张家川拉运皮毛至内地，他们的收入较高。而拥有拖拉机者则从事一些短途运输，一般在本县或周围邻县的范围之内，他们也是赚取运输费，他们的收入也较好。

其次，在皮毛加工（手工作坊加工）方面。

张家川的回族群众亦有从事皮毛加工的传统，并具有进行皮毛加工的技术和经验。这些人在历史上被群众称为“皮货匠”“毛毛匠”。他们可分为两种，一种为加工皮张的人，一种为加工羊毛的人，从事皮张加工的人，专门进行羊皮的熟皮与炮制，并制作皮筒子、皮褥子、皮干衣、老式皮大衣等。一般以户为单位，称作皮毛作坊。从事这种行业的人较多，皮毛作坊也比较普遍。民国初年时，张家川就有皮毛作坊58家，其中40家是在龙山镇开设的，以“全盛马”“水顺德”“万顺有”“景新祥”“会元堂”“万元墩”等字号最为有名。现从事这种手工作坊加工的，张家川全县有1500余户6000余人，可以说遍布城乡。到了冬季，上市的各式皮制品数量是很大的，并远销河南、河北、贵州等地，深受这些省份农民的欢迎。从事这种加工的人，一般都全年制作，秋冬季出售。出售时或者在贸易市场上售给从事贩运的人，或者自己带上直接去河南、河北、贵州等地出售。在利润方面，正像群众所说，虽赚不了大钱，但能保证一般性收入。

专门从事羊皮及其他杂毛加工的人，一般以毡为主，这种人不是太多。他们的特点是：或收购羊毛在自己家中制作，然后拿到集市出售，或挨门串户，为群众擀毡收取加工费。另外还有一些人利用自产羊毛或购买羊毛手工捻线织衣，这类人较多，但大多数是为了自用，出售者较少。

二

从张家川皮毛贸易市场及皮毛贩运、皮毛加工（手工作坊加工）的历史和现状来看，张家川皮毛商业贸易不仅具有一定的规模，而且已经成为张家川的支柱产业，在张家川整个国民经济中占有越来越重要的地位。

第一，皮毛经济的存在和发展，改变了张家川经济的单一性。可以说，张家川经济已经摆脱了单纯农业经济的传统模式，而逐步发展成为一种混合型经济，使张家川经济的发展呈现多渠道、多门类的趋势。

第二，转移或部分转移了农村剩余劳动力。张家川人口与耕地的矛盾十分突出，人均占有耕地2.4亩，而县中、西部地区人均耕地只有1亩。在全县农村90 823人劳动力中，剩余劳动力达32 000人（主要集中在中、西部地区）。如何安置或转移农村剩余劳动力，是张家川经济发展面临的主要困难之一，而张家川皮毛经济的发展为解决或部分解决这一困难提供了机会和可能。

第三，几年来皮毛经济的不断发展，带动了第三产业的不断发展。如交通运输业：1984年全县有私营汽车11辆，固定资产30万元。到1992年分别发展到了122辆、450万元，大中型拖拉机达到1726台。饮食业、服务业、修理业等也随之相应发展。全县从事饮食业的个体户达628户，从业人员857人。同时也极大地促进了城乡个体工商业的发展。截至1992年底，全县有证经营的个体工商户达2500多户，从业人员5000余人，年营业额830万元以上。在全县皮毛市场发展的同时，其他集贸市场也都得到了发展壮大，这样直接使城乡经济稳步发展。

第四，皮毛经济的发展为张家川对外开放、与外界加强横向经济联系起到了桥梁作用。张家川地处陇海、兰新铁路沿线地带，我国东西双向开放的趋势，使张家川对外开放、加强横向经济联系具有现实的可能性。而作为张家川经济发展优势的皮毛业在对外联系发展的过程中，将极大地促进全县经济的发展。

第五，通过近几年的发展，张家川皮毛市场在与外界的经济交往中，确立了自己的优势和地位，随着国内外皮毛产品需求量不断上升的趋势，张家川皮毛经济在带动县域经济发展的过程中，将会更加显示其本身的优势并发挥更大的作用。

但是，如何使张家川皮毛经济在现有基础上更好、更快、更深入地发展，却是一个艰难和复杂的问题，因为民间贸易的局限性是显而易见的，经营分散，波动性大以及利润的不稳定性在近几年的发展中非常明显。张家川县委、县政府在通过充分调查论证的基础上，提出了大力发展皮毛经济必须走贩运—加工—销售一条龙的路子，是非常正确和可行的。几年来，在国家和政府的大力扶持下，以皮毛加工企业为主体的乡镇企业在全县迅速产生并发展，取得了相当的成绩。现在全县已有十几家专门加工皮毛的乡镇企业，分布在中西部皮毛货贸易发达的地区，同张家川民间皮毛贸易市场相结合，基本上形成了贩运—加工—销售体系的格局，在张家川经济运行中发挥着愈来愈重要的作用。但是，无论从规模、资金还是从技术、管理等方面来衡量，张家川皮毛加工工业仍处于起步阶段（关于张家川皮毛加工工业的情况，不是本文的重点，在此不多论述），还无法与大规模的皮毛贸易相提并论。但归根结底，皮毛贸易市场发展的趋向，就是必须建立起相适应的皮毛加工工业，这样才能充分发挥和利用皮毛市场所蕴含的潜能。

民间皮毛贸易作为张家川经济发展、开放的一个窗口，并以其显著的民族、地方特色在张家川经济中占有重要的地位，克服民间贸易自身的不足，使其在张家川经济中发挥更大的作用，还必须做一些工作，具体来说就是：

皮毛贸易应该走协作、联营的道路，建立一两个比较大的皮毛购销实体，在联系个体经营、协作购销的同时，对市场价格在某种程度上发挥一种平衡作用。并可统一组织货源，在质量保证的前提下，与外地客商订立长期合同，搞期货贸易。这样能够提高经销效率，避免分散经营带来的盲目性及其他一些不良后果。同时能够吸引更多的外地客商来张家川洽谈贸易。

在税收、工商管理等方面继续实行优惠政策的同时，国家应适当投资一定的资金改善贸易环境，加强市场设施建设。还要加强市场管理，通过多种渠道帮助经营者提高素质。

（原文发表于《甘肃民族研究》1993 年第 4 期）

张家川皮毛市场的发展及其对产业结构的影响

王密兰　王　平

张家川回族自治县位于甘肃省东南部，东接陕西省陇县，南与清水毗邻，西连秦安，北与平凉的华亭、庄浪两县接壤。总面积1311.8平方公里，其中耕地面积58.81万亩，全县共有19个乡镇266个村委会，全县总人口307 200人，其中农业人口290 600人，占总人口的94.6%，回族174 890人，占总人口的56.9%，汉族132 300万人，占总人口的43.1%。[①] 由于自然条件差，经济文化落后，是国务院重点扶贫的贫困县，也是全省18个高寒阴湿和少数民族贫困县之一。以前全县走以农业为主、以手工业和商业为补充的经济发展之路，现在在皮毛市场的带动和辐射下，全县的产业结构发生了明显的变化。

一、张家川皮毛业发展的历史与现状

张家川是历史上西北最大的皮毛集散地，被誉为“皮毛之乡”，也是闻名大西北的皮毛专业市场。皮毛业是张家川传统的民族优势产业。早在明末清初，张家川就已出现了皮毛市场和皮毛作坊，而且交易活跃。据史料记载，在1920年前后，在张家川的张家川、龙山两镇开设的皮毛货栈就有10多家，1939年发展到38家，当时除北京、天津、上海、南京、武汉等地的皮毛客商在这里设店扎庄之外，德、英等国的商人亦来此扎庄设立洋行，[②] 外商有时多达80人之多，是

① 张家川回族自治县地方编纂委员会：《张家川回族自治县志》，兰州，甘肃人民出版社，1999。

② 张家川回族自治县地方编纂委员会：《张家川回族自治县志》，兰州，甘肃人民出版社，1999。

张家川皮毛集散市场的鼎盛时期，客商云集，刺激了当时皮毛业的发展，成为张家川回族自治县的传统民族优势产业。新中国成立后，党和政府非常重视民族贸易的发展，张家川、龙山的皮毛市场又一度兴盛起来。龙山的皮毛作坊在京、沪等地设立销售点从而使张家川的皮毛再次誉满全国。但在“文化大革命”期间，龙山皮毛市场一度萧条，皮毛业随“文化大革命”萎缩。党的十一届三中全会后，随着党的“改革、开放、搞活”政策的推行，张家川皮毛市场又为善于贩运、加工皮毛的回族群众提供了展示聪明才智的大舞台，他们重操旧业，开始了传统的皮毛加工和贩运。他们组成皮毛贩运大军，在农闲时间外出收购皮张、羊绒等，足迹遍布新疆、青海、西藏等十多个省市及省内各地。这些回族皮毛商不辞辛苦翻山越岭、走乡串户，经年累月地长途背夹式贩运、汽车拉运、火车托运，或以货易货的形式拥入张家川皮毛市场，成为皮毛市场不竭的源泉，从而使皮毛市场在新的历史时期顺天应时，重新活跃起来，并一度发展壮大。

1986—1992 年是张家川皮毛市场发展的鼎盛时期。1988 年，张家川县人民政府为适应飞速发展的皮毛市场，首先在龙山镇划出河滩地 44 亩，采取国家投资、个人集资的办法建立皮毛市场，并设立皮毛市场管理所，促进皮毛业的健康发展。当时龙山皮毛市场有皮毛货栈 22 家，[①] 市场内货源充足、种类繁多，皮毛交易方式灵活多样，已发展成为以市场为依托，批发与零售、现货交易与合同订购并举，多层次、多渠道的市场营销网络，吸引了众多厂家和客商前来选购交易，使张家川皮毛市场声名鹊起，以陇上皮毛集散地和国内主要皮毛市场的美誉盛名远扬。在 1990 年 10 月的陕西汉中第二届西部交易会上，张家川的皮毛备受青睐，5 日内成交 113.6 万元；1991 年，在四川绵阳第三届西部交易会上，销售额较上年大幅度增加。据调查统计，1992 年张家川回族自治县共有皮毛货栈 80 家、皮毛贩运户 8480 家，兴办皮毛加工企业 45 家、家庭作坊 3120 个，年产值达 1.5 亿元，仅皮毛业每年上缴的税费就占全县财政收入的三分之一。至 1999 年，张家川回族自治县有皮毛货栈 89 家，销售、贩运、加工的农户达 8484 户，从业人员达 4 万多人，年上市各类皮张 720 多万张，羊绒、羊毛、牛绒 800 吨左右，成交额达 1.27 亿元。[②]

---

① 中国人民政治协商会议甘肃省张家川回族自治县委员会文史资料委员会编：《庆祝张家川回族自治县成立四十周年专辑》（第五辑），内部资料。

② 张家川回族自治县工商局：《培育和建设皮毛专业市场　全面振兴张家川民族经济》，内部资料，2003。

二、发展现状分析

张家川、龙山两个皮毛市场，在省、市、县和各级党委及政府的高度重视和关怀之下，发展很快，基础和配套设施不断得到改善，市场管理也在不断正规化。但在其不断向前发展的过程中，也显示出了一些不足之处。

第一，市场专业化程度不高。

张家川、龙山两地的皮毛市场最主要的特征是植根于农贸市场，具有明显的农村特色，在皮毛市场崛起时，工商部门就划定和建设了专业的皮毛市场，但是受当地集贸市场的影响，一些皮毛贩运商和小宗皮毛贩运者，看到哪里人多、哪里方便就在哪里摆摊设点，进行交易，而不去指定的皮毛市场，造成有皮毛市场但无固定摊点的情况，流动性比较大。

第二，季节性比较强，发展不平衡。

张家川由于气候环境的关系，集贸市场的季节性非常明显，春季蔬菜是旺季，夏季粮食是旺季，秋季瓜果是旺季，而冬季才是服装和皮毛的旺季，根据这个规律我们可以看出，进入旺季的皮毛市场，在12个月中最多能维持三个月，而三个月后马上进入淡季，经营者要等到下一年才能迎来皮毛市场的另一个商机，其经营间断时间的跨度之长和经营的不连续性，在竞争激烈的市场经济下是极其少见的。因而造成了张家川皮毛市场极不平衡的发展状况，同时也制约了皮毛市场向更高层次的发展和完善。

第三，经营者法制观念淡薄。

张家川是一个回族聚居区，由于各种条件的限制，农民群众的文化素质比较低，缺乏应有的法律知识。而在张家川经营皮毛货栈和皮毛贩运的主力军基本上都是农转商，因此在皮毛贩运时，一些群众不办理任何手续，商品在运行过程中被扣押时，为了要回商品，他们往往广拉关系网，托人情、走后门，甚至进行贿赂等一些非法手段来达到目的。有的为了逃税、漏税，不顾工商执法部门多次的执法教育和警告，公然冲撞执法车，想方设法采取各种违法手段进行皮毛交易和运输，大大损害了张家川皮毛市场的声誉。

第四，交通问题。

张家川、龙山皮毛市场紧靠集贸市场，一到集日，交通阻塞便成了一大难题。由于农民出售蔬菜和粮食的主要工具是人力车和手扶拖拉机，一些小商小贩在主要交通道路摆摊设点，使本来并不宽阔的路面更加拥挤不堪，再加上城建部门管理不到位，一些拖拉机、人力车满街转，胡乱摆放，市场秩序混乱，致使交通严重阻塞。在这种情况下，要通过短短的不到300米的路程，却需要花费40多分钟，因此，交通问题也成了张家川回族自治县皮毛市场和外地客商进行交流的一个制约因素。

三、对经济结构的影响

所谓“一业兴，百业旺”，皮毛市场的繁荣兴盛，产生了明显的联动效应，带动了传统农业的多元化，促进了农村经济结构的变化。根据统计局提供的数据计算，全县的农业比重由20世纪80年代的80%下降到现在的48%。在皮毛市场的鼎盛时期，养活着全县近三分之一的农村人口，成为农村群众脱贫致富的“金桥”，实现了“建一个市场，兴一批产业，活一片经济，富一方百姓，兴一座城镇”的县域经济发展之路。近几年来，随着全国市场形势的变化，张家川的回族群众也转变思想，增强了市场经济和商品经济的意识，大胆开拓，积极创新，对张家川经济的发展产生了深刻的影响，使张家川的经济进入了一个新的发展时期。

第一，带动了乡镇企业的发展。

张家川回族自治县由于受地理条件和环境条件的限制，几乎没有大型的工业。伴随着皮毛市场的繁荣和皮毛运销的发展，全县以张家川、龙山两个皮毛市场为依托，乡镇企业和皮毛加工业崛起，形成气候。调查资料显示，截至1990年年底，全县乡镇企业总数达102户，从业人员达963人，总产值达2172万元，其中皮毛、皮革加工企业有73户，从业人员达731人，总产值达1761万元，占乡镇企业总产值的81.1%。[①] 由此可以看出，在全县的乡镇企业中，皮毛加工业占有很大的比重，而且一些骨干型企业都是皮毛加工企业。张家川的皮毛加工是传统的民族特色产业，早在清末，以家庭为主的皮毛加工小作坊逐步兴起，他们以手工炮制绵羊皮、羔皮及各种裘皮，并进行粗加工，产品远销重庆、成都、上海、武汉等地，颇负盛名。现在的皮毛加工企业在张家川乡镇企业中居龙头地

① 张家川回族自治县工商局：《培育和建设皮毛专业市场　全面振兴张家川民族经济》，内部资料，2003。

位，它兴起于以前公私联营的皮毛作坊，起初以家庭炮制加工皮衣为主，随着资金的积累和技术的不断创新，后来陆续建成了许多家化学药品鞣制、机器加工的现代化皮件加工厂，使其产品在数量和质量上都跃上了一个新的台阶。至1992年，全县有皮毛加工户3152户，从事皮毛加工的劳动力5060人，年产各类皮衣15万件，制革企业24家，年产服装革120万平方尺，羊剪绒企业13户，每年生产羊剪绒38万平方尺，皮毛加工产值占乡镇企业总产值的38.6%，[①] 所以在皮毛市场发展的鼎盛时期，张家川的皮毛加工企业也迎来了快速发展的大好时光。2002年，一批加工能力弱、自我发展能力差、污染环境的皮毛加工企业停产、转产。有14户皮毛加工企业积极总结经验，以适应不断变化的市场需求，他们以质量求生存，以信誉求发展，使皮毛深精加工形成了一定的优势和规模，同时也带动了皮毛市场的发展。在这些企业中，佼佼者当属阿阳皮毛厂。阿阳皮毛厂是全县首家股份制乡镇企业，主要生产羊剪绒挂毯、防寒服等系列产品共30多种。其裘皮挂毯曾荣获天水市科委“星火科技二等奖”，产品远销黑龙江、山西、山东、江苏等省区。而后起之秀裘革厂也不甘示弱，自1996—2001年，他们先后投资80多万元，引进先进设备和生产技术，开发新产品。其产品以皮板柔软、毛被光滑、富有弹性等特点深受用户青睐，远销东北、西安、兰州、新疆等地，其民族用品销往东南亚及阿拉伯等国。2000年裘革厂被国家民委、国家经贸委等五部委确定为全国民族用品定点生产企业，2001年，其产品荣获全国少数民族地区名优新产品交易会展销奖。在这些企业中脱颖而出的还有四方万祥羊剪绒厂，近年来，通过不断技术创新，将普通羊皮经过加工，使其成为身价倍增的“仿狐皮”“仿豹皮”。其生产的滩羊皮、红狐皮、貉子皮等高档服装配饰，畅销国内外，利润十分可观，其产品在2002年全国乡企洽谈会上备受消费者青睐。这些企业紧紧依靠市场，从市场购进原料，又从市场售出产品，依靠皮毛市场完成了产销一体化的流程。调查统计，现在全县有3100多家“无烟工厂”，广大群众利用边角废料加工皮毛产品远销各地。受皮毛市场的支撑，皮毛业已成为张家川的第一支柱产业，在张家川民族经济发展中显示出其行业优势。

第二，促进了全县商贸流通和交通运输的发展。

由于受地理条件、环境条件和社会经济条件的制约，张家川交通不便、信息

① 张家川回族自治县史志办公室：《张家川回族自治县县庆50周年专刊》，内部资料，2003。

闭塞，与相邻的几个县相比，人们的思想也比较保守。受传统农耕文化的影响，群众有着一种安于现状、乐天知命的生活观，满足当前的生活，形成了散漫、自由、慢节奏、低效率的生产生活习惯，缺乏开拓创新的精神，对新事物的接受能力非常弱。农民种粮的以贮备的粮食多为荣，养畜的以头数多少论英雄，当地流行一句口头禅“养牛为耕田，养鸡下蛋为换盐”，商品意识非常淡薄，缺乏通过流通增殖的观念。当秦安县的批发零售业和庄浪县的副业飞速发展的时候，张家川回族自治县回族传统商品贸易的发展几乎处于停滞阶段。皮毛市场的发展，外地客商的到来和本地皮毛贩运户的出现，对改变这种状况起了不可忽视的作用。这些客商和皮毛贩运户，他们走南闯北，在经营中学到了本事，增长了知识，更新了观念，并把先进的思想和信息带进了村村寨寨，向当地的群众宣讲外面的世界，诱发了群众的商品经济意识，推动了商贸流通的发展。部分群众从中尝到了甜头，群众依靠市场，不仅对商品经济有了新的认识，而且对无工不富、无商不活有了深刻的认识。随着皮毛市场的不断发展和壮大，大批的农民逐渐进入了流通领域。20 世纪 90 年代，张家川镇和龙山镇已经成为万人以上的大集市，有围绕市场建立的蔬菜、果品、木材等各类专业市场 13 个，占地面积 53.28 亩，集市贸易成交额达 2860 万元，上市摊位 3970 个，2400 多种，① 大大提高了农业的商品化程度，拓宽了农村商品流通渠道。以皮毛流通为例，据调查统计，张家川镇、龙山镇、木河乡、四方乡、大阳乡、马关乡等 11 个乡镇的 1.3 万多人在从事长途贩运皮张，足迹遍布十多个省及省内各地，运回来的皮张经过皮毛货栈与客商的联系销往河南、河北、山东、湖北等 17 个省市，促进了张家川同全国各地的联系，把张家川同全国各地紧密地联系起来，成为连接城乡经济，促进地区之间商品流通的桥梁和纽带。目前，全县从事皮毛经营活动的乡镇有 13 个，占 68%，村 122 个，占 45%，户数 15 700 户，占农户的 33.3%，参与人数 68 500 人，占农业人口的 30.7%。② 而皮毛市场、集贸市场和商品流通的活跃，刺激了张家川交通运输业的发展，据统计，现在全县有 400 多辆汽车和 100 多台

---

① 张家川回族自治县工商局：《张家川县工商局扶持个体经济，培养和建设皮毛专业市场，市场管理工作的报告、汇报及年度工作总结》，内部资料，2003。

② 张家川回族自治县工商局：《培育和建设皮毛专业市场　全面振兴张家川民族经济》，内部资料，2003。

大中型拖拉机长年或季节性从事皮毛贩运和收购。[1] 有些乡和村甚至成为运输专业村（乡）。据调查分析，张家川张良乡芦湾村以前只有一台手扶拖拉机，现在70%的农户都有了拖拉机，形成了拖拉机运输专业村，他们长年奔波在各类市场和建筑工地上。主要客运工具，20 世纪 80 年代全县仅有的几辆面包车往返于张家川镇、龙山镇及邻县之间，在某种程度上限制了群众经济活动的范围，而现在全县有各种档次和价位的出租车近百辆，满足了不同群众和外商的需求。

第三，刺激了个体私营商业和饮食服务业的蓬勃发展。

张家川回汉人民，尤其是回族群众有经商的优良传统，商业活动在回族的经济生活中一直占据着重要的位置，自古这里就是依皮毛市场之优势而成为丝路重镇和享誉陇东的物资集散地。十一届三中全会后，在党和政府“改革、开放、搞活”政策的指导下，使一度受到压制和打击的个体私营商业和服务业，在蓬勃发展的皮毛市场的带动下，如雨后春笋般遍地成长。张家川回族自治县工商局的统计资料表明：1989 年，围绕市场建立的个体私营企业有 1607 户，从业人员达 2062 人，占有资金 502.60 万元，年产值 1842 万元，商品零售总额 729.34 万元，占社会商品零售总额的 17.6%，缴纳税金 169.90 万元；[2] 1992 年，全县个体私营经济与前几年相比增长了 20%；到 2002 年，全县的个体私营、饮食、修理、服务等网点多达 2010 个，占全县服务网点的 88.70%，个体工商户 5647 户，私营企业 25 家，从业 14 165 人，注册资金 1834 万元，实现社会消费品零售总额 3453 万元，占全县商品零售总额 6539 万元的 52.81%。从统计资料我们可以看出，皮毛市场发展的鼎盛时期，也是张家川的个体私营企业和饮食服务业飞速发展和繁荣的时期。而张家川回族自治县的龙山镇依据其皮毛市场这个得天独厚的优势，个体私营和服务网点发展更是迅猛，至 1992 年，龙山镇以其快速发展的各种非公有制经济而被定为经济开发区，现在龙山开发区已聚集了 108 家企业，生产项目涉及 10 多个种类，年产值达 7662 万元，从业人员 2150 人。

① 张家川回族自治县工商局：《张家川县工商局扶持个体经济，培养和建设皮毛专业市场，市场管理工作的报告、汇报及年度工作总结》，内部资料，2003。

② 张家川回族自治县工商局：《张家川县工商局扶持个体经济，培养和建设皮毛专业市场，市场管理工作的报告、汇报及年度工作总结》，内部资料，2003。

第四，改变了农民的就业结构，促进了农业自身的发展。

张家川是一个以农业为主的县，农业人口在全县占有很大的比重，农民得以维持生计和养家糊口的主要途径是被长辈教导踏踏实实种田。因此，农民祖祖辈辈一直被局限在农业部门这一狭小的圈内。由于近年来人口的大幅度增长，人均占有的耕地面积越来越少，再加上粗放式的传统耕作，平均亩产量低，人均粮食占有量比较少，有的地区农民辛辛苦苦种地一年，所得收获却不够全家一年的口粮，从而出现了农民种粮不卖粮而买粮的现象。人多地少，农村劳动力的大量剩余和单一的农民就业结构之间矛盾重重。而皮毛市场的发展，集贸市场的兴旺和乡镇企业、个体私营、服务业的崛起，吸纳一大批农民进入流通领域，对改变这种状况起了不可忽视的作用，既解决了剩余劳动力的就业问题，又减轻了农村土地的承载量。根据调查进行不完全统计表明：在张家川县境内长期从事皮毛贩运和经营皮毛货栈的农民大约有 7.5 万人，而从事商贸流通和服务业的农民大约有 5 万人，有的农民则根据当地集贸市场的规律，季节性地从事一些商务活动和劳务输出。目前，全县有超过三分之一的农民已经进入了非农产业系统，不仅解决了劳动力过剩的问题，而且把农民也推向了市场，改变了农民就业单一的局面。而大批农民进入非农业系统发展非公有制经济，不仅增加了县财政收入，而且富了一方群众，为发展农业提供了大量的资金支持，并且掌握了大量的市场信息，提高了对科技兴农、科技兴县的认识，能根据市场需求调整产业结构，积钱促粮，积极地从外边引进先进的科学种田技术，从而有力地促进了全县地膜玉米、地膜小麦、日光节能温室、大棚蔬菜、暖棚畜养与新兴农业的发展。在种植的过程中农民引进和推广良种，科学施肥，积极开展病虫害防治工作，提高了对农业产前、产中和产后的服务工作，提高了土地的利用率，促进了农村农业结构的合理调整。

（原文发表于《社科纵横》2006 年第 6 期）

对张家川经济和社会发展中几个问题的调查与思考

王全根

遵照甘肃省委的统一安排部署，抽调机关干部下基层帮助工作，笔者被派驻张家川回族自治县。在元月至6月底历时6个月的帮助工作中，根据省委提出的指导思想和工作任务，结合当地实际，求真务实，真帮实抓，扎实有效，开展了形式多样的帮助工作。并借此机会，结合业务工作，踏遍了全县的山山水水，跑遍了大部分乡镇和重点村组，通过召开座谈会，进村入户，到田间地头同群众交谈，先后走访种植专业户和规模养殖专业户，考察了农业种、养殖示范园，同县、乡干部交换意见等不同形式和方法，围绕经济建设这一中心问题，就如何促进民族地区跨越式发展和可持续发展问题，进行了深入的调查研究。

一

张家川回族自治县位于甘肃东南部、陇山西麓，东接陕西陇县，南邻清水县，西接秦安县，北与华亭、庄浪两县接壤。全县总面积为1311.8平方公里。地势由东北向西南倾斜，平均海拔2011.4米，最高海拔2659.4米，最低海拔1486米，境内地貌复杂，东北部为陇山土石山地，中东部为红土与砂岩黏土相间山地，中西部为黄土沟壑山地。年平均气温7.45℃，无霜期163天左右，年均降水量638.5毫米。气温特点是冬长而严寒，夏短而不热。

全县总人口306 214人，其中回族人口为211 905人，占69.2%，乡村人口为290 329人，占94.8%，乡村劳动力资源总数为138 807人。耕地面积69.9万亩，农民人均2.4亩。全县辖17乡2镇，269个行政村，1295个村民小组，4个居民委员会。该县以农业为主，畜牧业有很大发展，有闻名全国的龙山镇皮毛集散市场，有皮毛加工、清真牛肉加工、阿胶制品。主要矿产有铁、铜、石灰石、花岗岩等，森林面积57.58万亩，草原面积33万亩。盛产“花牛”苹果、蕨菜、蚕豆、麻子、药材等农副产品。国民经济和社会各项事业取得长足发展，至2001年年底，与1953年自治县成立时相比，全县国内生产总值2.69亿元，增长了22倍，尤其是工业总产值最高时达到2.69亿元，是1953年的500倍。财政收入完成1630万元，增长了29倍。粮食产量达到81 388吨，是1953年的2.4倍。

在基础设施建设方面，境内现有公路22条，全长105.9公里，其中柏油路面42公里，1998年已实现了村村通农机路，现有机动车辆4289辆。通讯设施飞速发展，市话总容量达10989部，移动电话6000多部。电力从无到有，实现了全面通电。市政设施可以说是发生了翻天覆地的变化，现已建成日供水600万吨、普及率达到76%的自来水，大大提高了人民群众的生活质量。城市建设日新月异，硬化道路7.3万平方米，基本改变了过去下雨是“水泥”路、刮风是“灰路”的局面，冬季城市供暖初具规模。

社会各项事业发展突飞猛进。在教育方面，全县各级各类学校由1978年的229所增加到308所，在校学生由1978年的38 010人增加到61 383人，学龄儿童入学率由1978年82.9%上升到2001年的97.4%。自恢复高考以来，共向大中专院校输送学生6201人。科技方面，目前已建立和完善了县、乡、村三级科技推广网络，各类科技专业人员由1978年的147人增加到2001年的2892人。文化方面，全县已建成县、乡、村文化阵地共298处，专业文艺团体4个，各类文化团体12个。卫生方面，全县有各级各类医疗卫生机构359个，医务人员1696人，病床292张，每千人拥有病床由1978年的0.5张上升到2001年的0.9张，2000年还实现了市级卫生县城目标。在2002年3月召开的县党代会和人代会上，县委、县政府提出全县经济和社会发展的预期目标是：国内生产总值增长8%，达到2.9亿元，其中农业增加值增长5%，达到1.69亿元，工业增加值增长10%，达到6502万元；财政收入增长9.5%，达到1785万元；全社会固定资产投资总规模增长20%，力争达到2926万元；农民人均收入增长5.7%，达到1000元；城镇居民人均可支配收入有一定增长；人口自然增长率控制在10.5‰以内。当前，全县上下在县委、县政府的领导下，高举邓小平理论伟大旗帜，按照“三个代表”的要求，认真贯彻落实党的十五届五中、六中全会精神，以西部大开发为机遇，实施项目促县、畜牧强县、科教兴县的三大战略，克服困难，努力推进经济和社会各项事业不断发展而积极奋进。

二

作为以农业为主的民族自治县，总的印象是，尽管这里自然条件很差，农业生产十分脆弱，经济文化十分落后，发展速度缓慢，且缺乏后劲。但从纵向比较，现在同自治县成立前相比，已发生了翻天覆地的变化，如前所述，已很能说明问题。但从横向比较，差距很大，而且差距越拉越大。1999 年和 2000 年经济实力排次为全省的第 82 位。多年来，该县国内生产总值、农民人均收入、人均资源占有量等一直排位在全省倒数三五位。2000 年农民人均纯收入，全省为 1429 元，天水市为 1058 元，张家川为 868 元，2001 年全省农民人均纯收入为 1508.6 元，张家川为 946 元，相差 562.6 元，差距是明显的。2002 年全省国内生产总值提出增长 9%，张家川提出增长 8%，较 2001 年只增长 0.05%，按此增幅，较 2001 年又拉大差距。显而易见，不仅差距大，而且差距越拉越大。根据分析，当前存在的突出矛盾和问题是：

一是受自然条件的制约，农业生产脆弱，产品单一，且没有明显的优势产业和特色经济。传统的种养业仍主导着农村经济，农业效益低下，农民增收缓慢。

二是城镇经济管理水平低，经济效益低，发展速度慢，后劲不足。在环境上，表现为软环境不软，硬环境不硬，包括非公有制经济在内的工业企业市场竞争力很弱。

三是由于以上问题，致使财政收入困难，财源后劲不足，每年的财政收入不用说支持经济发展，就连吃饭也成了问题（见表）。

四是基础设施建设不适应经济、文化和社会发展的需求，特别是交通不畅，直接影响并且已经成为全县发展和开发的主要问题。

五是政府工作机制、职能的转变跟不上市场经济发展的需要，从指挥员到服务员的角色换位一时还难调整过来。

六是人口增长、经济发展、耕地面积三者之间形成了一快一慢一减少的矛盾日渐突出，形成比例失调。自治县成立时人口为 13 万人，现在发展到 30 多万人，今年县人代会上政府工作报告中提出，人口增长率控制在 10.5‰，而国内生产总值为 8%，与上年同比只增加 0.05 个百分点。近年来，由于建设用地和退耕植树种草，人均耕地越来越少，西部的龙山、四方等乡镇，人均耕地已不足 1 亩，资源的配置和占有量日趋紧张。

七是社会各项事业发展缓慢，跟不上发展的步伐。文化方面，设施简陋，功能、作用不能正常发挥，县文化馆、图书馆、博物馆拥挤在一起，县、乡、村三级文化阵地298处，大部分只是挂个牌子成为摆设。县电影院年放映不足20场，几乎闲置。教育方面，全县中小学校舍危房面积达2.8万平方米，学生入学率、巩固率很不稳定，贫困山区学生辍学现象普遍存在，有的高达20%以上，成人教育量大面宽，现有文盲50 238人，占成人的44.6%。各类专业培训尚未拓展。自“八五”以来，全县参加各类成人教育和实用技术培训9916人（次），其中农民扫盲和实用技术培训7275人（次），教师培训1397人（次），岗位培训、成人自学考试1244人（次）。医疗卫生方面，乡镇卫生院危房面积达4500平方米，占全县三分之一，医疗设施简陋陈旧而且短缺，每千人拥有医务人员0.73人（包括乡村允许行医人员在内），病床0.9张。

1995—2001年张家川回族自治县经济发展情况统计表

年度	国内生产总值（万元）	农民人均纯收入（元）	地方财政收入（万元）	实际支出（万元）
1995年	26041	710	1200	3254
1996年	31129	855.4	1519	4712
1997年	23744	504.4	1327	5361
1998年	27404	848	1436	4511
1999年	24714	826	1550	5749
2000年	24872	868	1617	7804
2001年	26850	946	1633	10910

八是干部队伍综合素质普遍不高，群众劳动素质普遍不高。干部队伍中的“软、懒、散”和群众中的“等、靠、要”思想依然存在，一些人观念陈旧，思路不清，缺乏市场意识、发展意识、机遇意识、项目意识和竞争意识，有的急功近利，有的小富即安，缺乏艰苦创业精神和长远规划。

以上这些问题直接或间接地制约和阻碍着该县经济文化和社会各项事业的发展，长期下去，难以实现跨越式发展和可持续发展的奋进目标。

三

树立以人为本的思想，高度重视人力资源的开发。民族地区的根本问题是发展，这种发展不是一般性的发展，而是要跨越式的可持续发展。要实现跨越式可持续发展，人才是关键。民族地区同发达地区相比，经济和社会各项事业的发展有一定差距，这个差距除自然条件外，最重要、最关键的是人才队伍建设方面存在着不容忽视的差距，主要是总量不足，结构失衡，特别是专业技术、经营管理等高层次优秀人才紧缺。因此说，少数民族贫困地区的开发与发展，人才是开发的最大资源，也是第一资源，只有人才资源充分开发才能求得稳定的持续发展。张家川是30多万人的中等县，文化和科技教育比较薄弱，据调查统计，全县高中以上文化程度的只有9997人，而文盲和半文盲达5万多人。全县现有干部4603人，其中回族2685人，县级33人，科级720人。文化结构方面，大学本科365人，占干部总数的7.93%；大专1332人，占干部总数的28.94%。按行业分，党群184人、工业99人、农业119人、文教2388人、卫生317人、科研223人、其他1273人。科研人员中，高中级以上职称仅有73人。据调查了解，凡受过高等教育的，80%是学习社会科学的，而学习自然科学的不足20%。由于民族地区自然、物质条件相对较差，在人才资源配置机制尚不健全的情况下，留住和充分利用人才的政策环境还有待完善，原有的人才作用发挥不充分，流失严重，新的又不愿前往。以上情况表明，促进民族地区经济快速发展，最主要的是要加快民族地区的人才开发，这不仅是一项紧迫的现实任务，也是一项长期的战略任务。要从根本上改变民族地区经济和文化落后的面貌，只有高度重视人力资源的开发，才能加速发展，尽快缩小差距。

鉴于此，认真实施“科教兴国”战略，促进少数民族教育发展，最大限度地抓紧抓好人力资源的开发是当务之急。

一是要巩固并加强基础教育。加大对民族地区教育基础设施建设的投入，创造同发达地区同等的教学条件和办学环境；加大对特困学生的扶持力度，强化入学巩固率。对没有解决温饱问题的民族地区中小学生，实行免费教育政策，其经费从扶贫和教育经费中解决，以保证每一个适龄儿童都能受到良好的基础教育。

二是大力发展职业教育和高等教育。一方面，民族地区要结合自己的实际，创建专业设置合理、教学条件优良、教学力量较强、教学质量高的职业技术学校，为本地培养适用人才；另一方面，要支持和鼓励办好大专院校民族班，为民族地区发展培养急需人才。

甘肃省有各类大专院校27所，除西北民族学院、甘南师范学校外，其他院校只设有5个（含2个中师班）民族班，在校生仅有200名，远远跟不上时代发展的步伐。“十五”期间，凡甘肃省各大专院校都应创造条件设立民族班，为民族地区发展培养以自然科学为主的各类急需人才。

三是要高速度、高起点培养少数民族各级各类高素质人才。为了尽快把民族地区的自然资源优势转化为经济发展的优势，甘肃省十分重视对人才的培养。自1996年开始，6年来，派赴中央、国家机关和经济文化发达地区挂职锻炼的共136名，今年又选派了32名，这些干部走出去以后开阔了眼界，受到了教育，得到了锻炼，回到本地发挥了很好的作用，应予以充分肯定，但还需加大力度增加数量。除此之外，建议省上成立“少数民族干部特培中心”，拾遗补缺，以短训为主，拓宽培训面。

四是加强全民技术教育。江泽民同志在2001年5月25日中央扶贫开发工作会议上指出：“要通过文化补习、科技培训、政策法制宣传等多种形式，加强对群众的教育，帮助群众学习和掌握文化知识、科学技术，增强他们脱贫致富的创造力。”为提高乡村基层干部和贫困人口的素质，各级扶贫单位要加大实用技术培训资金的投入，以大力提高全民的技术素质，打好少数民族地区扶贫开发攻坚战。根据中央扶贫开发工作会议精神，今后10年我国扶贫开发的奋斗目标已经确定。我国的扶贫开发取得了巨大的成就，也积累了重要经验。

（原文发表于《甘肃省农村人口下基层帮助工作调研报告专辑》）

张家川回族自治县个体私营经济发展研究

王密兰　王　平

一、个体私营经济发展现状

张家川地区自古就是丝绸之路南大道必经的丝路重镇和享誉陇东的商埠重镇之一。善于经商的回族群众不仅促进了张家川的商贸流通，也为张家川个体私营经济的发展奠定了物质基础。自党的十一届三中全会以来，张家川的回汉群众在县政府的鼓励和支持下，充分发挥其善于经商的特长，大大加快了全县个体私营经济的发展步伐，并使其成为发展县域经济最具活力的增长点之一。

（一）发展现状

从总体来看，张家川回族自治县的个体私营经济保持了快速发展的良好势头。具体表现在：

第一，发展速度逐渐加快。1990年年底，全县乡镇企业总数为102户，从业人员963人，总产值为2172万元，个体工商户1607户，从业人员2062人，年产值为184万元；而2004年的统计资料表明，全县有乡镇企业262户，从业人员7260人，总产值为25 212万元，个体工商户5647户，从业人员14 165人，年产值为14 377.8万元。①

第二，营业领域逐渐拓宽。随着商品市场和消费需求的不断扩大，张家川回族自治县的个体私营经济也由昔日的小摊小贩、商业零售点、小餐饮和修理服务业等低技术行业向工业企业、交通运输、建筑建材、商贸饮食等行业和方向迈进。

---

① 张家川回族自治县统计局：《统计调研总结》，内部资料，2004。

第三，整体经营规模日益扩大。1990年年底，全县个体工商户注册资金为502.6万元，商品销售总额为729.34万元，上缴各项税金169.90万元；而到2004年，全县个体私营经济的注册资金增加为1008万元，实现社会消费品零售总额9573万元，缴纳各项税金1274万元。[①] 从这些数据可以看出，全县的个体私营经济从人数、注册资金及实现的社会价值方面都在不断发展和壮大。

第四，个体私营经济的社会地位不断提高。个体私营经济的迅速发展，逐渐成为全县经济发展的重要支柱，成为全县财政收入的主要来源，也是全县人民脱贫致富的一条黄金大道。在政府的大力宣传和鼓励支持下，张家川的个体私营经济发展很快，龙山镇的个体私营经济发展尤其引人注目。截至目前，龙山开发区已聚集了108家企业，生产项目涉及10多项，从业人员2150人，年产值达7662万元。[②] 在全县个体私营经济不断发展的过程中，人们看到了个体私营经济所带来的经济利益，并且从中得到了好处，从而改变了对个体私营经济的看法，提高了对个体私营经济的认识，个体私营经济也逐渐摆脱了姓“私”的尴尬身份，经济和社会地位有了很大提高。

（二）特征

各地的个体私营经济在发展过程中受地域的影响或与地方经济相结合，在发展过程中结合民族传统，形成了各自的特色产业，张家川的个体私营经济也不例外。张家川是一个回族自治县，当地的回族有经商的传统和经验。中华人民共和国成立前，张家川的回族商人就遍及全国各大城市，主要经营丝绸、布料、瓷器、百货、药材、油料、茶叶以及皮毛等。党的十一届三中全会后，张家川的回族群众重新发挥其特长，响应党和政府的号召，积极发展个体私营经济，并形成了自己的特色，主要表现在以下三个方面：

第一，以皮毛贩运和加工为龙头的个体私营经济不断发展和壮大。皮毛贩运和加工是张家川回族的传统特色优势产业，也是张家川个体私营经济的中流砥柱。近几年来，张家川的皮毛业以市场为导向，逐步实现了贩运—生产加工—销售三位一体化的格局，出现了不少皮毛家庭作坊和专业户。1999年以来，全县从事皮毛贩运、购销、加工的农户达8484户，从业人员达4万多人，私营皮毛加工企业15家，国有皮毛加工企业11家，有皮毛货栈89家，年上市各类皮张

---

① 张家川回族自治县统计局：《统计调研总结》，内部资料，2004。

② 张家川回族自治县统计局：《统计调研总结》，内部资料，2004。

720 多万张，羊毛、羊绒、牛绒 800 吨左右，年产各类皮衣 15 万件，服装革 120 万平方尺，成交额达 1.27 亿元，皮毛业的税收占全县财政收入的 30.5%。①

第二，饮食服务业发展迅速。张家川回族的饮食服务业历史比较悠久，声誉较高。由于张家川是一个回族聚居地区，因此饮食服务业是张家川回族的一个垄断性行业，宝天公路沿线的马鹿、恭门、张家川、龙山等集镇上经营饭馆和零食的群众以回族为主，清真食品占据了市场的 90% 以上。改革开放前，上档次的餐厅有两家，而到 2004 年底调查时，仅张家川县城比较上档次的大型饭店就已经发展到十几家，如民族饭店、金阿阳、明盛楼等。饭店服务员都经过专业培训，无论是饮食质量还是服务质量在当地都堪称一流。此外，张家川的生熟牛肉也很有名，仅张家川、龙山二镇每集销售的牛羊肉就在 1500 斤以上，每年冬季，大量的牛羊肉还销往天水、兰州、西安等大城市。

第三，从事贩卖运输业的个体户不断增加。张家川的回族群众，习惯贩卖牛羊和粮食，他们从陕西的集市和乡村购进牛羊，在张家川出售，有的则在张家川以外的地方购进轻口耕牛后，赶到陕西兑换老牛，因为陕西汉族不习惯宰杀耕牛和吃牛肉，所以他们把老耕牛卖给或兑换给张家川人，这些贩子把兑换的老耕牛再卖给张家川的屠宰户，效益相当可观，从中也可以看出张家川回族群众敏锐的经商眼光。贩卖粮食也是张家川回族经营的一项生意。自党的十一届三中全会市场开放，允许自由买卖，张家川群众在本县各集镇和陕西见到粮食后运输到秦安、陕西宝鸡、陇县等地整批购进布匹、成衣鞋袜和日用杂货，在张家川镇、龙山镇、梁山等集镇摆摊设点出售。由于这几项贩卖活动费用小、周转快，适合小本经营，所以越来越受到城镇居民和广大农民的欢迎，从事这一行业的人也不断增多。这不仅调节和活跃了市场，而且为更多的人从事非农业找到了出路，为个体私营经济的发展奠定了一定的基础，对加速第三产业发展、促进城镇化的进程起到了很大的推动作用。

二、个体私营经济发展过程中存在的问题

（一）缺乏自我发展、自我积累能力

张家川的回汉群众，主要以农业为主，在全县 300 031 人中，农业人口有

① 张家川回族自治县统计局：《统计调研总结》，内部资料，2004。

284 531 人，占 94.8%，2004 年的统计资料表明，全县农民的年人均纯收入为 1118 元。他们有的亦农亦商，在城镇摆摊设点，或提篮叫卖，本小利薄，所得收入只能维持日常家用开支。这在很大程度上制约了城镇及乡村个体工商户的形成和发展。而城镇已存在的个体工商户和私营企业大多是夫妻店、父子店或家庭式小型作坊，他们的经营收入除去各种开支后所剩无几，根本谈不上什么资本积累。这种低水平的重复操作与经营，很难形成规模，对个体经济的进一步发展形成了极大制约。所以缺少资本积累而难以形成规模成为影响张家川个体私营经济健康发展和对外经济交往的一个制约因素。

（二）传统乡土意识的制约

张家川回族自治县由于地缘关系，群众生活在一个相对封闭的圈子里，不大善于跟外界互动联系，不善于抓住一些比较先进的信息从而形成了一种封闭的生活和思维方式，形成了一种以地域观念为主的狭隘的乡土意识，并且渗透于生活的各个方面。这种乡土意识有较强的自我保护性和排他性。这种行为在经济生活中则表现为不以市场和群众的需求为导向，而是一味地以卖方市场为主导，进行盲目经营，造成供需双方不能协调一致的矛盾。在对外经济交往中则有不服气、怕吃亏的戒备心理，从而导致他们在经济活动中缩手缩脚、瞻前顾后、不敢闯、不敢试，失去与外界合作的一些机会，同时也阻碍了张家川个体私营经济的发展和壮大。

（三）经营商品档次低，使一些购买力外流

在张家川县内，无论是国有企业还是乡镇企业、个体商贸企业，没有一家上规模的两层以上的商厦、商场及大型的购物超市，大多是间间相隔的砖木平房结构门店，而且经营的商品档次比较低，只能满足一般农民和城镇居民的消费需求。而近些年来，张家川的富裕群众和工薪阶层在不断增加，对他们来说消费缺少相应的环境场所，尤其是婚娶消费没有相应的购物场所，导致大量购买力流向天水、兰州、宝鸡、西安等大城市。

（四）城乡之间发展不平衡

张家川的个体私营企业在地域的分布上极不平衡，据调查统计，2004 年全县个体工商户有 5647 户，而分布在乡村的个体工商户却只有 772 户，其余的个体工商户和私营企业则全分布在公路沿线及乡镇和城镇。天宝公路沿线的马鹿、闫家、恭门、张家川、龙山等集镇及四方、马关、梁山等乡镇个体工商户比较多而且比较集中，而在一些偏僻的乡村则很少有或几乎没有，群众的一些日常生活用品通常要走几十里路到集镇购买，给他们的生活带来极大不便。

（五）经营者整体素质不高

这主要表现在两个方面：一方面是文化层次比较低，低文化水平的劳动力是西北地区个体私营经济的主力军。据甘肃省统计资料表明，全省个体私营经济的经营者大专以上学历层次的仅占0.55%，中专学历层次的占1.26%，高中层次的占26.07%，初中层次的占46.55%。而这一比例在张家川则更低，全县从事个体私营经济的几乎没有一个是大专生或本科生，而高中层次的仅占8.8%，文盲半文盲占到44.9%，严重影响了全县个体私营经济的经营理念和管理水平的提高，导致个体私营经济在经营方面的短期行为较为普遍。另一方面是个体私营经济经营者的职业道德素质比较低。趋利性是大多数商人的共同特征，张家川的个体私营经营者由于文化层次低，职业道德意识比较淡薄，因此在经营过程中坑蒙消费者的事时有发生。

三、对张家川个体私营经济发展的思考与建议

（一）加强基础设施建设，改善投资环境，积极引进外资

第一，首先要解决交通问题。张家川回族自治县自汉唐时期就是丝绸之路南大道必经之地，在当时是一条重要的贸易通道，交通比较发达。但后来随着海上丝绸之路兴起，陆上丝绸之路逐渐衰落，张家川地区从此变得偏僻。一条“晴通雨阻”年久失修的天宝公路，已无法满足和适应大流通的需要，特别是近年来随着312、310国道的相继建成，张家川回族自治县与铁路、国道、高速公路无缘，成为交通死角，交通问题给全县经济和社会发展造成了很大影响，不仅使本地商人在对外经济活动中困难重重，同时还使外地来张家川经商投资的客商望而止步。“若要富，先修路”，因此，尽快解决交通问题是张家川经济发展和对外经济交流的关键所在。

第二，在社会主义市场经济条件下，我们不仅要注重自身的资本积累，而且要积极地、不断地引进外资。按照目前张家川个体私营经济的发展情况，完全依靠自我资本积累来扩大规模和发展还有一定的困难。虽然有种种主客观条件的限制，但是我们应该学会创造条件，学会“借鸡生蛋”，利用外地投资来促进全县个体私营经济的发展和壮大。

（二）根据本县资源和地缘条件，建立适合本县个体私营经济发展的项目

张家川由于其特殊的地理位置，虽然资源丰富，但是不能合理地开发利用，并且在某些资源的开发上政府实行一些“南辕北辙”的优惠政策，如对有些项目开工后若干年内税收全免，若干年减半征收，不一而论，造成了一些经营者的短期行为，特别是一些“候鸟式”的经营者，钻政策的空子，哪些项目赚钱、哪里减免税收就往哪里钻，一旦优惠期满就一哄而散，致使全县财政收入大量流失，达不到发展全县经济的目的。民族传统经济项目的发展也由此受到很大冲击。因此，政府和相关管理部门应当根据本县的优势，建立适合本县个体私营经济发展的项目和产业体系，及时为个体私营企业提供一些项目信息和投资信息，对一些技术含量高的项目应辅以技术指导。

（三）鼓励本县个体私营经济进入旅游服务和信息服务领域

张家川回族自治县不仅有美丽的自然景观，而且还有独特的人文景观——回族的风情习俗，旅游资源比较丰富，是吸引周边游客的有利因素。但是张家川的旅游业刚刚起步，在各个旅游景区没有一处有宾馆、饭店和一些基本的娱乐设施，游客观光仅仅是走马观花，匆匆忙忙，无处歇息。张家川的旅游服务业基本上是一片空白，但也蕴藏着很大商机。因此，政府及相关部门应提供各种便利条件鼓励和扶持个体私营经营者进入旅游服务领域，促进张家川旅游经济的发展。另一方面，技术、信息咨询服务业在全县寥寥无几，因为此行业对从业人员的素质要求较高，政府应该鼓励那些具有一定文化和技术水平的学生从事这一方面的工作。例如一些从农业院校毕业的学生可以经营为农业提供技术和信息的服务业，这样既可以缓解全县大中专学生就业的难度和压力，还可使个体私营经济的层次得以提高。

（四）提高个体私营经济经营者的素质

相关部门应该通过各种途径、各种方式对个体私营经济从业人员进行定期培训，举办各种补习培训班，鼓励个体私营从业者参加。从政策法规、法纪、职业道德、专业技术等方面来培训教育，使他们能够知法、懂法、守法，文明经营，勤劳致富。并及时为他们提供一些市场变化的信息、经营管理的专业知识。另一方面，成立各行业协会，鼓励他们积极参加，通过行业自律和行政监督提高从业者的素质，使他们能够自觉认识和抵制由于各种非法、不良经营而损害消费者的违章、违法行为，并对在这方面表现好的从业者给予表彰奖励，以起到激励示范的作用，使全县的个体私营经济朝着健康、文明的方向发展。

（五）创造一个公平竞争的市场秩序和环境

作为一个贫困的少数民族自治县，国家和政府在扶持其个体私营经济发展上给予了很多的优惠和特殊政策。不可否认，一些政策在扶持和引导个体私营经济发展方面确实发挥了积极作用，促进了全县个体私营经济的蓬勃发展，并对推动全县经济增长、活跃城乡市场和方便群众生活做出一定贡献。但是也有一些所谓的“优惠政策”却起到了负面作用，它们以提供优惠政策取代创造公平竞争的市场环境，造成了个体私营经济在发展上的一些短期行为，助长了某些违法行为的滋生和蔓延，弱化了一些个体私营经营者的守法意识，增加了监督和管理的难度，破坏了公平竞争的市场环境和秩序。因此，政府和相关部门要对现行的发展个体私营经济的一些优惠政策进行分类清理，对发展本县个体私营经济有利的予以保留并使其继续发挥作用，对那些起负面作用、违背公平竞争原则的“优惠政策”给予取消，为全县个体私营经济的健康发展营造一个公平竞争的市场环境。

少数民族贫困县脱贫致富问题探索

——甘肃省张家川回族自治县调研

马荣祖

一、基本情况

张家川回族自治县地处甘肃省东南部，天水市北面，东接陕西省陇县，南与清水县相临，西靠秦安县，北连庄浪县。自治县成立于1953年，属天水市管辖。全县共2镇17乡，总面积1311.8平方公里，据1995年统计，总人口276 697人，其中回族191 926人，占总人口的69.36%。

张家川回族自治县是一个历史悠久的地方，早在公元前9世纪，周孝王因秦先祖非子在秦谷牧马有功，封邑于此，这里便得以开发利用，后来成为秦统一天下的发祥地。唐宋时期，这里是丝绸之路的一条重要通道。元明以后，大批的回族迁徙到此，生息繁衍，与汉族和其他少数民族共同生活和开发张家川。

张家川在历史上是一个以种植业为主的农业县，全县耕地面积58.3万亩，占土地总面积的29.6%，人均耕地2.55亩；林地面积40.95万亩，其中人造林175万亩，占林地总面积的0.24%，森林覆盖率20.8%；草场18.75万亩，占总面积的9.53%。全县水资源2.11亿立方米，人均约9800立方米；水能资源蕴藏量1.1亿千瓦。自然资源中，粮食作物主要有小麦、洋芋、玉米、大豆、蚕豆等；油料作物以油菜、胡麻、大麻等为主；主要蔬菜有萝卜、白菜、韭菜、大葱等；经济林中以苹果、梨、杏等为主，分布面广，数量多；县境内植物类药材有100多种，主要有沙参、冬花，其他药材以名贵的牛黄、麝香等著称，野生动物主要有刺猬、金钱豹、鹿、水獭、黄鼬等57种；矿产资源以铁、铜、硫、长石、石英、大理岩等为主。

张家川回族自治县是甘肃省东部较典型的贫困地区，受自然条件制约，全县东、西部差异较大，东部属高寒阴湿地区，地多人少，但土地贫瘠，广种薄收；西部属干旱半干旱地区，地少人多，产量较东部高，但受气候影响收成不稳定。加之近年来人口增长过快、不合理用地等因素，人多地少的矛盾愈来愈突出，造成贫困面扩大、贫困人口增加，目前尚有 85 个村 7 万多人未解决温饱，原来已解决温饱的几个乡镇都有返贫的趋向。

当然，随着改革开放政策的不断深化，加之党的民族政策和扶贫优惠政策的倾斜，张家川回族自治县不断开拓进取，在经济和其他各项事业方面都今非昔比，取得了令人瞩目的成就。

张家川在“八五”期间，认真贯彻邓小平同志南方重要讲话和党的十四大精神，解放思想，深化改革，扩大开放，加快发展，经济实力明显增强，提前一年实现了“八五”奋斗目标。五年来，全县国内生产总值以年均 14.7% 的速度持续增长；工农业总产值年均增长 22.8%；农村温饱问题已基本解决，农村贫困面由 1990 年的 46.7% 下降到 25.5%；乡镇企业得到了突破性发展，产值年均以 49.3% 的速度增长；农贸市场和专业市场有了新发展，新建市场 12 个，建筑面积达 5524 平方米。在基础建设方面完成了张家川至龙山、张青公路张家川段路面铺油工程，县城东城路和龙山新马路的铺油，打通了县城西城南路；开通了 2000 门程控电话；教育和其他社会事业健康发展，先后集资 137.42 万元，排危建校 26 303 平方米，完成了县一中和幼儿园教学大楼，10 个乡普及了初等义务教育，职业教育和成人教育也有了较大发展；改建和扩建了 6 个乡镇卫生院，利用世界卫生组织贷款建成了县妇幼卫生保健大楼。随着经济发展，人们的生活水平得到了相应提高，农民人均纯收入由 1990 年的 276.5 元增至 710 元。

1995 年，张家川回族自治县紧紧围绕“抓住机遇，深化改革，扩大开放，促进发展，保持稳定”的指导方针，从县上实际情况出发，开拓奋进，国民经济和各项社会事业都得到了进一步发展。1995 年全县实现国内生产总值 26 040.6 万元（按现行价格计算），较上年增长 92.93%。其中，第一产业增加值 11390.18 万元，第二产业增加值 10521.4 万元，第三产业增加值 4129.09 万元；年工农业总产值达 29384.4 万元，较上年增长 26.34%。

综上所述，张家川回族自治县在自然条件十分不利的情况下，全县干部和群众同心协力，解放思想，大胆改革，开拓进取，“九五”时期无论在经济和各项社会事业方面都取得了令人信服的成绩，加快了脱贫致富的步伐，人们的生活得到了改善，成绩是喜人的。但不可忽略的是，由于自然条件和历史原因，存在的困难是明显的，要改变落后面貌，早日脱贫致富，道路还是十分艰巨的。

二、发展经济的制约因素和存在的问题

从经济发展角度来分析，制约经济发展的因素是多方面的，其中地理位置、自然资源、技术、资本和劳动力素质占主导地位，除此之外，历史传统、人们的观念、交通通信等基础设施以及资源优化配置无不与经济发展息息相关。我国东、中、西部经济发展不平衡，除国家政策原因造成梯度发展外，皆源于以上各种因素。

张家川回族自治县地处甘肃省东部，其东部与陕西省陇县为邻，其余县界均与本省贫困县接壤，离较发达地区和城市较远，310、312 国道沿县界绕道而过，从地理位置来看，张家川处于贫困带，而且比较偏僻孤立，流动人口、过往车辆较少。从自然条件方面分析，属于高寒阴湿地区，从西到东，从干旱半干旱向高寒阴湿过渡，因受自然条件、资源、智力等因素影响，县域内经济发展很不平衡。全县经济是典型的农业经济，虽然有些矿产资源，但是开采利用不够，仍属资源贫瘠地区。由此不难看出，制约张家川回族自治县经济发展的因素归纳起来主要有以下六个方面。

第一，贫困问题是经济发展的最大障碍。张家川回族自治县 1986 年被国家列为扶持的贫困县，1993 年又被国家列为享受“两西”资金的贫困县。1993 年全县确定了 85 个贫困村，列入天水市 506 个重点贫困村中，通过 1994、1995 两年扶贫攻坚，已解决温饱的有 55 个村，还剩 30 个村尚未解决温饱，据 1996 年上半年调查，在已解决温饱的 55 个村中，有 10 个村出现返贫，现共有 40 个贫困村，涉及全县 15 个乡。全县人均纯收入低于 500 元，人均产粮低于 300 公斤的贫困户 12 602 户，贫困人口 64 209 人，分别占农业户、农业人口的 25% 和 25.6%。特别是 40 个特困村的贫困面竟高达 50% 以上。一个县贫困人口占到四分之一，每年国家和地方拿出几百万元进行扶贫，贫困问题是全县经济发展的痼疾，它既制约了全县经济的发展，又拖了小康建设的后腿。因此，少数民族贫困地区脱贫问题是关系到全局的大课题，这个文章作得好坏，会直接影响到整个经济和各项社会事业的发展。

国家历来十分重视贫困问题，采取了各种措施开展扶贫攻坚工作。最近，在

中央召开的扶贫开发工作会上，江泽民同志进一步强调，到 20 世纪末基本解决我国农村贫困人口温饱问题，并号召全党、全社会进一步动员起来，形成扶贫攻坚的强大合力，夺取扶贫攻坚的胜利。在扶贫方式方面，江泽民同志指出，坚持开发扶贫的方针，增强贫困地区的自我发展能力。李鹏同志在会上就加大扶贫攻坚力度，尽快解决温饱问题做了指示，他指出，中央和地方都要增加扶贫投入，提高扶贫资金使用效益，并要求扶贫开发要与发展集体经济相结合，国家建设项目要向贫困地区倾斜，支持贫困地区的经济和社会发展。中央采取的这一系列扶贫攻坚实施计划，对于少数民族地区尽快脱贫致富，无疑是十分重要的，应该利用这一机遇，加大力度，采取多种方式扶贫开发，把争取资金、争上项目和自力更生、奋发图强很好地结合起来，只有这样，才能早日脱贫，促进本地区经济发展。

第二，资金匮乏是掣肘民族地区脱贫致富的重要因素。民族地区落后的关键原因是一个“穷”字，穷也涉及相关的方方面面，但其核心问题，就是一个“钱”字，无钱办事。很明显，民族地区的基础设施建设、城市改造、自然资源的开发利用以及兴办企业、老企业的设备更新等都离不开资金。张家川回族自治县 1995 年财政收入 1200 万元，财政支出 3254 万元，收支相抵，支出差额达 2000 余万元，从其他渠道筹措垫支外，尚累计财政赤字 1831 万元。资金困难不仅影响和制约全县经济的发展，同时也困扰着其他社会事业的发展，影响到公职人员的生活。由于资金奇缺，致使预算内基建和当年新建项目不能按期开工，据对 42 家重点乡镇企业调查，固定资产投资缺额 500 多万元，流动资金缺少 1000 多万元。资本是经济的血液，一个缺血和血液不流畅的机体，如何保持活力和发展。可见，少数民族地区要摆脱贫困和落后，解决资金问题是关键。

第三，农业基础脆弱，产量不稳定，技术含量低，商品化程度低。张家川回族自治县作为一个以农业为主的地区，由于自然条件限制，干旱阴湿，山大沟深，不利于农产品生长，虽然经过多年努力，县上在改良土壤、兴修水利、平整田地、兴建塑料大棚等方面做了大量工作，也取得了一定成效，但整体权衡，农业生产仍未彻底改变靠天吃饭、防灾抗灾能力差这一现实，存在“两低两不”（即解决温饱的标准低、经济发展水平低和发展不稳定、不平衡）问题。尤其在农业产业方面，农、林、牧及农产品加工业等方面，综合发展不协调，商品率低，这样使农业生产不同程度的仍停留在自然经济状态中，商品化程度低，经济效益不明显，农业发展所需资金积累不够，无发展后劲。一般来讲，农业经济综合结构，应包括种植业、养殖业和农产品加工业三个方面，这三方面相互联系并相互制约，只有协调发展，才能促进共同发展。就种植业来讲，在保证粮食生产为主的前提下，应重点发展林果业和其他经济林，这样才能取得较好的经济效益，加大积累，增加投入，改善条件，提高生产率。养殖业应以发展牛、羊、猪为主的同时也应重视家禽和渔业的蓄养，这一方面通过肉、皮、毛商品化，带来较好的经济利益，增加投入，并且为种植业提供优良肥料。农副产品加工，可提高原材料和初级产品价值，增加经济收入。纵观张家川回族自治县的农业状况，靠天吃饭、商品化程度低、综合发展能力差、经济效益不佳这几个方面的不利因素并存，如不改变这种现状，任其恶性循环，农业生产就会拖全县经济发展的后腿。

第四，对于本县资源，特别是矿产资源开发利用不够。张家川回族自治县自然资源中，有丰富的药材资源，植物类有百余种，名贵药材有牛黄、麝香等；矿产资源中金属矿藏以铁、铜矿储量最多，铅、锌矿开发潜力也很大，非金属矿以硫、石英、大理岩等为主，长石品位高，蕴藏量居全省第一。但由于资金缺乏和其他方面的原因，对自然资源的开发利用很是不够，国家早期曾投入数百万元资金拟建的铁冶炼选矿厂，半途停建，至今废弃在野。这些自然资源一旦被开发利用，就会产生巨大的经济效益，必然会增强全县的经济实力。

第五，乡镇企业虽然发展较快，但是结构不合理，技术含量低，无拳头产品，经济效益不佳。据统计，截至1995年年底，全县乡镇企业发展到7490个，从业人员23 551人，完成乡镇企业总产值32 060万元，实现利润5100万元，完成国家税金672万元，比“七五”期间的1990年乡镇企业的个数增加了3323个，增长了1.7倍；从业人员增加了12 765人，增长了2.2倍；总产值比1990年的4172.7万元增长了7.7倍；利润比1990年的675.7万元增长了7.5倍；国家税金比1990年的131.8万元增长了5.1倍。从纵的方面看，张家川回族自治县在乡镇企业发展方面，“八五”期间确实得到了很大的发展，对全县的经济建设起到了推动作用，成绩和效益是不容争辩的。但从横的方面看，与发达地区和非民族地区相比，无论从发展数量、规模，还是从产值、利润和社效益等方面相差甚远，尤其在乡镇企业结构方面欠协调。由于历史原因和传统经商习惯，张家川回族自治县皮毛交易十分活跃，现全县大小皮毛、皮革厂共45家，再加上家庭作坊式加工点，可谓多如牛毛，如果皮毛生意火热，确实获益匪浅。但目前皮毛市场疲软，效益下滑，再加上县城交通不便，收费不合理，皮毛不进县城交易，直接从国道绕县城运往河南等地销售，几十家皮革厂和数百个作坊，货源不足，效益下滑，经营不景气，昔日车水马龙、人流如潮的龙山皮毛市场，如今也“门前冷落鞭马稀”，入场交易人数、交易数量、交易额锐减，作为全县乡镇企业主导产业的皮毛市场和皮革工业滑坡，势必影响到乡镇企业乃至全县经济的正常发展。因此，乡镇企业结构合理、协调发展是关系经济全局的大事，万万不可掉以轻心。

第六，传统观念、固有的思维模式、习惯性的工作作风、封闭式经营不利于经济发展。张家川回族自治县自古以来就是一个茶马互易、皮毛交换的重镇，当地回族就有传统的经商习惯和经验，按理应该商品意识较浓，开放观念超前。那为什么时至今日开放式经济发展缓慢？除地理位置、基础设施等客观因素外，主要是宏观政策引导方面，也就是决策方面。不可否认，改革开放以来，张家川回族自治县四大班子解放思想，开拓进取，无论在经济上还是在各项社会事业方面都取得了前所未有的成绩，但由于历史的积淀，靠通常发展，难以在短期内改变落后面貌，似这类贫困地区，只有拟超前意识，超前胆略，大刀阔斧，开拓进取，用超常的发展速度，缩短差距，脱贫致富。这种超前，除按照本地实际，充分利用本地资源和其他优势扬长避短，最大限度地发挥人的积极性、主观能动性，发挥地力、物力、财力的效益外，最主要的就是目光向外，走出县城搞开放，搞横向联合，把本地能挖掘的资源优势同省内外以至于国内外的资金、先进设备、先进技术和现代管理结合起来，加大开发力度，提高产品的技术含量，增大产品附加值，就会事半功倍，取得最大的经济效益。这就需要决策者要解放思想，开拓思路，大胆尝试，敢为人先，不怕担风险，勇于承受失败的考验。在政策上，制订优惠条件，提供良好的服务，只有这样，筑巢引凤，才能引进资金和技术，才能振兴全县经济。否则，按照原来的思维模式，四平八稳，求稳怕乱或是眼睛向内，只盯着黄土地做内部文章，只有可为但无大为，在发展的同时，与发达地区的差距会越拉越远，横向比较，终究还是脱不了贫困的帽子。

三、以市场经济为契机发掘优势，开拓开放，尽快脱贫致富奔小康

前文剖析了张家川回族自治县在发展经济中存在的不利因素，那么，如何摆脱困境，求得快速发展呢？根据调查和借鉴外地经验，试述如下。

（一）以农为本，优化农业结构，增加技术含量，促进农村经济的大发展

从张家川回族自治县的自然地理条件和传统经济结构来看，该县是一个典型的以农业经济为主的地区，经过县上多年努力，土地耕种条件得到了很大改善，为发展农业生产奠定了一定基础。结合我国人口多，农业在国民经济中的基础地位不会动摇，随着市场经济体制的逐步建立，以价值规律为轴心的投资导向，加上资本构成制约，利润平均化的趋向；农产品价格会在市场角逐中不断提高，历史形成的剪刀差就会消失，即农产品价格由生产该项农产品的社会平均劳动量决定，也就是投入同等资本就会获得工业和其他部门经济同等的利润。由此可见，农业发展潜力很大，前景广阔。

张家川回族自治县在“八五”期间，本着农业的基础地位，以农为本，以农兴县，农村稳，全局稳，制定了“强化一个基础，治理三条流域，开发五个支柱产业”的基本发展思路，始终把农业摆在整个经济工作的首位，紧紧围绕农业发展的需要，健全和完善了农业服务网络，加大了改善农业基本条件的步伐。五年间，兴修梯田 8.2 万亩，新增灌溉面积 5100 亩，截至 1995 年年底，农业机械总动力达到 4.36 万千瓦，年机耕面积达到 167 875 亩，机播面积达到 135 766 亩，用电量达到 10.64 万度，化肥施用量 11 833.58 吨，农用地膜使用量 249.31 吨，新增保灌面积 5100 亩。从正面所列数据不难看出，全县在改善农业基本条件方面可谓成绩明显，为农业生产抗御灾害，实现“两高一优”创造了条件。但必须注意，农业的发展在于农业产业的综合发展，当然，在农业生产中粮食作物的种植必须摆在首位，在保证粮食生产的前提下，在种植业中应以发展林果业和其他经济林为主，这一方面可以改善土壤和环境，另一方面可带来较大的经济效益，加大农业投入，促进农业发展。张家川回族自治县在“八五”期间，坚持兴林富民的指导思想，按照“东林西果”，以苹果为主百果齐抓、连片栽植、规模发展的思路，累计完成造林面积 8358 公顷，果园面积 5.1 万亩，各类果品年产量达 500 万公斤，产值达 600 万元，加强了林果业支柱产业的地位。可见县上对林果业的重要性已引起足够的重视，并且也采取了有效措施，已取得了初步成效。但值得注意的是，在林果业的发展上，应进一步扩大种植面积，动员村民在房前屋后、荒滩、荒坡、荒地上开发种植，除扩大栽培面积外，应加大科技育林、育果的力度，在品种优良、除害灭病、缩短成熟期方面大做文章。品种优良，就会占领市场，扩大销路，早熟一二个月价格会翻几番。县上在重视发展林果业的同时，对其他经济林，诸如花椒、核桃、白杨、华北落叶松等树种也应适

度种植，因为这类植物适应性强，容易生长，而且经济效益也不错。蔬菜业也是种植业中最具发展潜力、经济效益明显的产业，菜篮子工程，作为大中城市十分棘手的难题，供求矛盾十分突出，价格一扬再扬。张家川回族自治县可利用南与天水市相邻，西去与西安接近的地理优势，大力开发蔬菜种植基地，发展塑料大棚、日光节能温室，使蔬菜生产无论在数量、选种优质方面来个大翻身，必然会带来明显的经济效益和社会效益。县上也已规划并提出在本世纪末，使各种蔬菜种植面积完成1.3万亩，这无疑是一个有远见的举措。

畜牧业在农业中的地位也不可忽视，一般来讲，有农必有畜，农畜难分离。这是因为农业耕种需要牧畜，农田需要肥料，畜牧业可提供食品肉，在肉食价格居高不下、需求量不断增加的条件下，经济效益明显。同时，草山和农作物麸皮可为畜牧业提供饲料，便于饲养，繁殖较快，凡农户皆可饲养。县上已认识到畜牧业在农业生产和振兴全县经济中的特殊地位，根据自然条件，提出的“东牛西羊”“东繁西育”的规模发展思路，在“八五”期间，使畜牧业由农本型向商品型转化和发展，使畜牧业发展势头迅猛，经济效益和社会效益显著提高。1995年年底，县规划养殖户已有4011户，饲养量达到11.42万头，畜牧业实现产值3500万元。可见畜牧业在农业中的支柱产业是不可动摇的，为了使畜牧业有足够的发展后劲，县上应重视饲草料建设和畜种选育，县上提出在1996年内，种植多年生和复种牧草10万亩，完成饲草青贮氨化1.3万吨；扩大养畜量，提高出栏率，使以西门达尔牛为主的大家畜饲养量达到10.64万头（匹），以小尾寒羊为主的各种羊只饲养量达到10.5万只。如果按照这种发展速度，不出几年畜牧业就会跃居全县各业之首，就会为振兴全县经济起到不可估量的作用。

农副产品加工业作为农业生产的辅助产业，其地位和作用也是十分重要的。农业加工业发展程度和水平，代表商品化程度和经济发展水平，因为农产品经过加工可增加其价值，使利润丰厚，并可保鲜、保存；远销各地，扩大商品销售渠道，带来可观的经济效益。我们常议论的东西方价格差，就是因为东部地区发达的加工业，使西部地区的原材料和初级产品经过加工价格倍增；农副产品也是如此，我们如果把各种果类加工成罐头、饮料，把某些含有多种成分对人体有益的农产品加工提炼成滋补品，那不就是“黄土”变成金了吗？道理好悟，做起来肯定很难，但只要我们思想上重视，有了起步，就会逐步扩大、发展。张家川在今后发展经济的思路和决策方面，应把农副产品加工业作为振兴全县经济的主要环节来抓，因为一个农业县，不提高农副产品的商品率和附加值，想摆脱贫困奔小康，使经济快速发展是不现实的。

不难看出，两个自然条件极差、地理位置偏僻的农业县，要想尽快脱贫致富，问题和困难是很多的，必须从当地的实际条件出发，立足现实，因地制宜，在以农为本，综合开发方面下功夫。根据张家川的具体情况，农业方面在以粮食种植为主的前提下，大力发展林果业、畜牧业和农副产品加工业，并且竭力提倡并实施科技兴农，强调科技在农业中的龙头作用，不断优化品种，提高产量，增加附加值，加大商品化程度。只有这样，才能事半功倍，早日脱贫致富。当然，在改善农业生产条件方面，除切实可行的发展计划以及人的积极能动因素等软条件外，还需诸如资金、科技等硬条件，两者有机结合，相得益彰，缺一不可。其中资金问题首当其冲，因为资金是发展的基础，俗语“巧妇难为无米之炊”。在资金筹措方面，河北省委书记程雄高提出三条解决办法：一是财政支持，二是银行贷款，三是自筹资金。在自筹资金问题上，他强调以股份制、合作基金会、合资合作方式，要在国家政策允许的范围内，大胆探索、大胆实验。他提出的筹资渠道，少数民族贫困地区可以借鉴。据悉，国家将甘肃省部分地区确定为“九五”农业开发重点地区，今年全省开发项目总投资1.12亿多元，天水市也被列在内。张家川回族自治县可利用这一机遇，快上项目、争取资金，以便改善农业生产条件，推动全县的经济发展。

（二）以市场经济为契机，全力发展乡镇企业、民营经济和个体经济，搞活工商企业，逐步建立统一的大市场，增强综合经济实力

众所周知，我国的乡镇企业伴随着改革开放政策，由小到大，产业由单一到综合，蓬勃发展，对活跃市场、发展经济、改变农村落后面貌、改善和提高农民生活水平可谓举足轻重，功不可没。就此，邓小平同志曾高度肯定，他说：“农村改革中，我们完全没有预料到的最大的收获，就是乡镇企业发展起来了，突然冒出搞多种行业，搞商品经济，搞各种小型企业，异军突起。”（《邓小平文选》第三卷第238页）乡镇企业不仅在改变农村贫穷落后面貌、缩短城乡差别方面起到了排头兵的作用，而且它在国家经济生活和国民经济中的地位日趋重要。据全国乡镇企业局长会议提供的资料，1996年上半年，全国乡村工业实现销售产值15 425亿元，比上年同期增长25.09%；工业增加值达到3540亿元，比上年同期增长25.13%；实现利税790亿元，比上年同期增长22.7%；乡村工业实现出口交货值1696亿元，比上年同期增长13.74%。可见，乡镇企业在全国经济中三分天下有其一。

毋庸置疑，乡镇企业在全国经济和地区经济中地位和作用是明显的。张家川回族自治县把乡镇企业作为全县发展的战略重点，坚持“积极扶持，合理规划，正确引导，加强管理”的发展方针，立足当地资源，以户办、联户办、合作制、股份制等形式，多轮驱动，使乡镇企业发展势头迅猛。据统计，1996 年上半年，全县完成乡镇企业总产值 22 302 万元，其中工业产值完成 12 469 万元，营业收入 21 456 万元，实现利润 3020 万元，完成国家税收 340 万元。其中乡镇企业总产值占 1996 年全县计划完成工业产值的近一半，很明显，乡镇企业已在全县经济中起龙头作用。可见张家川回族自治县在发展乡镇企业、增强经济实力方面，做了大量工作，取得了可喜成绩。但从横向比较，也存在一些问题。

其一，虽有大的发展，但深度和广度不够。根据沿海、沿边经济发达地区经验，可谓乡镇企业遍地开花，效益和产值年年翻番，产品不仅在国内市场，而且在国际市场都占有一席之地，并且产品种类较多，从生活用品到生产用品，从日用百货到电器机械，根据市场需要，应有尽有，包罗万象，并且产品技术含量较高，利润可观，雄厚的经济实力和现代化管理、先进技术和灵活的营销技巧融为一体，产生巨大滚动发展经济效益，大大推动了地区经济的发展。与之比较，相形见绌，张家川回族自治县无论在发展范围、速度、产品种类、技术、质量以及管理和销路方面，都存在不少问题。主要是思想解放和开拓力度仍带有计划经济体制色彩，不是先开放搞活，然后再规范整顿，而是人为的一些条件限制了其发展速度，乡镇企业的开办仅限于村、乡、县三级，未深入到农户、村民和社会各界。因此虽有发展，但挖掘现实发展潜力不够，尤其在农户自办和联办各类农副产品加工方面，例如利用本地农产品生产粉条、豆腐、果酱、罐头及粮油加工等简单易行、市场销路看好的小型作坊方面，在政策方面提倡、支持、帮扶不够，发展滞后。这样，势必限制全县乡镇企业发展速度。

其二，乡镇企业行业、产品单一，技术设备落后，质次价廉。从张家川乡镇企业分类来看，以皮毛交易和皮革制品加工为主，辅以建材和其他行业。张家川回族自治县皮毛交易，从新中国成立前沿袭至今，可谓由来已久，源远流长，但全县以农为主，畜牧业并非主要产业，皮毛货源主要靠畜牧业地区贩运到县城进行交易加工，遇有货源、价格、利润以及政策方面的变化，货源紧张，交易清淡，效益滑坡，甚至迫使一些经济实力不强的企业下马倒闭，目前县城关镇和龙山皮毛市场的萧条就是一个例证。在设备、管理和技术方面，存在的问题也不少，主要是设备陈旧，工艺落后，大部分是半机械半手工操作，原材料消耗多，加工粗糙；在管理方面，缺乏科学性和合理性，工作效率差；技术方面严重滞后。由于以上原因，导致劳动消耗大，经济效益不佳。

其三，在今后经济发展战略方面，除适度发展公有制经济外，应大力提倡和支持发展民营经济和个体经济。把发展民营经济和个体经济作为战略任务来抓，是落后的民族地区搞活经济、脱贫致富的一种行之有效的措施，临夏回族自治州将重点发展非公有制经济即民营经济和个体私营经济以及相应的一些优惠政策，列入《民族自治地方改革开放试验区总体方案》中，并且已取得了令人信服的社会效益和经济效益。张家川回族自治县在发展非公有制经济方面，已迈开了步伐，也收到了一定成效。1995 年，全县常年从事皮毛等商品的个体贩运户达到 8480 户，户均收入 1800 元；从事矿产、编织、家庭工副业和劳务输出的近 4 万人，总收入达到 4981 万元，转移劳动力占农村劳动力的 31.2%。截至 1996 年上半年，新增个体工商户 694 户，从业人员 1720 人；发展私营企业 9 户，个体私营经济实现产值 1104 万元，实现销售额 3388 万元。县上在发展个体民营经济方面制定有关优惠政策，施行“八不限，五放宽，三服务，二简化”，并提供各项服务，创造良好环境，促进其发展。由于县上重视，措施得力，民营个体经济发展速度较快。今后，县上应在现实基础上把发展非公有制经济作为经济的突破口来抓，除一般宣传号召外，应全力支持，拓宽行业渠道，促进发展。尤其针对全县地少人多的困境，对剩余劳动力转移，除在县域内兴办乡镇企业、发展私营个体经济外，应将劳务输出作为重点突破口。除出外做工、经商外，也可从事农业生产方面的劳务输出。据有关资料反映，每年从南方到新疆采取承包、垦荒、打工从事农业生产的人员年收入有数万元之巨，我们同在西部地域生活，在习惯、气候等适应性方面比南方人强，他们能干的事，为什么我们就不能干？县上应该在这方面多加努力，潜力是很大的。劳务输出，对学习外地的开拓进取思想、先进的技术和管理，解决资金困难，提高劳动者素质方面，以及开发本县经济大有益处，何乐而不为。

其四，对现有工商企业，以转变增长方式和提高为出发点，以建立现代企业制度为核心，全面推广县上制定的“五自主”和“四放开”的宽松鼓励政策，大胆改革、改组、改制，在保证国有资产保值、增值的前提下，可采取租赁、拍卖、承包、合并、兼并等形式，完善“国有民营”和“社有自营”改革，对于那些长期亏损、资不抵债、起死无术的企业，及时宣布破产，今年国家拿出几百亿元对破产企业进行补贴，不要错过时机。只有这样变不利因素为积极因素，才能发挥国有工商企业的主渠道作用和蓄水池作用。1995 年，全县地方工业共开发新产品 15 类 28 个品种，实现工业总产值 19 709 万元，国有商业贸易零售总额达到 1916 万元。国有工商企业在困境中仍然获得了稳定发展。事实证明，只有路子对头，国有工商企业的复苏和发展是不难的。

当然，经济的发展是受多种因素制约的，其中资金问题是关键之一，张家川回族自治县因资金匮乏，限制了乡镇企业和全县经济的发展，为摆脱困境，县上根据实际情况，采取了内联外引，实行股份合作制，解决了企业的燃眉之急。县龙山金龙皮革厂因缺乏资金和限电问题，已停产近两年，今年 5 月，他们借船出海，与甘肃省电力局达成股份合作联营协议，对方带资、带技术和负责销售，并已投资 50 万元，使该厂摆脱了电力和资金方面的困境，很快恢复了生产，目前，全县已有股份合作制企业 16 户，股份 28 股，入股资金 313. 36 万元，股份制作为搞活企业、摆脱困境、提高效益的有效途径，应该扩大、发展。

农贸市场建设既是建立社会主义市场经济体制的需要，也是发展商品经济，搞活流通领域的必要条件。张家川回族自治县农贸市场和专业市场有了很大发展，全县已有集市贸易点 7 处，各类专业市场 20 个，占地面积 73 214 平方米，并通过多方筹资，尽量改善市场交易设施。在龙山皮毛市场投资 100 万元，进行地面硬化工程；投资 10 万元，在龙山开办了龙山建材市场，该市场占地 1 万平方米，建设面积 1000 平方米，现已竣工投入使用。1995 年，集市贸易成交额达到 1. 35 亿元，上缴利税都有大幅度提高。今后，在市场建设方面，一是以商品市场为重点，建立和完善多层次、开放型、规范化的市场体系，扩大交易网点，开拓农村市场，组织好城乡贸易流通，保证农副产品正常购销活动，按照因地制宜原则，开发新市场，尤其以龙山皮毛、建材市场为重点，招引四方客商，带动其他地区的市场建设；二是以保证水电供应和提供交通、通信服务，方便食、宿、玩为内容，加强和完善市场基础建设，筑巢引凤，便于吸引内、外地客商进场交易；三是在继续完善综合市场的同时，加大力度发展专业市场，尤其是培育以金融、劳动力、房地产、技术和信息为主的生产要素市场，形成功能完备、内外贸结合、统一开放、竞争有序的专业性大市场；四是加强管理，不断提高服务水平，制止乱收费，减轻交易者不必要的负担，吸引和扩大交易活动。只有做好以上几点，农贸市场和专业市场才会有大的发展，交易人数、交易额、上缴税费定会成倍增长，市场的兴旺，必然会带来交通、通信、商业和服务各行业的相继发展，进而促进全县经济振兴。

（三）大力发展第三产业，促进全县经济腾飞

第三产业在国民经济中所占的比重是衡量一个国家或地区经济发展水平的主要指标。张家川回族自治县已认识到第三产业的重要性，把发展第三产业作为国民经济总体中的一个重要组成部分和发展民族经济的突破口，充分调动各方面的积极性，培育和完善城乡社会化综合服务体系和社会保障体系，推进金融、保险、房地产、科技服务、信息咨询等新兴行业的产业化，大力发展各类劳务型服务工作，提高服务的社会化、专业化水平。尤其在发展第三产业方面，要兴办一批高、精、尖项目，形成龙头产品，以带动第三产业的全面发展。在第三产业中，信息服务是现代社会新兴的一种特殊产业，它是现代科技和经济高速发展的结晶，谁拥有的信息量越多，谁就稳操新科技和经济方面的胜券。因此，要把信息作为一种重要的经济资源充分利用，大力促进信息技术在国民经济中的运用，以信息技术加大科技力度，改造传统产业。旅游业作为第三产业的主要组成部分，发展潜力也很大，县上应坚持以街亭古战场和秀丽的关山景色开发为重点，大力宣传，提高知名度，并采取多种措施，开发利用有地方特色和民族传统的旅游项目，吸引省内外游客来观光旅游，旅游搭台，经贸唱戏，以带动商业和其他服务业的发展。

在西北五省区黄河经济协作会议上，提出中西部九省区联手开发优势资源，以开发粮棉、畜牧基地、石油、有色金属及矿业资源为重点，加强协作，联手开发。这是千载难逢的时机，民族地区应抓住这一机遇，开发利用本地资源，以发展自己。

（四）把发展科技和教育摆在一切工作的首位，切实落实科教兴县，促进经济全面发展

实践证明，在科学技术是第一生产力的今天，不会有人对此持疑义，但落实情况大相径庭。作为少数民族贫困地区，除经济落后外，科技和教育也严重滞后，要摆脱贫困，就必须要重视和发展科技和教育。张家川回族自治县自改革开放以来，科技和教育事业有了长足的发展，科技方面现有乡镇级科技协会 19 个，有科技推广站 46 个，全县有各类科技人员 1269 人。县上以普及推广和科技转化为重点，提高了经济增长的科技含量，推广先进适用技术 22 项，科技已在经济建设中发挥了十分重要的作用。今后，应以建立科技与经济密切结合的新型科技体制，鼓励科技开发和服务型机构实行企业化经营，支持科研单位、科技人员承包项目，开办民间科技组织，允许以科技成果等知识产权进行投资，大力提倡科

研机构与企业合作，进行技术开发，发展技术转让的中介机构，设立县乡和行业的技术推广网络，引进和联合省内外的科研机构和大专院校的人才和科研成果，重点开发一批高科技项目，加快用高新技术改造传统产业，促进经济发展步伐。县上在发展教育方面，也是不遗余力，教育优先发展的地位得到了加强，基础教育、职业教育和成人教育协调发展，教育质量不断提高。首先，教育基础设施不断改善，近五年来，共投资 116 万元，用于维修校舍危房，排危面积 14 114 平方米，购置课桌凳 392 522 套，完成了县一中和幼儿园教学大楼建设，共向大中专学校输送学生 1180 人。其次，在教育发展思路方面，为了适应经济、科技和社会发展的需要，重点是普及初等义务教育，积极发展职业教育和成人教育，加大扫盲工作力度，提高劳动者素质，培养急需的中、初级人才。

（五）贯彻《民族区域自治法》，加强经济立法，创造一个社会稳定、公平竞争、经济建设热火朝天的社会环境

现代文明社会的主要标志之一，就是完备法律体系。我国在建立社会主义市场经济体制的过程中，必须以法律做保障，因为发达的商品经济社会，法人之间、人们之间、法人与自然人之间以及政府与企业和其他经济组织之间的各种经济关系的建立、实现和调整，都离不开法律原则。因此，从某种意义上讲，市场经济实际上是一种法制经济。在《中共中央关于建立社会主义市场经济体制若干问题的决定》中指出：“社会主义市场经济体制的建立和完善，必须有完备的法制来规范和保障。要高度重视法制建设，做到改革开放与法制建设的统一，学会运用法律手段管理经济。”由此可见，法制建设与经济发展的关系是密不可分的。民族地区的贫穷落后，除经济方面的原因外，还有科技、教育严重滞后，文盲、半文盲、文盲加法盲在总人口中占有相当大的比率，与现代社会和经济发展形势的要求可谓格格不入。为此，要解决贫困问题，要建立和发展社会主义市场经济，必须首先把法制建设放在重要的地位，尤其国家颁布实施的《民族区域自治法》，是从民族地区实际出发，保证少数民族权利和义务、维护少数民族权益、促进民族地区经济发展和共同进步繁荣的法律保障。自治权是施行民族区域自治的核心，面对我国建立社会主义市场经济体制，如何遵循宪法和民族区域自治法赋予的民族自治权利，以市场经济为导向，制定有利于改革开放，推动和发展民族经济的地方性法规、条例，以保障民族地区经济健康发展，有着极为重要的意义。由于民族地区的积弊，民族地区要建立和发展社会主义经济体制，可谓任重而道远。一方面，既要摆脱传统思想、观念和传统的经济模式，大胆开拓进取，

又要结合民族区域自治法，联系实际，因地制宜，制定出有利于脱贫致富、发展经济的地方性法规，尤其民族地区市场法规的制定，使民族地区建立和发展市场经济有法可依，促进市场经济的完善和发展；另一方面，民族地区可利用国家赋予的自主权，在计划、投资、矿产资源开发、金融、财政、税收、物价等方面制定各种有利于发展经济、加快建立社会主义市场经济的优惠政策，采取各种方式，吸引区外、境外企业到本地区投资办厂、开发资源，这样，才能保证和推动民族地区经济和各项社会事业的高速发展。由此可见，民族地区的经济立法是与脱贫致富、发展经济、建立社会主义市场经济息息相关的。

（六）加快机构改革，转变政府职能，走“小机构、大服务”的路子

我国长期形成的政府机构重叠、职责不清、人浮于事、办事拖沓的弊端，虽经过改革有所收敛，但在有些地方和部门中仍然存在着。为了适应社会主义市场经济体制的需要，亟应改革。政府职能以过去的大包大揽的全面领导，应转化为主要是规划、协调、指导、服务和监督，解决工农业生产和市场经济中出现的新问题和困难，为经济组织排忧解难。尤其落后的民族地区，要尽快脱贫致富，除思想上的转轨外，更主要是在组织机构方面、政府管理职能方面，按照社会主义市场经济体制的要求，精简机构，转变职能，从行政管理为主转向服务为主，变单纯领导职能向生产部门和经济组织出谋划策，解决困难，将清谈务虚行为转化为协调务实，弱化政府微观管理职能，强化宏观调控、社会保障和监督职能，紧紧围绕经济建设，带领群众开拓奋进。借鉴有些地方行之有效的做法，采取县、乡干部下基层蹲点或任职，直接参加和指导贫困乡、村的扶贫和脱贫工作，带领群众改变落后面貌，这一做法深受群众欢迎。同时应加强干部管理，教育和监督政府工作人员牢固树立群众观点，同群众保持密切联系，切实把群众的冷暖放在心上，关心群众疾苦，体察民情民意，为民办事应有“寝不安席，食不甘味”“鞠躬尽瘁，死而后已”的奋斗精神和献身精神。张家川回族自治县在干部管理和教育方面做了大量工作，政府工作人员政治素质和业务水平以及奉献精神都比较高，他们把定期下乡下村蹲点指导工作、攻坚扶贫任务作为一项制度，坚持实施，并已取得了较好效果。尤其在财政困难，几个月工资拖欠，直接影响到切身利益和基本生活的情况下，他们仍然坚守工作岗位，毫无怨言，毫不气馁，充满工作积极性和饱满的精神状态，这种精神财富是难能可贵的，应该提倡和发扬。当然，政府工作职能的转变是一个系统工程，多年积弊也非一朝一夕就能彻底改变，但形势逼人，必须以时不我待、只争朝夕的精神，大刀阔斧，改革图新。在

政府机构职能转变方面，核心问题是一切以经济建设为中心，以发展和振兴本县经济，尽快脱贫致富为目的，县上四大班子主要领导，要抓大事，制定可行的近期和远期经济发展目标，规定具体实施细则及职责和任务分工，并及时监督检查，以防流于形式。主要领导一年中抽出一定时间，到省内外比较发达的地区学习、“取经”，招商引资，这样可开阔眼界，开拓思路。这比坐在办公室苦思冥想强得多。根据经验，许多原来经济条件很差的落后地区，由于决策者的正确引导，身体力行，以开拓和发展某种产业和引进资金、先进技术，很快改变了落后面貌，成了富乡、富县。在全国学习河北省邯钢的经验交流中，大家共同的认识主要在于调动人的积极因素，尤其是领导干部的开拓精神和正确的决策是重要环节。在经济学生产力诸因素中，肯定人是能动的、积极因素，就是因为人的潜力和可塑性很大，一切先进科技和先进的生产工具，是由人创造的，反过来还是由人操作使用的，生产力诸因素中自始至终都体现着人的能动作用。胡锦涛同志在四川考察工作时，就经济发展和干部问题强调，要又快又好地发展自己、实现发展目标，说到底，路线是根本，干部是关键。并指出，办好中国的事情，关键在党，关键在人。由此推知，作为一个改革者、一个称职的好领导，除自身需具备的素质外，思想要解放，要大胆创新，大胆开拓进取，把周密可行的计划和实干精神结合起来，并能教育和带领一班人认识明确，思想步调一致，最大限度地激发群众的积极性，自上而下，大家同心干，这种力量是无坚不摧的。民族地区贫困的原因除了自然、传统等客观因素外，干部问题主要是领导干部问题，本身所具备的素质，思想解放力度，开拓进取精神，经济发展思路以及为国家和人民谋福利恪守职责，勇于献身精神等方面的因素有很大关系。有鉴于此，民族地区的脱贫致富，必须抓两头。一是发展科教，改造自然，增加财富；二是在征服自然的实践中，锻炼人、重塑人，提高人的素质，造就一批有思想、有理想、有远见，敢于开创新局面的好的带头人。一般来讲，后者比前者难度更大，而且前者受制于后者多。俗语，江山易改，本性难移。说明在人身上形成的固有的传统观念、生活习惯、思维方式等要改变，非毕功于一朝一夕。这个问题，应该引起领导部门的重视。

总而言之，民族地区的脱贫致富难度很大，是由于历史的积淀与东部地区和非民族地区的差距愈来愈大，如果没有一个经济上的飞跃阶段，缩小差距只是一种不现实的愿望；二是民族地区的扶贫攻坚，如果没有国家和外部的合力支持，仅靠自身的力量是很难摆脱贫困的。因此，解决民族地区的贫困落后问题，是一个牵扯方方面面的系统工程，应该引起全社会的重视，其中国家扶持和发达地区的支援是关键因素，在扶贫方式上由过去救济扶贫转为开发式扶贫，增强自我造血功能。实践证明，只有这种综合性开发扶贫，才能尽快改变民族地区的贫困落后面貌。

（原文发表于《甘肃民族研究》1997 年第 2 期）

文化研究

张家川宣化冈伊斯兰建筑群特色

马怀玉

宣化冈建筑群，在甘肃省张家川回族自治县城郊北山上。我国清、民两代伊斯兰教哲赫忍耶派（以下简称哲派）领导人马化龙、马元章归真后均殡埋于此，各建墓庐，故有宣化冈“拱北”或北山“拱北”之称。宣化冈取意宣传感化教民之意。1985年中央统字114号通知指出：“宣化冈是我国伊斯兰教哲赫忍耶派信教群众朝拜的中心。在甘肃、宁夏、青海、新疆、陕西、云南、河北、黑龙江、吉林、山东等区哲派中很有影响。”据家存宣化冈观光楼记云：“光绪乙亥元年（公元1875年），我光烈先生伯仲偕隐于此，地以人传，而北山之名盖彰，丙辰先生于通德门前建一楼，下筑土台，中洞其门，额曰宣化，而宣化之名以著。”中央关于宣化冈中心地位的论断，是根据其近百年的历史和为新时期更好地贯彻落实党的民族宗教政策而提出的。

民国以来的地方志书亦简要提及，宣化冈始建于清朝光绪元年，民国四年大兴土木，经哲派三代领导者和全国哲派教民30多年之艰辛营造，始成伊斯兰建筑群体。20世纪50年代初期，宣化冈建筑保护完好而且仍有长年不断的维修与小规模的建筑。1958年在反宗教特权中受“左”的影响，大部分建筑被拆毁。“文化大革命”中，将仅余镰理经殿等全部拆除。

宣化冈伊斯兰教建筑群，有大小不等的院落30多处，各类用途不同的房屋300多间，占地总面积近百亩。家存《宣化冈图记》记述了这个建筑群的大概规模：“甘肃古上邽，北七十里，乃有古阿阳，离城数里之遥，名曰宣化冈。谚有之曰，山不在高，有仙则名，水不在深，有龙则灵。此地山不高而雅秀，水不深而澄清，地不广而平坦，树不丛而茂盛。两旁奇花异草，四面翠柏苍松，门垂碧桃纤柳，窗绕绿竹参天。四时不绝杀奇景，八节常开罕见花。满院香馥不散，深园清味难消。前有观光楼，台势高峻，崇巍高坚，后有观化山房，整饰极其华丽。左有官廨，右有道堂。两廊房屋，竣宇雕墙。上了瑶台，进了造极门，东有清真宝殿，一日五番，按时朝参。西有拱北宝位，道妙通三界，香烟透九霄。磨砖砌就雕墙，白石铺成路径。阁前几行君子竹，户后数棵大夫松。南设经亭，幽雅清闲，北设书屋，萤窗雪案，真乃道贯古今，才连经济。出至东阳门，下有澡身堂，日新室，沐浴其身，洗濯其心，振衣弹冠，焚香诵经，时刻求吉平安，默祝太平。昔日孔有疏水之泉，孟有仁义之修，汤有沐浴之盘，文王有缉熙敬山，我清真道备三乘，理贯三门，统立五时，遵守五行，唯精唯一，何不正心诚意，闭户自修。世人若知道之大原，奥妙无穷，须在沐浴斋戒，按日来朝，岂不为出乎类，拔乎萃也。”新中国成立前后本人曾五次亲临宣化冈，所见与《宣化冈图记》所述相符。宣化冈建筑群尽管其原形已不存在，但它在中国伊斯兰教哲派群众中流传很广，影响很大。

如《宣化冈图记》所述，宣化冈建筑群具有一定的伊斯兰建筑美学价值。它的美学价值可以从以下几个方面体现出来。

第一，吸收我国传统建筑风格，以“群”的形式存在，且有藏而不露的特点。构思和布局有意避免直露，用含蓄的技巧追术存在意趣，吸收了我国明清建筑特点。从县城到宣化冈，共约2.5千米路，在平陡各半处，即是“马大、三善人神道碑”（马元章，马元超），以此作引，上山入岗，爬坡而上，给人一个将要出现神人葬地约肃穆压抑气氛。拾阶上至观光楼前，只能见到上书“宣化冈”三个大字的类似城门的观光楼，主体建筑仍在其后占地百亩的椅状小平原上，故有“地不广而平坦”之谓。进了观光楼下的圆形城门，踏上宣化冈建筑群中的轴线，白石铺成路径，引人前上观光楼，可鸟瞰县城，后朝观化山房，瞻仰教主墓地，左官廨，右道堂，竣宇雕墙，前后左右分明。

第二，保留了阿拉伯传统风格，兼有伊斯兰特色。伊斯兰文化虽然处在汉文化的汪洋大海之中，但宣化冈的建筑，却保留着伊斯兰教建筑的遗迹。从建筑群整体上看，把古汉建筑与阿拉伯建筑、坟墓建筑与园林建筑诸方面兼收并举，寓意取精，合众而一，造就了中国特色的伊斯兰建筑风格。以“造极门”为标志，占去整个群体约五分之二的建筑，伊斯兰气氛居首，东建清真礼拜殿，西造“拱北”宝位，南“经厅”，北“书屋”，东西南北对称。造极门内以小院组成的东西南北对称的大院，又与前观光楼后观化山，左官廨，右道堂平分秋色，各占一半。造极门内的建筑，体现了伊斯兰清洁高洁的风格，越是接近这些阿拉伯风格的建筑物，宗教的森严感越占上风。进了寺殿、拱北、经厅，均可见阿拉伯文的装饰。建筑群当中，具有伊斯兰色彩的还有许多贵俗不等的院、房，如省心楼、翠真门、静修室、食品加工厨院、宰牲院，专供礼拜洗大小净的沐浴室（在东阳门井），专攻伊斯兰经典的经厅。在省心楼、静修室、经厅、礼拜大殿等内外，有著名阿訇以阿拉伯文书写的条幅对联，以马元章、马元超亲笔较多且最珍贵，皆是宣传伊斯兰教义及马化龙等人功德的。

宣化冈建筑群里香馥不散、清味难消的观化山，是整个建筑群的核心。观化山，顾名思义，是观看、瞻仰马化龙的地方。观化山是由别有春园、留春崖、坟园、拱北等园、院，依山就势，利用自然地形，综合建成的园林大圈。在这个园林大圈中，马化龙等人的坟墓——“拱北”又成了这个大圈中的核心。宣化冈建筑群之所以是中国伊斯兰教哲派朝拜的中心，就是因为有马化龙等人的坟墓——“拱北”，“拱北”是圆形砖木结构，坟体按伊斯兰教规倒鼻形朝北，精巧庄重，绊之以墓庐的明柱烘托，不觉平庸不俗。登观化山，观马化龙之墓，确有“山不在高，有仙则名”之感。

墓寺结合又是宣化冈建筑群继承伊斯兰建筑的另一特色。伊斯兰教创始人穆罕默德之十六孙普哈丁于南宋德祐元年（公元 1275 年）病故扬州，遵其死前遗嘱，所建“回回堂”，系以普哈丁墓园与清真寺两大部分组合而成。宣化冈亦有专门做礼拜的清真寺院，院内有比较宏伟的礼拜大殿，上悬“阐扬圣教”的巨匾。因伊斯兰教的一切宗教活动中，记主赞圣，每天一次不能缺少的“五功”（五次礼拜）是最基本的要求，在宣化冈确是一日五番，按日来朝，“振衣弹冠，焚香诵经”，“统立五时，正心诚意，按日来朝”，宣化冈的主持者，必须率先示范，做到这些从不间断的基本功课，才是对宗教领袖最虔诚的纪念，同时只有坚持这样的宗教修持，才能获得广大信教群众的拥戴。

在宣化冈建筑群里，院是建筑群的基本单位，南北中轴线东西两翼纵向的院落组成“路”，再由“路”组成“群”。这个在建筑美学上中外并举、古今兼收、官民皆有的建筑群，除了雅的部分，还有俗的部分，如附有菜园子、碾麦场、马房院、小伙房院、大伙房院、男佣工院、女佣工院、上马石、拴马桩等建筑物。这些附着的建筑物都是为宣化冈整体所设置的。从《宣化冈图记》也可窥见，“昔日孔有疏水之泉，孟有仁义之修”中国特色的伊斯兰教早就带有儒学之特色。所经历的兴衰复活史，反映了它在伊斯兰教文化史中的地位。

清王朝同治年间左宗棠镇压了马化龙领导的回民起义后，于 1875 年继位的清光绪王朝，已经日暮途穷，越来越腐败。到它的后期，帝国主义列强接踵而至，不断侵入我国，当时的清王朝已无暇东顾。社会进步势力，共和意识，推动着千百年来处于“缓冲地带”的陇上民族地区。这便是宣化冈建筑群始于光绪元年，大兴土木于民国四年乃达鼎盛的历史背景。

马元章主持大兴土木营建宣化冈时，他已经在多年复兴哲派的社会活动中吸取了先辈的教训，曾“悟往者之不可谏，与来者犹可追”，广泛争取社会各阶层，团结汉民群众。据健在八旬老人回忆，宣化冈修建时，县内刘堡、郑堡、王堡、纳堡等汉民大村庄曾给予恭贺。较近的刘、王二堡也曾派出木匠小工，汉民村庄的乡绅大户亦有给予资助的，回汉民族之间进一步团结，张家川的回汉关系又进入了和睦相安的新阶段。

宣化冈兴建时，在陇东南哲派地区，清真寺建筑同时很盛，张家川城东郊有百户之坊的上磨清真寺亦于民国九年扩建。这些地区的清真寺院差不多与宣化冈同时大兴土木。宣化冈建筑群是当时集哲派宗教建筑之大成，它的建筑适应了劫后余生的教民重建家园、渴望宗教生活的需要。

一切宗教建筑都要依赖于一定的经济实力，宣化冈建成出类拔萃的群体建筑，其经济所耗是惊人的，这除了宣化冈的主持者本身已经“财连经济”具有相当经济实力而外，哲派教民的经济实力经过一段休养生息得到了进一步发展壮大，加上对教门的虔诚，长期怀念“为众献身”的马化龙之心情，有钱出钱，有力出力，有物捐物，在汽车不通的艰难条件下，牛拉驼带人畜联运，东北的杉树，陇南洮岷的油松柏，云南的珍贵石料，京、豫的“洋灰”（即石灰石），源源不断运往工地，张家川一教民曾捐银百两，新疆一教民捐驼五峰，宁夏一“热义斯”捐金500两，当时张、龙二镇佳等建筑材料都流向宣化冈工地。徽县辖坊之城乡教民将成材松柏砍伐，锯成方板，送往宣化冈。宣化冈所用一块黑石滚子从河州（今临夏）靠人畜搬运到张家川。

马元章主持营建宣化冈时，他已是赫赫有名的大教主，足遍各地回民区，目睹过我国伊斯兰建筑的许多名胜古迹，采取精华，应用于宣化冈的建筑。相传他派过一木工技师，曾去北京北海公园考察过琼华岛的设计，这可能是因这个岛的建筑是元时阿拉伯人也黑迭儿进谏并监修之故，想从那里嫁接些阿拉伯的建筑技术，以区别于佛寺建筑。建筑不仅是一种应用科学，也是一种美术，马元章所率哲派正处兴盛之际，在建筑技术上广征博采，千方百计地求其建筑之美，在当时是有足够条件的。

哲派在马元章领导下起死回生，于清末民初能营造起宣化冈建筑群，这对中国特色的伊斯兰建筑学是一次尝试，对哲派的巩固和强盛奠定了一定的基础，对我国的建筑美学，特别是对包括伊斯兰在内的宗教建筑美学做出了一定的贡献，这个建筑群虽建在一个贫穷无名的小县之内，但它是与整个中国伊斯兰文化不可分割的。它是我国各族人民在长期历史发展过程中，包括建筑美学在内的一切文化技术交流合作不可分割的一部分。我国各族人民正是通过这种文化技术交流合作，共同缔造了我们伟大祖国的历史和宗教文化。

历史的长河是曲折的，在历史上哲派曾被清王朝屡加镇压，到了清末民初，其劫后余生的领导人却被清朝的御史、翰林，民国的达官要员奉为“山中真宰相”虎踞哲派中心——张家川宣化冈。在马元章的领导下，开始了承前启后、继往开来的复兴。纵观历史，宣化冈从建起到张家川解放，是哲派的平稳壮大时期，其中宣统、辛亥阶段是鼎盛时期，作为其中心的宣化冈同样是这样的。被哲派尊为大太爷的马元章，吸取了前几代领导人，特别是被清廷杀害的哲派创始人马明心和曾领导甘宁回民起义威震西北的五代领导人马化龙，为教而战死能得“设系子”（阿拉伯语，即战死能进天堂）的纯宗教口号下全家尽剿，义军残败，教门濒临灭亡的教训。能居安思危，广结善源，以其超人的胆略和非凡的领导力，力挽狂澜，很快复兴了哲派。在哲派宗教实力复兴上升的同时，随着陇上回民经济的发展，封建制度的加剧，阶级进一步分化，土地高度集中，宣化冈的主持者及其以后的继承人，不但保持了业已世袭的宗教领袖地位，而且成了名震陇东南、财达甘宁青的富有者。其经济实力垄断了张、龙二镇，其工商资本高达30万白洋，贸易达京、津、沪、汉。宣化冈建筑群的崛起，标志着哲派复兴的历史，而哲派复兴是宣化冈得以崛起的内在条件。

宣化冈建在张家川，并能形成哲派朝拜的中心，还有两个原因，一是人口原因，一是人为原因。人口原因主要是清同治事变后，这里形成了更大的回族聚居区，清王朝将大批劫后余生的回民分而治之安插到这里，在此之前，这里又是哲派较多的老区。人为原因主要是元章、元超兄弟，于云南杜文秀领导的回民反清起义失败后，由滇返甘，重踏陇上，隐居张家川，旨在营救被清廷杀害的马化龙后裔。元章以卧薪尝胆的毅力，力图东山再起，拯救哲派于危难之中。可知宣化冈大兴土木之日，实力卧龙出山，化龙再起，虔心可明之时。因此，他们兄弟二人归真后，遵其遗言，亦均殡埋于化龙脚下。

就哲派在中国伊斯兰教中的影响，及其宣化冈之建筑规模而言，是与这个中心所在的地理位置不太相称，加之政府对该建筑群的宣传、重视、管理不够，造成如此宏大、珍贵的建筑不复存在的现状。如果在 1958 年拆毁之前，能列入政府文物保护之列，或许在“左”倾思潮泛滥时也能保存下来。“文化大革命”时县上成立革命委员会，修建县体育场舞台，作为“文化大革命”破“四旧”的胜利果实，组织百名“专政对象”及机关干部重上宣化冈，最后一次拆除了剩余不多的“镰理经殿”等建筑物，我们同建筑公司的技术人员，目睹了其结构之技巧，许多结构明断暗连，天衣无缝，都因不知其结合技巧，只好众力去推或断之一斧了结。遗憾的是，在宗教盛行、文化不发达的年月里，曾修建过宣化冈的能工巧匠却没有留下他们的姓名和设计说明。

客观地说，在研究我国建筑学的时候，容易忽视对宗教建筑美学的研究，在研究主体或多数民族宗教建筑美学的时候，又容易忽视少数民族宗教建筑美学的研究。宣化冈建筑群的原状今天已不复存在，当是我们引以为鉴的。

（原文发表于《甘肃民族研究》1994 年第 1 期）

张家川回族的传统文化研究

虎有泽

19世纪中叶以来，随着民族学的产生，“文化”一词在学术界说法各异，它的内涵与外延在逐渐变化，人们赋予它更多的内容。有人曾统计，在20世纪50年代以后，文化有250余种概念。[①] 权威性的文化概念还未形成，民族学界十分推崇英国人类学家爱德华·泰勒的文化概念。泰勒认为，“文化，或文明，就其广泛的民族学新发展义来说，是包括全部的知识、信仰、艺术、道德、法律、风俗以及作为社会成员的人所掌握和接受的任何其他的才能和习惯的复合体”[②]。他的这一概念非常宽泛，主要是把文化与文明等同起来看待，容易在学术上造成误解。后来，美国人类学家维拉斯认为“在历史以及社会科学中，把所有人们的种种生活方式称为文化”，他认为“民族的生活方式就是文化，生活方式是一种活的、流动的文化”[③]。另一位美国人类学家克拉克洪认为，“人类学中所谓的‘文化’，意味着一个民族生活方式的总体，以及个人从其集团得来的社会性的遗产”[④]。

英国人类学家马林诺夫斯基认为“文化是一个组织严密的体系，同时它可能

---

① 参见［美］巴格比：《文化：历史的投影》，91页，上海，上海人民出版社，1987。

② ［英国］爱德华·泰勒：《原始文化》，连树声译，1页，上海，上海文艺出版社，1992。

③ ［日本］石川荣吉：《现代文化人类学》，周星等译，1页，北京，中国国际广播出版社，1992。

④ ［日本］石川荣吉：《现代文化人类学》，周星等译，1页，北京，中国国际广播出版社，1992。

分成基本的两方面，即器物和风俗，由此可再分成较细的部分和单位”①。在这里，他又认为文化有一种整体性特征和功用性特征，可以把文化划分为物质、精神、语言、社会四个方面。② 而美国人类学家本尼迪克特提出了文化模式概念，她非常强调民族文化的个性发展，即独特性，她认为“人类学把人当作社会的产物来研究。人类学所关注的是一个社群与属于不同传统之其他社群的差别处，也就是一个社群的体质特征、工艺技术、风俗习惯与价值标准”③。

中国学者对“文化”一词进行过长期的讨论。我国社会学家孙本文先生把文化先划分为物质文化和精神文化，后来又分别划出调适自然环境、调适社会环境和调适物质环境而产生的各种文化现象。④ 吴文藻先生是较早研究民族学和社会学的学者，他认为“文化是社区研究的核心，文化最简单的定义可以说是某一社区居民所形成的生活方式，所谓生活方式是指居民在其生活各方面活动的结果形式的一定结构，文化也可以说是一个民族应付环境——物质的、概念的、社会的和精神的环境——的总成绩”⑤。而我国民族学界认为“文化是人们体力劳动和脑力劳动过程中所创造出来的一切财富，包括物质文化与精神文化，以及人们所具有的各种生产技能、社会经验、知识、风俗习惯等”。

本文研究的张家川回族自治县位于甘肃省的东南部，现为天水市（地级）辖县。全县总面积为1311.8平方公里，占全省总面积的0.03%，占天水市总面积的9.1%，耕地面积58万亩。2001年，全县总人口30.62万人，其中回族20.24万人，占全县总人口的66.10%，现辖2镇17乡、266个村民委员会、1294个村民小组、4个居民委员会。⑥ 对张家川回族的传统文化进行研究，不仅能揭示现代化过程中少数民族文化变迁的规律，特别是对文化适应的现象有启示作用，也可以指导和推动少数民族的繁荣富强及现代化，而且通过对少数民族传统文化与现代文明的碰撞和自我调适的研究，能够为进一步做好民族工作在理论上、政策上提供借鉴的指导作用。

---

① ［英］马林诺夫斯基：《文化论》，费孝通译，11页，北京，中国民间文艺出版社，1987。

② 参见［英］马林诺夫斯基：《文化论》，费孝通译，上海，上海商务印书馆，1946。

③ ［美］本尼迪克特：《文化模式》，何锡章等译，7页，北京，华夏出版社，1987。

④ 孙本文：《社会学原理》，北京，商务印书馆，1935。

⑤ 费孝通、王同惠：《花篮瑶社会组织》，5页，南京，江苏人民出版社，1988。

⑥ 参见《张家川民族宗教志》（铅印本），195。

一、张家川回族的传统文化

我们依据学术界对文化的分类法，即物质文化和精神文化来看张家川回族的表现形式。

（一）物质文化

张家川回族在适应自然环境的过程中，已经形成了自己的文化特征，这些文化的形成是与地理环境相联系的，这种文化的形成影响着张家川回族的现实生活以及未来的发展。

1. 建筑

张家川回族的建筑最有代表性的是宗教建筑物，即清真寺、拱北（道堂），张家川的清真寺大多是传统的土木结构、庙宇式的（其中以格底目、哲赫忍耶为代表），水泥和钢筋混凝土结构、阿拉伯圆包顶式较少（其中以伊赫瓦尼的赛莱非耶为代表）。张家川回族的家庭住房，一般以土木结构的两流水型（俗称马鞍架）为模式，这与当时的汉族居住文化有很多相同之处。不同之处是，回族家庭在大门门牌（或门楣）上、庭院的墙壁上贴有阿拉伯文字，如清真言或中国穆斯林标志牌，有的也不贴东西，汉族人以贴门神为标志。这种符号式标志是回族群体的象征，张家川宣化冈建筑就颇能说明当地的建筑文化风格。

宣化冈在县城北郊北山上，始建于清光绪元年（1875 年），民国四年大兴土木，经过三十多年的艰辛营造而成。据《宣化冈图记》载：“甘肃古上封，北七十里，乃有古阿阳，离城数里之遥，名曰宣化冈……此地山不高而雅秀，水不深而澄清，地不广而平坦，树不丛而茂盛。两旁奇花异草，四面翠柏苍松，门垂碧桃纤柳，窗绕绿竹参天，四时不绝稀奇景，八节常开罕见花。满院香馥不散，深园清味难消，前有观光楼，台势高峻，崇巍高坚，后有观化山房，整饰极其华丽。左有官廨，右有道堂。两廊房屋，峻宇雕墙。上了瑶台，进了造极门，东有清真宝殿……西北拱北空位，道妙通三界……磨砖砌就雕墙，白石铺成路径。阁前几行君子竹，户后数棵大赤松，南设经亭，幽雅清闲；北设书屋，萤窗切案，真乃道贯古今，才连经济。出至东阳门，下有澡身堂，日新室，沐浴其身，洗濯其心，振衣弹冠，焚香诵经……”宣化冈拱北的建筑是张家川回族聪明才智的结晶，它将清真寺与墓庐组建在一起，而且以南北为中轴，东西为两翼，纵向的院落组成路，从而形成了建筑学上古今融汇、中西结合、官民皆有的风格，只可惜这样的建筑在1958年宗教改革中被毁。

1981年，国家开始恢复并落实民族宗教政策。1985年，上述建筑物由哲赫忍耶教众开始复建。现在由墓庐（马元章、马元超、马化龙、马进成之坟墓，人称八卦亭）、经殿（礼拜和尔麦里使用）、麻钱窑（相传为宣化冈的钱财库房）、静修窑（当年马元章静修的地方）、清真寺（有南北厢房、库房、厨房等）组成。新建的拱北依照昔日风格，又添加了现代混凝土技术，同时以民国时期著名人物字画装饰（如张广建的《江河湖海船》，于右任、吉鸿昌、哈锐等人的题词），还有当地汉族人立的神道碑（歌颂马元章、马元超功德的石碑），北山拱北现在还在扩建之中。

张家川镇西大寺是清真寺建筑的代表，始建于清同治八年（1869年），于同治十二年竣工（1873年），该寺采用古宫殿式建筑，建总门一座，左右为八字墙壁，墙上均刻有花草，刀工精巧细致。进了总门，有南北厢房各五间，迎面牌楼一座，其结构按照“三斗立层，品字下吊，四柱斜撑”的几何图案筑造。进牌楼门为正院，北有客厅三间，南有过厅三间，西有屏风，四扇彩门，花草雕饰精巧，做工精致，三门大通，中设退壁。进屏风门就是五间前殿，内阁通殿是三间，超越中心殿，举顶高出两层，规模甚为庄严，前殿、中殿、后殿共有明柱108根，直径均70厘米，全部漆红，环绕林立，整个西大寺具有中国宫殿古典建筑特征，对称、协调、肃穆、朴实、大方，有主体和陪衬，自成系统。从外看，古老雄伟，数进庭院，曲栏环绕，彩绘相衬；从内看，雕梁画栋，彩毯辉映，富丽堂皇，大殿深处的拱门顶上饰有古体金字《古兰经》文雕饰。现在的清真寺是1979年以后改建的，大殿民正门为拱形，五门七柱，大殿顶部为弧形三角飞檐，其上竖有新月，月下是蓝色浮雕的九大行星，正中为直径2.5米的电动时钟。两侧设有心形图案，一双博古瓶以碑彩磁片浮贴于末端，内插花卉。檐墙两边各有15个半圆柱形装饰成的30本《古兰经》图案。殿后有球形大圆顶，殿内有工艺精细的宣讲楼，大殿两侧各有14个高6米的窗户，殿内可容纳近千人礼拜。大殿北侧有两层小楼，供阿訇与满拉居住。水房为土木结构，可容百人同时沐浴净身。①

张家川其他民族建筑还有南川道堂，张家川镇东大寺、中街大寺等，这些建

① 参见张家川回族自治县地方志编纂委员会：《张家川回族自治县志》，1390～1394页，兰州，甘肃人民出版社，1999。

筑都带有穆斯林民族风格，没有动物和人像的装饰，均以花草、鱼鸟、书法等装饰，回族家庭的居住建筑已和汉族居住建筑基本一样，均属于两流水型或一面坡型（俗称偏洒房），只是在装饰上具有典型的回族风格，如大多以阿拉伯文或花草为图案。

2. 生产工具及工艺

张家川回族的生产工具可分为农具和皮毛业工具。农具已经完全和当地汉族农具一样，有铁锨、背篼、锄等，农业生产以人力和牲畜为最主要的动力，最具有典型性和民族特色的是皮毛加工业中的生产工具。

皮毛加工业是张家川回族传统经济产业，从皮张收购到做成皮衣制品，大约要经过72道程序，每一个程序都需要一种工具，生产时间也较长，大约花费两个月的劳动时间（间歇工作）。经过时代的变迁，张家川回族的传统熟皮工具已越来越少，现在他们大多采用化学熟皮法。我们选几种传统工具做一简单的介绍。

（1）木刀或木棍

用来将生皮上的毛掸散，使毛变得蓬松，还能除去毛上的杂物，木刀一般长约2尺，厚1～2厘米，宽3～5厘米，刀头较尖，有把。木棍和木刀长短相当，精细如拇指，用它掸去熟皮子皮毛里的糜面（俗称硝面）。有时木棍还用来“上花”（将毛做成各式花样）。

（2）裁刀

一般由钢或铁打制而成，大小如人的手掌，刀刃做成弧形，刀把上铸有小如核桃的八面体，刀刃到刀把的走向由宽变窄，到刀把处宽约2厘米，刀厚类似于菜刀。刀刃做弧形是便于刀在裁剪时自由改变走向，刀侧面还饰有花纹，增加了观赏价值。

（3）木尺

一般选用松木或柏木制成，木尺上标有刻度，以寸为单位，宽1.5～2寸，长有3尺（1米），厚约1厘米。木尺不但用来在皮面上画线，而且还用来压皮张（类似于镇尺的作用），防止皮张在裁割时滑动。

（4）铁爪

铁爪由铁钉打制而成，铁爪上有10～20个不同的爪子，弯曲成弧形，根部揉打成一体，爪子较尖。一般用来将凝成团的皮毛钩开，并使之变得松散，便于“上花”。有的皮毛加工者使用铁爪，先把生皮上凝成团的毛钩开，同时钩出毛中杂物，这样便于清洗。

（5）洗皮棒

一般为木质物，长1.5~2厘米，直径2~3厘米，用来洗生皮时砸、敲、打皮毛，是人们利用外力将皮毛中的油及其他杂物挤压出来的工具。通常洗皮者一只手拿洗皮棒，另一只手舀水泼在皮毛上。当然，在打敲皮张前需涂上洗衣粉等清洗剂，便于将皮洗净，洗皮棒提起时泼水，洗皮棒下落时舀水，很富有节奏感。

（6）钩镰

类似于镰刀的铁质工具，通体长约1.5米，弯曲处无刃，一般以钝为好，粗如手指，镰弯处呈扁状（有两指宽、半指厚），镰把处有圈以拴绳。使用时，人们将熟过的皮子拴在离地面高1.8~2.5米的树上或屋檐下，通常人们将皮板翻出，脚上套上钩镰的拴绳，一手拿皮，一手拿镰刃在皮板上利用脚蹬力来回刮动，这样可使皮板软化和增大面积。

（7）铁铲

一般由铁钉打制而成，宽15~17厘米，长约18—20厘米，前有刀刃，后有铲把，铲把末端做成筒形，可以安装木把（类似于铁锨的筒柄形状），在木把上横向装上两头弯曲的柄（柄需一条通木，质地以梨木为佳），使用时，人们用椽打成“工”字形，然后把“工”字形木架转90度，放在靠墙处，使“工”字形的中椽与地面水平，最后将皮张放在上面，露出皮板，使用者一手拿皮张，一手拿铲柄，将铲柄放在胸前，利用胸部力量向下推铲，使铲上下推动，这样既可以铲去生皮上的肉丝和油物，还可以铲去“熟皮”上的硝面，为将来的钉皮做准备。

（8）撒剪

类似于剪刀，撒剪的剪刀由宽约3厘米的铁片打制而成，中枢点放在手把末端。使用时一手拿剪柄，一手扶剪刃脊剪毛，从而使皮毛平整趋于一体。撒剪使用完后可拆开，剪刀可同向并在中枢点，合套后再装在布套里保存，一般在“上花”前使用或在洗生皮前使用。

张家川回族在“熟皮”过程中还要用到铁锅、瓷缸（或木桶）、门扇、铁锤（包括铁钉）、针线与其他工具，这些工具都在“熟皮”的不同阶段使用，可以提高工作效率。

张家川回族的民间工艺历史悠久，现在流传下来的有雕塑、剪纸、刺绣、布制品、首饰、面制品、草编、柳编等。

雕塑主要用于建筑物的表面装饰，如清真寺大殿墙上的阿拉伯文、老百姓家中墙上的花草虫图案，还有清真寺大殿上的木质雕刻画、屋顶上的花卉浮雕以及门扇、门窗上的各种雕饰。

剪纸艺术深受当地汉族兄弟的影响，一般在婚嫁或过节时使用，形式有四方连续、二方连续的团花和纹样，有些剪出的窗花真可谓“百花齐放”。本县恭门城子村的兰思明老人可以剪出上百种花卉和飞禽走兽、器皿，毛磨村的崔法图麦能剪出不同种类的窗花，她们的剪纸还在县上展出并获奖。

布制品最多的要数小花帽和盖头，其次为鞋垫和枕头，再次为香包、手套等。布制品中的枕头和鞋垫利用布匹的边角废料，先缝制成块（当然以增加美感为上），然后再在上面穿针穿线，制成实物，既可以挂在屋中装饰，也可以出售。

刺绣是以针代笔、积丝累线而成的各种图案。其过程是先剪出花样，然后粘在绣品上，再配不同色的线，将其缝在绣品上，或先在绣品上画出图案再绣。绣线缝绣时用皂角豆捋过，边捋边绣，绣出的东西明亮、干净，富有乡土气息，直接刺绣在图案上的富有立体感。绣时用特别的空心针线掇扎，刺绣由经纬线组成，用于门帘、窗帘、枕头、被罩等物品的装饰点缀上。笔者调查时发现，龙山镇摆氏老人刺绣的信插，三尺见方的面积上有十个插袋，插袋上绣有各式花卉和“五毒”（蛇、蝎、蜈蚣、蛤蟆、蜘蛛），形象逼真，立体感强，在省民俗展中曾受到好评。面制品以馓子、麻花、油香、面花、干面锅盔等为主要类型。

民间工艺中的草编技术流传在张家川回族自治县的马关、梁山、连五等乡，其法大多用麦秆做成辫子，然后缀连成草帽、锅盖、坐垫、草席、花篮、提兜等。草编是在收夏田后进行的一项工作，每年农历八九月（阳历10月左右），村子里男女老少及儿童腋夹一捆麦秆，在走路、闲聊中不停地编织，这种工作可以说是农村的一道风景线。与草编媲美的还有柳编，就是用柳条编织各种用具，柳编盛行于恭门乡的一些村庄。他们编织蒲篮、簸箕、安全帽、提兜等，主要原料是用去皮、晒干后用盐水浸泡软的细柳条。采集柳条一般分三期：立冬至春末为第一期，所采的柳条在铁锅中蒸熟后去皮晒干，木质坚韧，质量上乘，谓之“二蒸柳”；立夏后的一个月为第二期，发芽的柳条皮嫩，自然利于去皮，去皮后的为“二芽柳”，质量次之；立秋后的半个月为第三期，一般是当年生长的柳条，称“二秋柳”，为三等品。柳编在冬季开始，而且多在山洞中进行（有一定的温度和湿度柳条不易断裂）。[1] 现在大多数柳匠以自种柳条为材料的来源，柳编产品已远销山东、河南、新疆等地。

（二）精神文化

张家川回族由于受伊斯兰文化和汉文化的双重影响，逐渐形成了具有自身特色的精神文化，在绘画、书法、民间文学、方言、武术方面成绩斐然。

1. 书画

虽然张家川回族地处山区，文化相对落后，但是自清末以来，此地出现了不少书画爱好者，他们效法古人，临摹苦练，其佳作一直为人们所称赞，有的被本地百姓悬挂堂屋，有的被本地百姓藏若珍宝。这些“才人”中有的书画并举，有的擅长一种，如民国时期的马锡武曾擅长于国画创作，中年时爱画牡丹、翎毛、骏马，尤以“迎风牡丹”享有盛名，老年又以山水画著名。马重雍身为张家川哲赫忍耶北山门宦的负责人，他对古汉语和阿拉伯语有较深的造诣，擅长阿拉伯文和汉文书法，其书法具备颜体的圆润、柳体的雄强。阿拉伯文是从左向右横写的拼写字母，变体很多，马重雍的书法不论横、竖、弯都强劲有力，颇有自己的风格。马腾蛟的书法具有柳公权的风格，又集众家之长，独出心裁，现在张家川很多清真寺、学校门联及屏风上均有他的墨迹。自学成才的萧安帮之书法也颇受当地人称道。

现在张家川书画展吸引了很多回族子弟，每年腊月至正月，去县文化馆和乡镇文化站学习书画的回族络绎不绝。如最近创办的关山书画社、关山文艺创作院、关山摄影协会等在陇东南众人皆知，乡镇及县城已悄然兴起书画热，当地的李夫庵每年寒暑假义务辅导人们学习书画，他除书法之外，还擅长于篆刻，已在陇上书法界小有名气。

2. 民间文学

民间文学是劳动人民在长期的生产劳动和生活实践中创作的口头文学，有传说、故事、歌谣、神话等。1988 年，由县文化馆组织，调动人员收集调查，收集了 600 多篇民间故事、传说，100 余首歌谣，这些材料被甘肃省组织编写的《中国民间文学三套集成》、宁夏人民出版社的《回族文学丛刊》所收录。

“花儿”又叫野曲，也是张家川回族民歌的主要成分，内容丰富多彩，多表现爱情的忠贞和相思之苦，其表达爱情大胆、热烈、情真意切，语言率直、朴

---

[1] 参见徐平：《羌村社会》，262 页，北京，中国社会科学出版社，1993。

实，具有朴素的风格和浓厚的乡土气息。

关山发出了黑云了，张家川落下雨了；
庄稼买卖不管了，一心儿盼望着你了。
……
妹妹是牡丹花园里长，二阿哥是天上的凤凰；
千思万想见不上，碰死在牡丹的树上。
……
骑马放鹿关山顶，男欢女唱一阵风；
花儿能开几月红，你我能活几天人；
荞麦开花遍地红，我不爱你不为人。

“花儿”的流传在张家川已经无从考据，但是，“花儿”对爱情表现的大胆和热烈，从某种意义上说是当地回族对封建礼教的反抗和对爱情的执着追求。

3. 方言

张家川回族来自不同的地方，其方言以汉语、阿拉伯语、波斯语为基础，方言的词汇比较丰富，一般有本地张家川语和外地话（客回），外地话又有甘肃礼县盐关话和甘谷话（伏羌话），以及陕西关中话（凤翔话）。这些话语的反复交流就形成了现在的张家川方言，有的词汇在结构、语调上有所变化，有的词汇无对应的汉字，只能用同义字或注音来表示。

（1）张家川本地话

大大—爸爸、月娃子—婴儿、眉眉—眉毛、汗褡儿—衬衣、叉叉子—衣兜、扁食—水饺、瓜瓜—锅巴、打捷路—走近路、胡基—土坯、面然儿—糨糊、日头儿—太阳、黑夜个—昨晚、头勾—牲畜、鸡婆—母鸡、秫秫—高粱、捏出脓—没本事的人、背锅—驼背、蹴下—蹲下、勤估—勤快、曹—咱们，等等。

（2）盐关话、伏羌话

流行于渠子、梁山、川王、上磨等乡。如：婆—奶、亲亲—亲戚、牛—你、廊沿—走廊、雀子—麻雀、编虚—说谎、阿个—哪一个、眼喜—羡慕、娘娘—姑姑、年喘—说，等等。

（3）陕西关中话

流行于张家川东部的阎家、恭门、张良一带。如，爸爸—叔公、麻麻—叔母、夜别蝠—蝙蝠、咱几—我们、拐—那个、冒格子—发辫、腔子—胸膛、漕水—洗碗水，等等。

张家川回族的方言中，声母中的 t、g 不分，d、j 不分，与韵母搭配中更是如此，韵母中无 o，ai 与 uai 两韵母分别归于 ei 和 uei，还有鼻韵母不明，前后鼻音不分；声调上四声全有，与普通话相比，调值不相同，变调无规律可循，叠音的变化更是突出。还有名词、量词、形容词、副词、代词的儿化现象特别多。

4. 文化娱乐

武术和“下方”在张家川回族中流传时间较长、普及较广，为民间体育活动。当地武术的内容丰富多彩，不但用于强身健体，还可以用于御敌保安。据口头资料证实，当地武术最盛行的时期在清代，清代西北回民起义军中就有很多武术家，他们研习武术，抵御地方团练和清军的欺凌。他们中盛传查拳术、长拳术、三节棍术、刀术、枪术等，清末民初武师咸正刚，蒋介石曾授予他“民族英雄”的称号。他自幼喜欢棍棒拳术，每当外地江湖艺人来张家川献艺时，他会专心拜师学艺。他在青年时代外出学艺，擅长的五尺棍、滚龙刀、双头等至今仍在武术爱好者中流传。20 世纪 80 年代，张家川境内回族武术有五大流派和 204 个套路（其中 193 个已制成录像带），拳谱 20 多篇。

除武术之外，张家川回族的娱乐还有打毛蛋、打木猴、踢毽子、抓五指、跳八房、“下方”等。打毛蛋是用毛线绕一个拳头大的球状物，有拍、传、接等玩法，多为青少年喜爱。踢毽子一般无年龄要求，男性多把羊毛或狗毛固定在铜钱（俗称麻钱）中间的方眼上，上端的毛留有 2 寸左右，下端用骨签镶紧，磨去多余的毛才能玩；女性多用布包铜钱为毽桩，其上缝一竖直皮筒（多用鸡翅长毛的根管），插上鸡毛再玩。踢毽子比赛有单项和多项比赛，踢法有里、外、杠、尖、蹲、跳、勾、盘、绕等方法，玩时脚、腿、手、头、胸、背并用，一般在冬季开展。抓五指是用毛桃核或体圆、较小的石子七粒，玩时将其撒在地上，用其中一料做“丢子”，“丢子”在空中时再抓起地上的一粒或多粒，等“丢子”落时接在手中……循环往复，变化多端，一般流行于农村青年妇女中间。当地流行最广的莫过于“下方”。一般由二人对阵，在地上画横竖七道线构成“方”，一人用土块，一人用木棍或硬币，依一定的规则比赛分胜负。此种游戏盛行于中老年人当中，一般在农闲或冬季时最流行。有趣的是玩时观者往往达十余人，你一言我一语做参谋，胜者兴高采烈，输者连呼不服，要从头再来，这项活动也散见于西北的其他回族群众中。

当然，对国家提倡的其他体育活动，如棋类、球类、田径、技巧等在张家川也比较普及，现在张家川境内的所有村庄都有简易篮球场，人们会在农闲和冬季开展篮球比赛和其他体育运动。

二、影响张家川回族传统文化发展的因素

尽管张家川回族的传统文化发展已经取得了可喜的成绩，但是我们在认识文化具有促进作用的同时，不能忽视影响传统文化发展的因素，这些因素包括自然环境、社会环境、经济环境等。

（一）自然环境

张家川是一个与周围回族地区完全隔绝的地区。当年，左宗棠镇压了陕甘宁青的回民起义，把回族安置在“荒蛮之地”，专门选择自然环境恶劣、交通不便的深山老林，对回族采取自生自灭的禁锢政策，防止他们东山再起，从而达到分而治之的目的。左宗棠之所以选择张家川，原因是此地东南有秦岭作天然屏障，西北及西南交通不便，此地与外界相离，不但山大沟深，而且当地缺乏水源，回族在此地居住，勉强维持生计已相当困难，要有大的发展是断然不能之事。

自然环境的艰苦，不仅制约了经济的发展，同时也束缚了文化前进的脚步。张家川回族几乎是靠天吃饭，抵御自然灾害的能力相当弱，遇到干旱季节，农民往往是手足无措，只能等待国家的救济。交通的不便，阻止了回族文化与外来文化的交流，也影响了文化的进一步发展，如民国时期创办的武术馆，由于请不来外地的拳师，只好由本地的回族人自己经营。这些都充分说明，自然环境的恶劣影响着民族文化的发展。

（二）历史和社会因素

历史上，张家川回族虽然有经商的传统，但是经商和务农的人文化水平都偏低。经过长期的不断实践，人们发现经商还需要一定的文化知识，如了解商情、市场动态等，这些刺激了回族经商者学习文化的需求，更何况在伊斯兰教影响下的回族也注重学习。张家川回族由于历史的原因，追求知识和繁荣文化的速度是非常缓慢的，如回族女童，一直处在全县受教育程度的较低水平，究其原因，则更多的是由于历史遗留下来的重男轻女思想的影响。可见，历史和社会因素会影

响回族文化的发展。

（三）经济因素

在影响文化的众多因素中，经济是最关键、最基础的因素。由于历史的原因，张家川经济基础十分薄弱，人口与土地的矛盾也很突出，而这一矛盾在很大程度上制约了全县经济的发展以及人民生活水平的提高。长期以来，解决温饱问题已成为全县工作的基本任务。

张家川回族自治县的可耕地面积只有581 841亩，人均耕地2.37亩，粮食产量人均226.5公斤（1990年数字）。从1949年到1995年，全县人口增加了4.26倍，而耕地面积增加不到1万亩，人口与耕地不成比例的矛盾更加突出和尖锐。究其原因，是人口的过快增长和农业经济的不发达所造成的，虽然工业经济发展的速度较快，但是工业经济仍然是以传统经济为主要行业，如食品、皮毛、缝纫等行业。工业经济的科技含量低，大部分工业是简单的粗加工，整体上影响了全县经济的发展，同样会制约文化的发展速度。如1994年之前，全县人均纯收入300元以下的贫困村有85个13 387户，近7万人，分别占农业户的27%和农业人口的27.1%。经过省、地、县三级的帮扶工作，1995年，全县农民人均收入达710元，当年解决温饱的有27个村，实现脱贫4000人，由于贫困和经济发展的严重落后，张家川回族所面临的形势就更加严峻。从客观上看，经济发展水平所导致的直接后果是文化经费投放的不足，如图书资料的严重不足、民间文化的抢救工作难以开展等。

财政的歉收也在一定程度上影响了文化的发展，如县文化馆基本上每年只进几本书，特别是回族方面的书籍更是稀缺。笔者于2000年、2001年和2002年三次对县文化馆图书室的调查发现，三年内购进的回族学方面的书籍只有5本，这种现象在其他地方是很少见的。又如全县范围内的回族书画展至今未开展过，原因是财政无法提供必要的经费。但是民间文化的交流却在自发、缓慢地进行。

总之，张家川回族文化的影响因素并非为单一的，而是综合的，除以上几个主要因素外，还有观念、风俗习惯等因素。

三、结　语

张家川回族传统文化的形成与发展是文化适应的结果，无论是在自然环境中，还是在社会环境中，张家川回族都表现出极大的文化适应性，这些适应表现在对中华民族的主体文化和先进文化两个方面，这种文化适应丰富了民族区域文化，使得张家川回族传统文化有了一定的体系和自己的特色。同时，张家川回族的文化适应性也表现在适应和包容其他文化方面，文化彼此适应推动了民族的发展和繁荣，同样也推动了历史的进步，“任何民族文化的适应都是在传统文化上的选择、吸收和包容。外来文化不可能被全部吸收，传统文化更不可能被抛弃，两者经过取长补短，批判和扬弃构成新的文化体系，这是个缓慢痛苦的过程”。这种文化适应伴随着张家川回族走向未来。

在现阶段，张家川回族一般在社会和经济的发展上保持自己独特的一面，当地政府可以通过有关的文化政策和其他方法来帮助他们发展民族文化，使他们在文化上做出适应和选择。社会应当在文化观念上转变对回族的看法，尊重回族的文化传统，发挥其自身的文化优势，让他们自己认识到文化适应的重要性，让他们自觉选择适合自己的发展道路，这样，才能有利于促进全县回族的整体文化素质的提高，也才能有利于民族事业的兴旺发达。

（原文发表于《回族研究》2004 年第 3 期）

张家川的回族与民间音乐

李　忱

地处黄土高原腹地的张家川回族自治县，是甘肃省除临夏回族自治州之外的又一回族聚居区。该县现有人口260 496人，其中回族人口为176 966人，占总人口的67.7%，回族比例高、居住集中是该县的主要特点之一。近几年，民间皮毛贸易迅速崛起，逐渐成为西北乃至全国最大的民间皮毛贸易集散地，人们称之为“皮毛之乡”。

历史上张家川并非回族聚居区，形成回族聚居区是清同治年间西北回民大起义以后，当时陕西回民不堪清廷的压迫揭竿而起，迅速波及整个西北地区。后清廷以左宗棠挂帅，采取分化瓦解与军事进攻的多种手段，最终将起义军残酷镇压。起义失败后，清军以所谓“办善后”为借口，一方面屠杀大批起义人员，另一方面对回族进行大规模的迁移、安插活动，张家川成为回族聚居区，主要是清廷“办善后”的结果，左宗棠行后将原参加起义的大批陕西、青海、宁夏部分地区的回族人民安置于张家川这个居于“万山之中”的地区，使张家川成为回族聚居区。

由于这一地区自然条件落后，人民生活一直处于穷困之中。1953年7月正式成立了张家川回族自治县，解放四十多年来，虽然党和政府对张家川十分重视，从各个方面都给予极大的支持和帮助，但是张家川自然条件恶劣，人口与土地的矛盾十分突出（人口平均密度和兰州市基本相同），加上工业基础十分薄弱，至今张家川还被国务院和甘肃省列为“老、少、边、穷”县，是重点扶贫县，只是近几年，粮食产量因无大的自然灾害而稳定在一个较好水平，加上皮毛经济的发展为全县经济注入了一股活力，从而使张家川的落后面貌有所改观。

从张家川形成回族聚居区以后，生存在这里的回族人民不管在任何时候都没有失去回族人所特有的乐观与豁达的性格，他们以不屈不挠的精神，在与自然奋斗的过程中，创造了许多闪烁着回族人智慧的民间文化，而有些早已为世人所瞩目，成为整个回族民间文化中不可缺少的部分，如伊斯兰教哲赫忍耶门宦中心之一——宣化冈，曾因其建筑精美绝伦、气势恢宏而为世人所称颂。国民党监察院院长于右任20世纪20年代参观此地以后，曾作诗赞曰：

早时骑射雄西北，今日威仪视帝王。
万户蒸腾风又雨，一川填咽海还桑。
天荒地变真闲事，金碧参差宣化冈。

还有蕴量丰富、颇有文学价值的民间故事，如《马大的故事》讲了一个英勇机智的青年男子如何舍己救人，又如何被兄弟背叛，而他最终凭自己的正义和机智战胜一切的故事。剪纸艺术是张家川回族妇女所创造并普遍喜爱的一种艺术形式，不仅花样繁多，而且颇具艺术价值，如“喜鹊弹梅”“燕子双飞”等作品在参加展览以后，受到普遍好评。另外，广大妇女还普遍喜好绣荷包、绣枕头等体现民间风俗和艺术的活动。

而张家川回族最普遍、最具特色的还是民歌了，张家川的民歌内容丰富，形式多样，曲调也很优美。如果从音乐形式方面来看，主要可以分为两种：

一种是山歌形式的，一般张家川人称为“乱弹”。“乱弹”在陕西一带比较普及，它近似于秦腔、眉户等地方戏曲的音乐形式，但也有所不同，也不同于“花儿”的音乐形式，张家川回族有一部分来自于陕西，因而“乱弹”这种民间音乐形式也在张家川一些地区流行。“乱弹”行腔高亢，极富感染力，在演唱内容上，多与戏曲内容有关，也可现编现唱。

另一种是“花儿”，这是张家川民间音乐的主要形式，普及范围广，蕴藏量丰富，其特点基本上和西北其他地区的“花儿”相近，但从内容到形式都有自己的特点。如：《好像朵绽开的牡丹》——

哎哟，十八的呀姑娘大门上站，
哎呀哟，好像朵那个好像朵绽开的牡丹！

张家川“花儿”的内容十分丰富，但大多是表现忠贞美好的爱情和对爱情的向往。如：

十字大街牛拉车，
拉来（者）柏木板啦；
你把阿哥的心拉热，
拉热（者）你不管啦。

这首“花儿”用形象的比喻，巧妙地把日常生活中的场景融入对爱情生活的向往之中。又如：

菜子开花渗金黄，
咱把花儿用锨扬；
滚水锅里煮白菜，
咱把名声豁在外。

这一首更直接地表露了演唱者对爱情的执着追求与其焦灼的心情，以致连“名声”都“豁在外”了。所谓“名声”，在张家川方言里指荣誉，甚至可以引申为尊严。连荣誉、尊严都“豁在外”，可想而知演唱者的心情。

再如：

关山上冒出黑云了，
张家川落下（个）雨了。
庄稼买卖（者）不管了，
一心儿盼望着你了！

作为农民，庄稼是命根子。“关山上冒出黑云了”以后，一般张家川人都会知道要下雨，而且是大雨、暴雨，这时替庄稼担心是大多数人的共同意愿。而这首“花儿”所表现的显然是“爱情价更高”的观点。

在张家川“花儿”中，还有一些在内容上更直接地表现男女双方对爱情的向往与追求。如：

骒子带着马的铃，

隔山看见我的人。
立轮磨哟水漩哩，
你不来呀我缠哩。
……
手扳肩膀问一声，
多年的痨病轻十分；
花儿把她的脸一转，
我的心儿跳来肉肉颤。
……
河里的石头翻两翻，
水大（者）翻了个三翻；
我转娘家要三天，
想你（着）转了个两天
……

从以上“花儿”的内容可以看出，张家川的“花儿”以比喻适当、精巧而见长，充分显示出张家川回族人民的智慧，也显示出民间艺术所独有的魅力。尤其是方言的运用，不仅拓展了“花儿”的表现内容，而且使本不押韵的上下句产生了韵律，这无疑增强了“花儿”的感染力，给人以一种“只可意会，不可言传”的感觉。

张家川民间音乐形式，以大调式的五声音阶为主，间有小调式和七声音阶。这种音乐多变的特点正是张家川民间音乐形式区别于其他地区的原因所在。同时反映了张家川回族来源较杂的实际情况。但对张家川这种既有特色又有丰富蕴含的民间音乐形式，目前挖掘、整理的并不多。它是西北“花儿”的一个组成部分，它几乎淹没在整个西北“花儿”的海洋中。笔者仅就初步掌握的一点儿皮毛，结合张家川回族的一些基本情况介绍给读者，以使人们对张家川这个穷困地区和生活在这里的回族人民有一些初步的了解。

（原文发表于《民族艺林》1993 年第 1 期）

黄土高原上的民族家庭研究

——以张家川回族家庭为例

马国柱　虎有泽　张玉玲

"家庭是以一定的婚姻、血缘或收养所组成的社会生活的基本单位，社会上通常认为家庭是社会的细胞。"① 家庭简称家，也可指一个包括父母及未成年子女的生育单位。家庭是社会最基本的单位，也是引起人们其他社会关系的联结点。美国的 W. F. 奥格本是研究家庭方面很著名的社会学家，他指出："家庭制度的更替是技术变迁的结果，家庭便是适应文化的一个佐证。"② 中国学者研究的家庭是一种文化魅力，一种文化网络。"家庭中各成员对家庭生活极为熟悉，人们不管愿意与否，自觉不自觉都会领略家庭的欢乐与痛苦"③。费孝通认为家庭是以婚姻为基础的一种血缘结合的单位，以父亲、母亲、子女各占一个点，三点构成三角形。家庭的三角会不断分散，等双亲去世后，这一三角关系就根本瓦解为子女自己的三角形。这并不是原有三角形的意外结局，而是构成这三角形的最终目的，三角形的破裂是他们功能的完成。④ 这种三角形的不断重新组合和瓦解，就构成了家庭的形成及变化，在这个动态过程中就会形成不同类型的家庭。

本文研究的张家川回族自治县，在甘肃省的东南部，现为天水市（地级）辖县。全县总面积 1311.8 平方公里，占全省总面积的 0.03%，占天水市总面积的 9.1%；耕地面积 58 万亩。2001 年，全县总人口 30.62 万，其中回族 20.24 万人，占全县总人口的 66.10%。现辖 2 镇 17 乡 266 个村民委员会 1294 个村民小

---

① 韩明谟：《农村社会学》，163 页，北京，北京大学出版社，2001。

② ［美］马克·赫特尔：《变动中的家庭——跨文化的透视》，宋践等译，30 页，杭州，浙江人民出版社，1988。

③ 麻国庆：《走进他者的世界》，76 页、92 页，北京，学苑出版社，2001。

④ 费孝通：《生育制度》，65～77 页、181 页，天津，天津人民出版社，1981。

组4个居民委员会。作为社会基础的家庭，来源于婚姻的达成和人们的养育关系。对张家川回族的家庭调查，我们发现家庭关系较为清晰。

一、家庭的类型

学术界一般把家庭划分为四个类型：主干家庭、核心家庭、联合家庭、多偶家庭或复婚家庭。核心家庭（nuclear family）又称基本家庭或自然家庭，由婚姻关系、父母关系或养父母关系组成。由一对夫妻及其未婚子女所组成的家庭，为当代社会中最主要的家庭形式，因而有时也称为基础家庭（elementary family）、夫妇家庭。这个概念是由美国人类学家默多克（Murdock）提出的，他认为此类家庭在世界较为普遍，家庭中复杂多变的扩大家庭就由核心家庭所演变。主干家庭（stem family）是指除了核心家庭的成员以外，还有其他人，如祖父母、外祖父母、伯叔、姑姨等。主干家庭指父母（或一方）与一对已婚子女（或其他亲属）共同居住和生活的家庭，也是核心家庭的扩大形式。联合家庭（joint family）主要指父母与其子女中两对或两对以上的夫妻甚至孙辈两对或两对以上组成的家庭。他们往往在同一房舍中居住，作为联合家庭的组成部分的核心家庭，一般是通过父母与子女联合在一起，也有同代联系在一起所组成的，即由两个以上已婚兄弟、他们的妻子和孩子组成。在中国，传统家庭中的数代同堂就是这种类型，他们往往以此为光宗耀祖的标志。多偶家庭或复婚家庭（polygamous family）指一个有多个配偶的家庭，即一夫多妻或一妻多夫的家庭。[①] 另外还有单亲家庭，家庭可能因为各种因素而造成单亲。或离异或丧偶等。我们研究家庭时最重要的是看家庭结构，因而就有小家庭和大家庭之分，“一个有十多个孩子的家并不构成‘大家庭’的条件，一个只有公婆儿媳四个人的家却不能称之为‘小家庭’。在数目上说，前者比后者为多，但在结构上说，后者却比前者复杂，两者所用的原则不同”[②]。

从田野调查中我们发现，张家川回族的家庭结构以核心家庭、主干家庭、联合家庭为主要表现形式。独身或单亲家庭的户数非常少，丧偶后的再婚是对单亲家庭的完善和补充，因而，人们常见的是核心、联合、主干三种家庭类型。我们

① 麻国庆：《走进他者的世界》，76页、92页，北京，学苑出版社，2001。

② 费孝通：《乡土中国》，北京，生活·读书·新知三联书店，1985。

以木河乡为例，在木河乡，核心家庭是最主要的家庭构成形式，主要包括夫妻和他们未成年的子女，这类家庭要占总户数的75%。在家庭经济上，一般劳力较为缺乏，原因是未成年子女没有劳动能力，因而夫妻二人要起早贪黑地干活（特别是农活）。当子女长大结婚生子后，其他的孩子也会相继成为家庭的主要劳力，家庭经济才有好转。但成年子女的娶妻、生子、建房、分家等事情会接踵而来，这样的核心家庭会变为联合家庭，而且这种联合家庭存在的时间较短，且总是处于动荡不安之中，因而又称为“过渡家庭”。等到分家时，总是伴随婆媳关系、妯娌关系的矛盾加剧情况，人常说“树大分杈，人大分家”就是这个道理。张家川回族的分家习惯是，让最小的儿子和父母生活在一起，他将继承家中大部分财产，从而形成主干家庭。主干家庭是张家川回族另一个常见的家庭形式，主干家庭的存在延续了赡养的义务，同时也会表现为孝道观念和忤逆观念的矛盾交织。

二、家庭规模

家庭规模就是指家庭的人口数量。张家川回族家庭规模一般在4～8人之间，当然也有达16人的（16人的家庭由四代人构成，此类又称为四世同堂）。在普通的回族家庭里，只要结婚生子，特别是第二个孩子出生后，一般都要分家另过，很少有家中生第三个孩子后和父母生活在一起的。家庭经济制约了回族家庭的规模，小块土地的经营，有限的劳动力，会使小家庭更具有生命力，当地人称“人少好吃饭”。这一结果正与费孝通的江村研究①和李景汉的定县调查研究②不谋而合。由此我们知道，乡村社会的家庭规模一般在4～8人之间，这种规模组成的家庭比较稳定。

张家川回族在历史上曾经有过大家庭，即人口在10人以上的家庭，大多是五世、四世、三世同堂，特别是在民国时期较盛行。究其原因，是因为没有实行计划生育，不分家是不让财产外流，同时，不容忽视的还有封建家长制的影响。这种大家庭现象在中华人民共和国成立后逐渐减少，现在普遍的就是人口在4～8人之间的三世同堂。目前，张家川的回族还是一种小农社会，维持大家庭的财

① 费孝通：《乡村经济》，南京，江苏人民出版社，1986。
② 李景汉：《定县社会概况调查》，135页，北京，中国人民大学出版社，1986。

力较为困难，而且现在的婆媳、妯娌关系不好处理，往往会形成家庭的矛盾，矛盾的出现就会导致大家庭的分裂直至解体。因此从人口规模上看，张家川回族家庭的最佳人口是4～8人，超过此限会导致家庭矛盾的激化。

三、家庭关系

民族学认为一般家庭关系表现为夫妻关系、父母子女关系、其他成员关系（包括兄弟姐妹关系、祖孙关系、婆媳关系、妯娌关系等）。对于张家川回族的家庭关系，我们选择两种进行分析。

（一）夫妻关系

夫妻是组建家庭的最主要成员，也是家庭维持存在的主要保证。张家川回族从婚姻形式上一般实行从夫居，从妻居的很少。夫家不会更改妻子的姓名（中华人民共和国成立初期受封建思想影响，对妻子以姓氏称呼而没有名），带来的陪嫁财产也会作为夫妻共同财产，就连金银首饰也都属于家庭的共同财产。因此，女方嫁到男方家一般都没有发言权，依附性较大，家庭中表现出的是男权思想，妻子只有服从。如在家庭儿女的婚嫁、子女入学、亲戚的互相往来、邻居乡亲的红白喜事等事情的决定上，都是丈夫说了算。再加上组成家庭之前没有恋爱阶段，结婚后才恋爱，彼此的了解甚少，在家庭中妻子往往以锅碗瓢盆等家务为主要工作，家庭的所有家务都由妻子承担，在农忙季节还是家庭的主要劳力，故此妻子大都是较辛苦的。在一般家庭中，若丈夫受过初中以上教育，夫妻关系还能友好和睦相处，若丈夫没有受过文化教育，夫妻关系就会出现不融洽现象。

（二）父母子女关系

父母对子女有抚养、教育的权利和义务，子女对父母有服从和孝敬的义务，这种关系大都比较和睦。极个别时候也会出现误解、隔阂，如子女在就业和成家过程中的个性发展，往往会导致父母与子女之间的矛盾，即代际差异（即代沟），代沟是导致家庭关系不和的主要原因。

四、家庭的功能

张家川回族的家庭主要由核心家庭、联合家庭、主干家庭三个类型组成。由于家庭成员在年龄、文化等方面会形成代沟，他们主要通过经济、生育、感情、社会保障、社会管理等方式，使家庭趋于整合，而这些恰好是家庭功能的表现形式。

（一）经济功能

作为生产和消费的基本单位的家庭，其经济功能是显而易见的。家庭既是生活单位又是生产单位，而且这种生产和生活是一种循环的过程，特别是在家庭分裂的过程中表现更加突出。

现今张家川回族家庭中，孩子到18岁以后，父母要为他们张罗婚事，而他们的成家，就标志着家庭的经济条件转向低谷。因为经过近二十年的艰苦劳作，家庭经济有所好转时儿女的娶妻嫁女，特别是修房、分家以及第三代人的出生会给家庭带来经济上的困难。在这种情况下，家庭中子女较多的会有壮劳力外出打工，家长也会搞皮毛业、林果业来维持家庭经济状况。家长对经济的收入和消费拥有绝对的权力，而妻子、子女只要不结婚成家、不分家，一般不会拥有家庭的经济权。但是近些年来随着商品经济的发展，部分年轻人在外打工或搞副业挣来的钱上交家长的不是很多，从而使家长权威受到挑战，特别是新一代追求时尚的打扮、闲暇的消费也使家长不快，但是年轻人学习新技术发家致富会得到家长的支持。这种商品经济的发展使家庭中的成员关系发生变化，特别是父母子女之间的代沟日趋严重，从而在某种程度上会导致家庭的解体。

（二）生育和养育功能

社会的存在和发展，一般会伴随物质和精神的生产，而人口的生产也是其中的重要方面。人口的生产是依赖于家庭而存在的，家庭是唯一合法的人口再生产单位。由于历史上各种条件的限制、婴儿的高死亡率、农业生产对劳动力的需求和子女养育的低成本，所以在人们的思想中就有多子多福的观念，再加上没有计划生育，在一段时期内张家川回族人口增长很快。20世纪60—70年代即为人口增长的高峰期，进入80年代实行计划生育后，张家川回族人口才开始平稳发展。妇女由于所处地位的低下，加上传统的接生方法落后，许多人都会在产期染上疾病，特别是重男轻女思想的影响，使得妇女因生女孩而被认为是无能的，在家庭中备受歧视。

“家庭为文化发展的作坊”[1]，培养子女成人是张家川回族家庭的另一个主要

① ［英］马林诺夫斯基：《两性社会学》，李安宅译，206页，北京，中国民间文艺出版社，1986。

功能。家庭中父母对子女人格、是非观念等的影响较大。家庭是人生的第一所学校，一个孩子从出生到成家，80%的时间是与父母生活在一起，因而父母对子女的言传身教成了养育功能最主要的表现形式。在张家川回族中流行这样一种教育方式，儿子一般由父亲和祖父教育，女儿由母亲和祖母进行教育，他们不仅教给子女生产技能，而且要教育子女怎样做人。因而社会教育（包括学校教育）只不过是对家庭养育功能的延续，故此，家庭教育是子女社会化的最重要手段。

（三）感情功能

张家川回族家庭中的感情表现在夫妻、祖孙、父母子女、兄弟姐妹等方面。其中夫妻感情为最主要的表现方式，夫妻关系可以说是家庭关系的“晴雨表”，和睦的夫妻关系会使家庭和睦、人丁兴旺，不和睦的夫妻关系会使家庭不安定，甚至会使家庭走向解体。乡村社会中的“男女只在一定行为上按一定的规则经营分工合作的经济和生育的事业，他们不向对方希望心理上的契合”[①]。共同存在的家庭固然会有感情，但这种感情在更长时期内只是维持家庭的存续，特别是在一个共同的家庭中会彼此形成默契。张家川回族一般在公众场合排斥夫妻亲密，但是在家庭中不排斥。在一个家庭中，兄弟姐妹一般是同性别住在一处，有的父亲与儿子同住在一个房屋，代际之间、同性之间的关系较为密切，往往表现的是祖孙关系要甚于父母与子女的关系。

（四）保障和管理功能

家庭不但具有生育和养育功能，而且有保障和管理功能。家庭成员的生老病死、嫁、娶等事由家庭承担，这种家庭的保障在必要时会延伸至亲族范围，家庭成员在心理上彼此依赖并因而获得安全感，“养儿防老”就是典型的保障观念。至于管理方面，一个家庭内部成员的长辈对晚辈的管教，以及家庭对外功能的体现，特别是家庭和家族成员的红白喜事、亲戚间的往来、亲族中支撑门户的人具有权威性等，在张家川回族中表现得尤为突出。如家庭某成员去世后，所有亲戚及邻居都会前来料理，而起决定作用的就是亲族中有权威性的人物；子女婚嫁一般由父母操持，从而形成了全家齐心协力团结起来办好一件事的风气。

① 费孝通：《乡村经济》，南京，江苏人民出版社，1986。

五、对张家川回族家庭的分析

由于受社会变迁的影响，张家川回族的婚姻和家庭所涉及的内容很广泛，并非如上面论述的那样简单，还包括其他现象和因素，如人的观念、地理、人文等。

虽然现代家庭功能表现为经济、生育、养育、情感等，但是这些功能的存在不可能调整家庭内部的正常运行，也不可能完全整合家庭在社会中的特殊地位，更不可能完善和约束人际交往中所存在的游戏规则，家庭作为社会组成的基本单位，在对内和对外双重活动中会有不同使命。

（一）代际差异

代际差异又称代沟，在一般家庭中，父母子女之间、祖孙之间都会有代沟。在子女人数较多的情况下，不同代的人由于文化、思维、社会交往、经济等方面因素，对同一问题的看法往往不尽相同，这种不同会在一定条件下演变为家庭矛盾，这就是人们常说的代沟，代沟是家庭不稳定的主要因素。但这种代沟的存在同时也推进了家庭的建设，使家庭的整合力趋于向前。

“凡是在没有祖辈或祖辈人失去控制权的地方，年轻人便会堂而皇之地蔑视成年人的标准，或采取不同于他们的态度。青少年扮演着有限的、自我标榜的角色，而比他们更年轻的人就是他们的观众，树立榜样的人比向他们学习的人只大几岁”①。现在由于社会发展的步伐加快，年轻人适应社会的能力增强，人们之间的代沟不是单纯地发生在几代人之间，而是同代人之间相差几岁就有不同的看法或意见。笔者在调查时发现，在家庭中的长兄（姐）与小弟（妹）之间有明显的差异，长兄受父辈影响较大，因而传统观念较浓，而小弟们由于受现代社会影响，往往就表现出一种叛逆。

我们大家都知晓，“在每一种文化中，人们在抚养儿童时只重视儿童成熟有关的时期，在一个复杂的社会中，不同地区的人对这些时期的选择也不同。每一地区所重视的内容反映了各代之间的关系，以及每一代人中不同年龄的关系，重视的内容也随着占支配地位的代与代之间的格局而变化”②。张家川回族家庭的

① ［美］玛格丽特·米德：《代沟》，曾胡译，52页，北京，光明日报出版社，1988。

② ［美］玛格丽特·米德：《代沟》，曾胡译，160页，北京，光明日报出版社，1988。

儿童抚养，在8岁以前没有明显的性别之分，从8岁以后教育就分成父亲、母亲的性别教育，同时灌输某些仁、义、礼、智、信的思想，开始逐渐强调个人的存在价值和人生哲理。

（二）婆媳关系、妯娌关系

婆媳之间的矛盾在任何家庭（除单系家庭外）中都会存在，而且这种矛盾是历史上文人墨客写作和谈论的主题。无论是《孙雀东南飞》还是《家》，婆媳关系在传统的观念中都导致了很多家庭的不和，而且还会使和睦的家庭摇摇欲坠，甚至分崩离析。婆婆一般象征着家庭中的权力和主人，而媳妇由于是花钱娶来的，故处于不信任、任我打来任我骑的地位，在家庭中属于被奴役的对象。妯娌关系是大家庭中的另外一种特殊家庭关系，妯娌之间虽然没有婆媳关系那样紧张，但是为了利益和在家庭中的地位，她们一样相互竞争，甚至会在个别家庭中出现打斗现象，妯娌在家庭中搬弄是非是引起家庭不和的主要原因。对于家庭中的丈夫、兄弟来说，她们的斗争往往使联合家庭或扩大了的家庭分家，而分家对于男方来说是一种无可奈何的选择；对于媳妇和妯娌来说却是家庭战争胜利的标志，从此会实现婆媳角色的转换。当然，现阶段重男轻女的思想在逐渐变化，尊重女性的新风尚也逐渐深入人心。

（三）亲属关系

分家所形成的亲族和亲属关系是家庭的对外功能。“我们社会中最重要的亲属关系就是这种丢石头形成同心圆波纹的性质。亲属关系是根据生育和婚姻事实所发生的社会关系。从生育和婚姻所结成的网络，可以一直推出去包括无穷的人，过去的、现在的和未来的人物”①。这种人际关系就是差序格局。而亲属的亲疏就是以同心圆离圆心的远近来定，可以肯定天下没有两个人所认字的亲属同等重要，兄弟姐妹虽然有相同的父母，但是他们也各有妻子、丈夫及子女，以此联系起来就构成一张很大的亲属网络，这个网络的中心就是“我”。而这种网络就构成复杂的社会关系。

同一姓氏的血缘关系会形成家庭集团，家庭集团可以形成家族，家族又可以形成亲族；在狭小的村庄范围家庭势力越大或亲族集团越多，他们的这种无形的联合便越会直接影响到全村的对外交往，因此亲属关系的亲疏会影响到邻村的安

① 费孝通：《乡村经济》，南京，江苏人民出版社，1986。

全。[①] 如笔者调查时，上磨乡的刘家村由于刘姓和魏姓的联姻所形成的亲属关系直接左右了村子的交往，因为“人和人的亲密感情是发生于长期的接触和深刻的了解”[②]。

总之，张家川回族的家庭受汉文化的影响较大，民族特色较淡。个人的活动会淹没在家庭的活动中，即相对家庭来说，人们的个体活动、独立意识、经济能力、社会地位等是很难表现的。因为人首先应归属于家庭，然后才能属于一定范围的亲属群体，再次才能成为社会活动的范畴。何况个人的利益表现为家庭利益，个人的荣辱也会表现为家庭的荣辱。“家长是家庭的代表，家长与周围世界的亲疏，也就是家庭与周围关系的远近”[③]。故此，我们还可以通过对家庭的研究来分析和研究人们的社会关系。

（原文发表于《西北民族大学学报·哲学社会科学版》2004年第5期）

① 费孝通：《乡土中国》，北京，生活·读书·新知三联书店，1985。
② 费孝通：《生育制度》，181页，天津，天津人民出版社，1981。
③ 徐平：《羌村社会》，74页，北京，中国社会科学出版社，1993。

张家川回族婚姻习俗及特征

——兼谈回族婚姻的基本条件

李　忱

地处黄土高原的张家川回族自治县，是甘肃省除临夏回族自治州之外的又一回族聚居区。张家川的回族从来源上讲，与西北其他回族聚居区有所不同；同时，张家川形成回族聚居区以后，张家川周边地区多为汉族所聚居，与其他回族聚居区的回族没有广泛和直接的联系。因此，这种状况决定了张家川的回族在风俗习惯方面既有与西北其他地区的回族相同的一面，又具有自己的特点。张家川回族的婚姻习俗就充分体现了这一点。本文拟通过对张家川回族婚姻习俗的概述，总结其特点，并从民俗学的角度去探讨回族婚姻的一些基本条件。

一、张家川回族的婚姻习俗

张家川回族的婚姻习俗，大体上包括说亲、定亲、送礼、过门、回门等过程。

（一）说亲

一般是由男方家长委托一位可以信赖的人作为媒人，媒人再通过他的社会关系寻找、选择他认为比较合适的对象，然后去试探、询问女方家长是否同意（有时女方家长也可委托媒人说亲）。如果双方家长都同意，则由媒人联系，选定合适的日期与地点，让双方见面相亲。相亲一般选在城镇集日时进行。男女双方由家长陪同，按媒人指定的地点，双方先后到达指定的地点。然后男女双方互相观察、打量，如果男女双方相互看中，且双方家长也满意，则由双方家长告诉媒人，媒人则通报双方意见，相亲即告结束。

在相亲过程中，男女双方及家人一般保持一定的距离，装作不经意的样子互相打量，而不是面对面的直接观察，这是张家川回族在相亲过程中很有意思的场面。但现在张家川的一些回族人已改变了这种做法，而改为由媒人相约在一家饭馆或茶馆见面，双方围桌而坐，边喝盖碗茶边聊天，也可打问对方的一些情况。有时男方家人还叫一桌饭菜招待女方家人及媒人等。还有一种情况，即相亲时若男女双方都满意，男方先给女方一些钱或物，女方也给男方赠一点儿礼物，这一过程叫接“换手”。接“换手”以后，表示这一婚约在一定程度上具有可靠性。

相亲结束后，张家川一些地方的回族还坚持传统的做法，由男方家准备上好茶叶一斤，再配以其他礼品，交媒人送往女方家，这一过程叫送“开口茶”，表示正式说亲之意。

（二）定亲

说亲成功以后，即通过媒人由双方家长商定日子定亲。定亲时，由媒人带领男方及男方父亲、舅舅等四五人，准备一两套衣料及“四色礼”等，去女方家定亲，女方家热情接待，并以宴席款待客人。张家川的回族一般对定亲比较重视，定亲以后的男女双方再不能另找对象，也不能随便解除婚约，一般定亲后，婚约关系是比较牢固的，回族人一般讲信用，对人的尊严与地位比较重视，定亲以后若某一方不太满意，如无充足的理由和正当的借口，是不能毁约的，如一意孤行，则他的信誉一落千丈，人们会瞧不起他，知道他这种行径的人也一般再不会和他联姻。所以定亲是张家川回族人婚姻习俗中一个必不可少的过程，而且定亲以后也可以马上送礼、结婚，也可以推迟很长时间完婚。定亲以后，男方要在节日时，或女方家中有重要事情时，都要带上礼品（“双情”或“四色礼”）去女方家中，表示亲近和友好，这已成为一种民间规矩。

（三）送礼

送礼即男方给女方送聘金。聘金由媒人联系与双方家长商定，或在定亲之前，或在定亲时商定，或在定亲以后、送礼仪式之前的这一段时间商量。在商定聘金时，可以由男方自愿拿出多少，也可以由女方家长提出要求，如双方意见各异，则由媒人从中协调，聘金的内容一般包括钱和物。钱叫“礼钱”，多少不定，因人而异，现在一般为1200元至2000多元不定；物包括男方为女方所购置的衣服数套、鞋袜数双、化妆品、被褥、镜子等，家庭稍好的还有手表、自行车、缝纫机、首饰等。另外，还有四色礼若干份，多少取决于女方家族户数，每家一份。

送礼一般有一定的仪式，日子选定后，即由媒人带领男方家七八人（包括新郎和他的直属长辈，都为男性），带着上述钱物去女方家，因为送礼是结婚前最重要的仪式，所以女方家招待的规格要比定亲时隆重，一般以传统的正规宴席招待，而且女家的亲族也要请客人。送礼的这一天，新娘一般会打扮一新，和女伴待在房内，尽量回避送礼的客人，但这时也为新娘提供了一个观察新郎的机会。然而回族女子都讲究礼节，新娘一般不发表意见，这时往往女伴们对新娘取笑一番。

送礼时不仅给新娘送礼，而且给新娘的母亲也有“礼”。一般是由男方家准备一件上好的衣料送给新娘的母亲，这个“礼”张家川人叫“差（ca）带”。送礼完毕以后，在客人们走时，女方家要给新郎送一定的礼物，如一块衣料加20元钱，这一过程叫“给打发”。

（四）过门

所谓过门，即举行婚礼，为新人完婚。在双方家长认为时机成熟，适宜为子女完婚时，即通过媒人商定日期，准备办喜事。日期一般定在农历的双日，尤以农历十六、二十六等日子为好。虽然都是为子女举行婚礼，但张家川回族的传统观念是，女方家要少一口人，所以不是值得大加庆贺的事，因而女方家简单办事；而男方家要添一口人，并建立一个新家庭，是极光荣的事，值得大加庆贺，因而男方家热闹异常，大操大办，请客待客，洋溢着喜庆的气氛。张家川回族的婚礼隆重、讲究，规矩也很多，下文将有详细叙述。

（五）回门

结婚以后，张家川回族还有一些颇有意思的风俗，如吃“试手面”。即结婚以后的第三天，新娘要下厨做一顿面以酬谢帮忙的人，称吃“试手面”，以此了解新娘的手艺。还有“看十天”习俗，即婚后第十天，娘家母亲和一些亲族妇女去看新娘，称“看十天”。去的时候要给新娘带一些礼物，婆家不仅要隆重接待，而且客人们走时，婆家要照例“给打发”，并人人有份。现在“看十天”并不一定都在婚后第十天进行，有些人提前到第三天进行。而“回门”则是在婚后满一个月，新娘第一次回娘家，并在娘家住一个月。回来时新娘要给婆家的每一个人做一些鞋袜，或绣一些枕头等，称为“做变家”。

回门以后，新郎新娘要安心过日子，但是到婚后的第一个夏收季节，新娘要回到娘家住较长的时间。待婆家收麦完后，由新郎去接回。这次回娘家被称为“躲麦芒”。但以后的夏收季节无此规矩。

张家川人称嫁女为“打发女子”，称娶媳为“娶媳妇子”。嫁女的一方比较简单，而娶媳的一方则异常隆重。

结婚当日上午，嫁娶双方主要招待客人，包括亲戚、乡亲、朋友等，约中午时分，男方家派出娶亲队伍启程前往女方家（一般以路程的远近估计出发时间，以中午1~2点娶回为宜）。所以男方家招待贺喜之人一般在新娘未娶来之前，新娘娶来后即招待送亲人。

婚礼程序是先从女方家开始的。一大早，女方家人在自家院子里支一木床，将新娘的所有陪嫁（包括送礼时男方家送的）摆放在一起（如有陪嫁的家具等都要抬出来），让人们观看，名曰“摆嫁妆”，由一妇人看管，名曰“看嫁妆”。“摆嫁妆”的主要目的是让人们观看，借此可以向人们展示新娘的家长对女儿的关怀。如果嫁妆较多，则客观上起到了一种夸耀的作用，以使人们尤其是新娘的女伴们羡慕。

新娘则早早地坐到屋里的炕角，并啼哭不停，周围由女伴或女亲属围坐，并不断对新娘劝慰。以前，张家川回族新娘在离家之前，对哭有一定的讲究，而新娘哭的如何，则会得到人们不同的评价，如“干哭”或不哭，则新娘得不到人们的好评。在新娘啼哭的同时，新娘的家人们虽不停地招呼客人们，但个个也都面呈伤心之状。

约中午时分，娶亲人来到新娘家中，娶亲人一般为男子7人，加上媒人共8人，正好一席，还有女一人，一般是新娘的至亲叫“堂客”。以前对“堂客”的要求很多，如上父母双全、下儿女成双，贤惠、礼节周到、举止端庄。但娶亲人中一般不包括新郎，新郎要留在自己家中招呼客人。

娶亲人来到女方家中以后，首先来到嫁妆台前，给看嫁妆的妇人一些钱，这种钱叫“看嫁妆钱”。然后看着娘家人将嫁妆一一放进柜子或箱子中，并由看嫁妆人上锁。同时要给新娘的家长（一般是母亲）几百元钱，名曰“开箱钱”。若不给开箱钱，则带不走嫁妆。之后，娶亲人由主人请入正屋落座入席。第一顿宴席吃完后，新娘家的亲族请客人们到其家中吃一顿长面。这种长面手工擀制，细而长，吃时先将盛着汤的碗端上，由客人们自己捞面条入碗，这种面叫“出汤面”，婚礼中吃这种面叫“喝汤”。“喝汤”完毕后，新娘家人立即再请客人们入席。这一次宴席吃完后，娶亲人即站在院子中，等候新娘出门，然后和送亲人一起，带上新娘的全部嫁妆送新娘启程前往新郎家中。送亲人也是七八人，包括一位“堂客”。新娘由两位“堂客”左右相扶，率先出门，送亲人、娶亲人紧接其后。

新娘出门以前，其家人要给娶亲“堂客”“给打发”，一般是一块布料或若干钱。新娘在出门时，要放声大哭，但出了本村以后就会停止啼哭。

张家川回族新娘在离开娘家时，一般都素装打扮，身穿深色衣服，戴绿色头巾和手套，而且围巾遮住脸的大部分。这一现象在其他地区的回族婚礼中很少见到。究其原因，和哭嫁的意义相同。张家川的回族认为，嫁女是一件令人十分伤心的事。作为父母，亲眼看着自己的女儿走出家门，以后就是人家的人了；而作为新娘而言，今天走出家门，则要离开抚养自己长大的父母，以后再也不能长期和自己的亲人在一起了。因此，新娘不仅素装打扮，而且放声大哭，随着新娘的哭声，一般新娘的父母和兄弟姐妹也都伤心不已，往往新娘离开后，其家中是一片沉重、悲凉的气氛。

与新娘家不同，新郎家里始终洋溢着喜庆的气氛，当送亲队伍快到新郎家时，新郎家的大门外边已经等候着许多迎接的人和看热闹的人，并在大门外边支一小桌，放一大方盘干果，准备好筷子。当送亲队伍进门时，便每人拿起筷子夹一粒枣或油果。送亲人进门后，主人立即拿出汤瓶请客人洗手，然后让于正屋落座。新娘则由“堂客”陪同直接进入新房，上炕后新娘面朝炕角坐定。

新娘坐好后，即关了新房门，只留女方“堂客”一人给新娘梳头上妆，即脱去素衣，依婚后妇女样装扮。完毕后，新郎家人即给女方“堂客”“上妆钱”。女方“堂客”则将陪嫁箱（或柜）的钥匙交与新娘，然后陪客人屋，上席招待。

上席招待时，正屋与新房同时进行。待正屋宴席端上以后，男方招待人先给客人们说“色俩目”，而后客人们才动筷吃席。而新房的宴席端上以后，新郎由伴郎相陪进屋说“色俩目”，这时女方“堂客”会给新郎一点儿“颜色”。如新郎说“色俩目”时，其恭敬程度未合要求，“堂客”则装作没有看见而不动筷子，新郎就立即重说“色俩目”，直到“堂客”认为满意而拿起筷子时，新郎才能退出新房。

送亲人吃完后，照例被请去“喝汤”（新娘和“堂客”不去）。稍停，再吃第二顿宴席。吃完后送亲人来到院子中，等待新娘“拜人”。“拜人”的程序是，送亲人和婆家人一起站定，新娘由“堂客”引导，依次从每个人面前低头慢步走过，走到谁跟前，谁就要拿出一些钱给新娘。“拜人”完毕后，新娘即回到房中，这时婆家人即准备“打发”送亲人。

张家川人所说的“打发”，含有以钱或物送人离去之意，因此“打发”送亲人离去是比较隆重的。“打发”时院子中站满了人，先由新郎的父亲将准备好的礼物当众一一分送于人，并嘱咐这是某某人的，那是某某人的，并说一些好听的话，如“请你们转告我的亲家，让他们放心，我会像疼爱自己的女儿一样疼爱他们的姑娘”等。而送亲人有时也会说一些如“我们的娃娃现在就交给你们了，你们要好好待她。虽说她不是什么金枝玉叶，但也是父母心头的肉”，等等。同时还当众“打发”媒人，传统的做法是：准备一双鞋当众感谢媒人，意即媒人跑了不少路，促成了这桩婚姻。但现在许多人已改变了这种做法，改为当众送衣料等。

在送亲人和媒人走后，张家川回族婚礼中最重要的宗教仪式念“尼卡哈”便开始了。主持阿訇被请到家以后，即让于上首坐定，面前桌上放置两盘核桃、枣等，新郎新娘跪在地上听念，阿訇先念一段经，然后询问双方经名，并征求是否同意，待得到肯定答复后，阿訇便问新郎：“以真主的名义，将××许配于你，你承领吗?”新郎答：“我承领。”然后阿訇告诉双方，你们的婚姻在伊斯兰教法上已经合法了，以后要好好做人，好好过日子，不准随便提出离婚等，并解释一些宗教基本常识。最后，阿訇抓一把核桃、枣向人群抛去，人们一起哄抢。

念“尼卡哈”对于信仰伊斯兰教的回族人来说是至关重要和必不可少的仪式。但张家川的回族在举行这一仪式的方式与时间上不是十分的统一。如有些人将此活动放在娘家举行。在婆家举行的，有的是新娘一到即举行，有的是送亲人走后举行，还有的是在晚上就寝前举行，有的只有新郎参加，有的新娘新郎都参加。

整个婚礼结束后，婆家亲戚（主要是妇女）等人先后来到新房看新娘和新娘的嫁妆。待傍晚时分，传统的闹新房活动便开始了。

张家川回族人称闹新房为“耍房”。耍房的人主要是村里的小伙子，妇女和姑娘一般不参加，耍房的内容以“为难”新娘为主，新郎则充当一个“保护人”的角色。耍房时，气氛热烈，笑声不绝。新郎不断地给小伙子们以糖果之类的东西“讨好”耍房人，待耍房人尽兴后，便陆续离去。但也有调皮鬼趁主人不注意，偷偷藏在什么地方，待新人就寝后再偷听秘密。

以前新郎新娘在就寝前，婆家人还要选择两位年龄大一些的妇人为新郎新娘收拾床铺，称为“铺炕”，做法是一位妇人手拿核桃、枣，一位妇人手拿笤帚扫炕，边扫边说：“双双核桃双双枣，养下的娃娃满炕跑。”当扫到墙角时，说“一笤帚，两笤帚，这是养娃娃的旮旯子”等。随后，家人们为新人准备一桌饭菜，妇人们都退出新房，只留新郎新娘吃。就寝以后，终夜不熄灯，称为“长命灯”。次晨天亮前还要吃一顿饺子，称为“吃睁眼饭”，意即睁眼就吃。现在这些习俗大多数人已不再坚持了。

在张家川回族中，如果谁家娶媳或嫁女去庆贺，一般叫“吃宴席”。而张家川回族人的婚礼宴席与西北其他地区的回族婚宴不同，其程序和内容是：待客人坐定后，先端上一盘“果碟”，连同方盘一起置于桌上，果碟一般由九个或十三个小碟组成，每一个小碟盛一样干果，如枣、油果、面果等。接着上茶水，按客人的数量，端上相应数量的小盅。上茶水的方法是将盛茶水的小盅置于方盘之上，然后端方盘于席中央，由客人自己各端一盅，再收回方盘。稍停后，即伸盘于席中央，客人们将盅放回盘中，再撤果盘。接着上席（张家川回民简称宴席为“席”）。席有几种，一般的有“九碗”（即九个品种的菜用碗盛好，置于大盘中端上，连盘置于桌上），“十三花”（即十三个品种的菜用碗盛好一起端上）。再上副食，包括米饭、油香、小花卷等。客人们吃席时，主人要不断劝让，殷勤招待。

二、张家川回族婚姻习俗的特点

张家川回族的婚姻习俗是张家川回族人民在日常生活中逐渐形成并成为人们共同拥有的一种习惯，是构成整个回族民俗文化的一个内容。而回族民俗文化作为回族人独有的东西，其形成基础不外乎两个方面，一是伊斯兰教的基本教义，二是汉族民俗文化的影响，这两者有机地融合在一起，并经过广大回族人民在长期的生活实践中不断创造、发展，便形成了独特的民俗文化，这种民俗文化，既坚持了伊斯兰教婚姻的基本条件，又深深地打上了汉族民俗文化的烙印，而张家川回族婚姻习俗，又具体、集中地反映出了这一特点。如在张家川同族人的观念中，婚姻的合法性体现在婚姻过程中是否举行了宗教性质的念“尼卡哈”仪式。新婚姻过程中大多数与伊斯兰教无关的习俗，则显然是回族发展过程中吸收了汉族及其他一些民族的东西。当然，选择性地吸收对回族而言是至关重要的。

但是，同样作为回族，张家川回族的婚姻习俗与我国其他地区的回族婚姻习俗在一些地方是不同的，或者说张家川回族的婚姻习俗有着自己明显的特色，如张家川回族的新娘在出嫁时素装打扮等。甚至有些民俗事象的形成，其原因是什么，目前还无法考证清楚，因为民俗的渐进演化与约定俗成等特点决定了许多民俗事象的形成本身就没有什么原因可供我们参考，如张家川回族婚宴中常见的宴席“九碗”“十三花”等，我们无法确知“九”“十三”等数字是如何与宴席产生联系的。尽管如此，回族民俗文化的特性同样适合于张家川回族的婚姻习俗，如历史性（时代特性）、变异多样性、多元一体性、民族性、宗教性等。总结张家川回族婚姻习俗的特征，不仅与回族民俗文化节的特点相一致，而且将这些特性作为标准去衡量、研究张家川回族婚姻习俗，其结果仍然是谐调、统一的。

张家川回族婚姻习俗相对于整个回族的民俗文化而言具有明显的特色，这正是民俗文化变异多样性的具体表现。变异多样性在这里主要表现在地方性与伊斯兰教派特点两个方面。而这一点，则恰好是张家川回族婚姻习俗不同于其他地区回族婚姻习俗的原因所在。

张家川的回族来源于西北各地，尤以陕西、宁夏及甘肃其他一些地方的居多，而这种情况决定了张家川在形成回族聚居区之始，就处于风俗习惯多样并存的情况，以后经过回族内部不断融合、发展，逐渐形成了有别于其他地区的风俗习惯，婚姻习俗就集中地体现了这一特点。从民俗学的角度来看，地方性是民俗在空间上所显示的特征，这种特征也可以叫做地理特征或乡土特征，因为整个特征是在民俗的地域环境中形成并显示出来的。俗话说的“十里不同风，百里不同俗”，正是这种地方性特征的很好说明。

但是回族婚姻习俗的地方性特征体现在张家川回族婚姻习俗之中，是不是仅仅说明只有张家川回族婚姻习俗体现了整个回族婚姻习俗的地方性特征，答案自然是否定的。因为民俗的地方性具有十分普遍的意义，无论哪一类民俗事象，都会受到一定地域的生产、生活条件和地缘关系所制约，都不同程度地蒙上了地方色彩。同样是回族，甘肃的回族与宁夏的回族其婚姻习俗都不是完全相同的，而甘肃张家川的回族与临夏的回族在婚姻过程中所体现出的特点又非完全相同，就充分说明了这一点。

回族信仰伊斯兰教，而中国伊斯兰教又存在着教派之分。虽然各教派在基本教义方面是相同的，但在一些具体的宗教生活中，不同教派的信教群众在一些方面各不相同。对回族而言，自觉的宗教意识存在于人们的观念之中，而宗教信仰影响与作用下的与人们生活密切相关的一些东西，又在一定程度上非自觉地体现出来。这就是回族民俗中与宗教能够产生一些联系的部分民俗事象。而这些民俗事象又因宗教教派的不同，各地的回族也不尽相同。如回族婚礼中的念“尼卡哈”仪式，各地回族在形式与内容方面都不是完全相同，但回族却对此非常重视，在一定程度上甚至是婚姻合法与否的标志。因此，念“尼卡哈”在一定程度上是宗教意识的反映，但具体地体现在婚姻过程中，却是一种民俗事象，对一些回族人而言，这一仪式的存在，便同时具有自觉与非自觉的属性。而张家川回族婚姻中的念“尼卡哈”仪式，不仅与西北及其他地区的回族不尽相同，甚至在张家川也不尽相同，从教派的不同而导致这种仪式在内容与形式上有所差异，这是自觉性的体现，因为张家川就存在着多种教派；从同一教派的群众在此仪式上形成差别，应该说与教派是无关的，又是非自觉性的体现。

当然，张家川不同来源的回族，至今还保持着各自传统的婚姻习俗的一些特点，这自然是婚姻习俗作为民俗文化的一个重要内容，是其传承性使然。传承不仅是继承，还包含着发展。张家川回族目前在婚姻过程中不仅继承了传统的程序，也逐渐摒弃了一些繁琐的程序。从民俗文化的角度看，正体现了一种时代特征。

应该说，相对于西北其他一些回族聚居区而言，张家川的回族因长期处在汉族的包容氛围中，因此在婚姻习俗中吸收汉族的一些东西是自然的。由于民俗文化相互融合过程中的复杂多样性，我们无法简单地区分张家川回族的婚姻习俗中哪些是汉族的，哪些是回族的。但是这些习俗既然为张家川的回族约定俗成，共同沿用、遵守，那就应该是张家川回族自己的。

三、张家川回族婚姻的基本条件

张家川回族婚姻习俗相对于整个回族而言，具有自己的一些特点，甚至有些独特的民俗事象值得去探讨和研究。但作为回族民俗文化的一个组成部分，仍然表现出回族婚姻的一些基本特点。也就是说，通过对张家川回族婚姻习俗的论述，可以看出回族婚姻在形成过程中所必须具有的一些基本条件。

回族的婚姻自然是回族人的婚姻，但由于回族在我国分布广泛，所以回族存在一个人的观念、认识的差别问题，一般地说，生活于我国城市及东南沿海地区的回族，由于所处地理环境、文化背景的不同，在观念、认识上接受汉文化及新的观念、思想较多，对回族的传统文化不是全盘地接受与继承，部分人甚至抛弃了回族的传统，仅仅保持了族称。而生活于我国西北地区及其他一些回族聚居区的回族，则与之相反，他们不仅接受与继承回族的传统文化，而且体现在日常生活中，全面地体现了回族传统的民俗文化，而这一部分人占了回族的绝大多数，是回族的主体，因此探讨回族的婚姻特征必然以回族的主体为对象。

因回族信仰伊斯兰教，所以伊斯兰教的婚姻制度对回族婚姻的影响是显而易见的，由于回族婚姻过程中所表现出的繁琐、复杂、有趣的民俗事象始终被一种大众化的、普通的认识所覆盖，因此从表面上很难系统地发现伊斯兰婚姻制度对回族婚姻的影响。但是从一些民俗事象所包含的象征意义，仍然可以看出这种影响，如我国众多民族婚姻过程中都有的媒人、聘金、公开的婚礼等，在回族的婚姻中则是伊斯兰婚姻制度所要求的基本条件。在回族发展的过程中，伊斯兰婚姻制度作为回族婚姻的基础之一，始终对回族人民的婚姻观念产生影响，在不断吸收、融合汉族等民族的婚姻观念的同时，逐步形成了回族完整、系统的婚姻观念。体现在回族具体的婚姻过程中，则呈现出回族婚姻过程并非因回族居住地区的不同而有比较大的差别，相反却呈现出一定程度上的一致性。

通过对张家川回族婚姻习俗的论述，结合各地回族婚姻习俗特点，从民俗学的角度去分析这种一致性，则可以发现回族婚姻在形成过程中必须具备的一些条件。

一是男女双方及家长（或监护人）必须同意。这一点在伊斯兰婚姻制度中有明确的要求，在张家川回族婚姻过程中，在相亲阶段媒人就征求双方的意见，在得到双方肯定的答复后，才能商定下一道程序，甚至在念“尼卡哈”时，主持阿訇还要询问双方意见。在其他地区也大体相同。这一点是保持婚后家庭生活和谐、幸福的保证之一。

二是要有媒妁之言。回族人认为，婚姻是人生之大事，因而是应该慎重、严肃对待的。有媒人从中联系，做工作，则可避免出现僵局、伤和气等情景，婚姻成功是有缘，不成则无怨。同时，婚姻不是买卖、不是做交易，因而双方直接商谈，有可能损害人的尊严。作为媒人，则要和气、公正地发挥作用，进而促成婚姻的成功。

三是要有聘金。聘金并不是买卖婚姻的象征。在伊斯兰教法中，规定了婚姻过程中合理的聘金是合法的。回族人认为，合理的聘金不仅是合法的，也是合乎情理的。回族的婚姻以女到男家落户为主，因此回族人认为给女方家一定的聘金，一方面是对女方家的一种安慰，另一方面也是对女方家哺养女儿之恩的一种补偿。

四是要举行公开的婚礼。要求婚姻的公开性在伊斯兰婚姻制度中有所反映，而回族人更好地执行、体现了这一要求。在回族人的观念中，婚姻在人生中是一件重要、高尚的事。因此，反对那种非公开的、不正常的、不健康的婚姻关系，体现公开性的最好办法，就是举行富有民族特色的婚礼。回族的婚礼中，亲戚朋友，甚至全村的人都参加，成为回族人日常生活中最热闹的日子。同时，回族人认为婚姻的建立是人生一大喜事，举行公开的婚礼，便于人们道喜、祝贺。

五是举行念“尼卡哈”仪式。前文已经说过，是否念“尼卡哈”仪式标志着回族婚姻在教法上是否合法。所以尽管各地的回族在念“尼卡哈”的形式上有所不同，但这一仪式在回族婚姻中普遍存在。事实上，念“尼卡哈”不仅有宗教意义，同时也是公开性的一种体现。

上述五点作为回族婚姻的基本条件，为回族人普遍遵守，在一定程度上是回族婚姻过程中必不可少的内容。当然，作为我国民族大家庭的一员，回族婚姻当然要符合我国的婚姻法，这自然也是回族婚姻的基本条件之一。

婚姻习俗作为民俗文化的一个重要内容，当然也是构成民族文化的基本内容。目前对回族文化的研究与争论似乎只停留在一些空洞的理论现象中，而回族文化的内容、特征究竟是什么？目前还无为绝大多数回族人所接受的定义。研究回族文化，自然要研究回族人及“人”的一切，因为人是文化的载体。研究回族人民群众的日常生活、生产、风俗习惯、思想观念、心理特征、道德标准等等，才是透视回族文化的最佳视角。基于这种认识，笔者通过对张家川回族婚姻习俗及特征的论述，并从民俗学的角度总结回族婚姻的一些基本条件，以期就教于各位回族文化的研究者。

（原文发表于《甘肃民族研究》1992 年第 4 期）

浅析宣化冈建筑群的中阿建筑特色及美学价值

马守途　青　觉

宣化冈建筑群，位于甘肃省张家川回族自治县城郊北山，因我国伊斯兰教哲赫忍耶派（以下简称哲派）领导人马化龙、马进成、马元章、马元超四人的墓庐在此，[①] 故又有“宣化冈拱北”“北山拱北”之称（“拱北”，阿拉伯语 Qubba 的音译，意为“圆顶屋建筑”，是盛行于阿拉伯和其他一些地区的一种建筑形式，中国穆斯林多指其掌教人、先贤之坟墓）。作为一处规模宏大的建筑群，其在中国伊斯兰教哲赫忍耶派群众中地位很高，影响之所及，连一些目不识丁的妇女童稚也略知一二。民国十一年（1922 年），国民党元老于右任先生曾登临此地，观后作诗赞曰：“振臂一呼此启疆，河山耕牧势犹强。早时骑射雄西北，今日威仪视帝王。万户蒸腾风又雨，一川填咽海还桑。天荒地变真闲事，金碧参差宣化冈。”[②]

据民国以来的地方志书提及，宣化冈始建于清光绪元年（1875 年），民国四年大兴土木。[③] 宣化冈观光楼记云：“光绪乙亥（公元 1875 年）我先烈先生伯仲（马元章、马元超）偕隐于此，地以人传，而北山之名盖彰，丙辰（民国四年，公元 1915 年），先生于通德门前建一楼，下筑土台，中洞其门，额曰宣化，而宣化之名以著。”后经三十多年之艰辛营造，遂成大型建筑群体。张家川解放后的

---

① 参见张家川回族自治县地方编纂委员会：《张家川回族自治县志》，317 页，兰州，甘肃人民出版社，1999。

② 参见张家川回族自治县地方编纂委员会：《张家川回族自治县志》，318 页，兰州，甘肃人民出版社，1999。

③ 张家川回族自治县地方志编纂委员会：《张家川回族自治县志》，316 页，兰州，甘肃人民出版社，1999。

20世纪50年代初期，宣化冈建筑保存完好，并仍有长年不断的维修与小规模的建筑。在1958年宗教改革中受“左”的影响，大部分建筑物被拆毁。在“文化大革命”中，将仅余的“镰理经殿”等全部拆除。十一届三中全会后，随着拨乱反正和落实党的民族宗教政策，政府拨专款重修宣化冈，恢复了部分主要建筑，目前仍在修建当中。

历史上曾经出现过的这个堪称庞大的伊斯兰教建筑群，有大小不等的院落30多处，错落有致，用途不同的殿、亭、阁、屋300多座（间），占地总面积逾百亩。《宣化冈图记》记述了这个建筑群的大概景致：“甘肃古上，北七十里，乃有古阿阳，离城数里之遥，名曰宣化冈。谚有之曰，山不在高，有仙则名，水不在深，有龙则灵。此地山不高而雅秀，水不深而澄清，地不广而平坦，树不丛而茂盛。两旁奇花异草，四面翠柏苍松，门垂碧桃纤柳，窗绕绿竹参天，四时不绝稀奇景，八节常开罕见花。满院香馥不散，深园清味难消。……按日来朝，岂不为出乎类，拔乎萃也。”依所存宣化冈全貌图及年长者口述，上述描述是确切的。黑格尔说：“建筑的任务在于对外无机自然加工，使它与心灵结成血肉因缘，成为符合艺术的外在世界。”[①] 建筑的过程，就是人通过对建筑物的形体、结构方式、空间组合以及布局、技法、装饰等方面，按照建筑的固有规律和美学原理，创造出既有实用性又有艺术性，既符合人的审美需求又满足人的活动需要，既烙上民族性和时代特征背景又具有象征意义的空间造型艺术。因此，一个伟大的建筑可以折射出一个民族的文化，甚至可以指代一个民族。具有中国特色而又坚持伊斯兰教真谛的回族文化，是整个中华民族文化的一个重要组成部分，从文化的视角看，宣化冈作为中国伊斯兰文化遗产，无疑是历史上中阿文化交流和“回儒对话”的结晶，是中阿建筑艺术的合璧，其作为中国本土文化的一部分，丰富和充实了我国的建筑美学，特别是宗教建筑美学。其建筑特色及美学价值可从以下几方面体现出来。

一、以“群”布局，继承中国传统建筑风格

宣化冈建筑群在构思和布局上吸收了我国传统建筑特点，有意避免直露，用含蓄的布局追求意趣。从县城到宣化冈约2.5公里，平陡各半处，即是“马大善

① 易天中：《艺术人类学》，227页，上海，上海文艺出版社，1992。

人（马元章）、三善人（马元超）神道碑”，以此作引，爬坡入冈，给人一种肃穆凝重之感。拾阶上至观光楼，只能见到上书“宣化冈”三个大字的城门式观光楼，台势峭峻，崇巍高竖。整个建筑群的主体部分，包括300多处殿、楼、阁、亭以及房屋，其后占地逾百亩呈“椅”状，游人仰视亦未可观其一斑，此种设计极大地增添了人们的探究情趣。

观光楼之拱形城门，即是宣化冈建筑群中枢线的端点，皆用白石铺为路径。上观光楼，前可鸟瞰县城全貌，给人气抒意发之感，后可见观化山房的先辈墓地，顿生虔诚敬仰之情，左有官廨，右有道堂，皆峻宇雕墙，依自然地形布局，前后左右分明，方正之中更显阔伟，给人以建筑因冈而存、冈为建筑而设的感觉。在宣化冈建筑群里，“院”是基本单位。“院”也就是院落，即以殿、亭、房、阁、楼等单元构成的建筑小群落，如别有春园、留春崖园林院落，以四位先贤拱北为标志的陵园院落，以镰理经殿为核心的潜修院落，分别以省心楼、静修室为主附以偏房而组成的主人起居院落，以礼拜寺为核心的清真寺院落等。宣化冈的三十多处院落，以南北中轴线为分水岭，纵向分布于东西两翼，再由院落天然组成的“路”划分成“群”，如观化山这一大的“群”，就由别有春园、留春崖、拱北和坟园等部分组成。以群布局，使整个建筑因“群”而存在，具有中国传统建筑群“既统又分，散而不乱”的风格和特点。

而建筑个体采用中国传统建筑技法，主要体现在殿、亭、阁中，成功地运用了卯、隼、藻井等建筑技法，飞檐斗拱，雕梁画栋。在造型上，门庭错综，曲径通幽，金碧参差，别具一格。在内外装饰上，磨砖砌就雕墙，琢木制成花窗，萤窗雪案，净几画桌，极尽中国建筑幽雅华丽、气派宏伟之势。在这个建筑群中，又以石、水、花、木、亭、阁等构成中国传统园林，形成“四时不绝稀奇景，八节常开罕见花”的美景。

值得一提的是，前述神道碑，秉承中国传统碑式，正碑居中，两侧各立一副碑。正碑通高350厘米、宽81厘米，副碑高70厘米、宽85厘米。正碑由碑首、碑身、底座组成，碑首呈拱形，其阳面浮雕二龙戏珠盘顶，中间雕刻11顶式门楼图案，门楣刻“人伦师表”四字，两边刻“精神宛在，道德弥光”，中间篆书“禄寿”，其下刻有寿星、天官和古装人物图像。碑中央为时著名书法家寇一瑕手书的碑名，碑身阴面为清进士任承允撰、滇南何兆龙书丹的碑文。在两块副碑上还刻有朱绍良、杨虎城、邵力子、邓宝珊、胡宗南、张维、寇一瑕、杨思、范振绪等30名立碑发起人之姓名。[①] 明清之际发轫于江南知识分子的“以儒诠经”运动的结果，一方面使伊斯兰文化在中国社会扎根，并获得了儒家文化圈和中国主流社会的普遍接受；[②] 另一方面使伊斯兰教中国化，使“中国的伊斯兰教更具有中国的气息，更适应中国的传统道德与文化”[③]。从碑中即可窥见“昔日孔之疏水之泉，孟之仁义之修”，中国特色的伊斯兰教已融有儒学之色。

二、风格迥然的阿拉伯—伊斯兰特色

伊斯兰文化虽然处在中华文化的大海之中，但宣化冈建筑群从辖体上看，把中国传统建筑与阿拉伯建筑、陵园建筑与园林建筑兼收并举，合众而一，造就了中国特色的伊斯兰建筑风格，保留了阿拉伯建筑的典型特色。如以造极门为中心，东建清真礼拜殿，西造拱北宝位，南设经厅，北置书屋，东西南北对称，约占去整个群体的2/5。特别是冈内清真寺，为集中式构图，强调垂直的轴线，给人以统一稳定的视觉效果。院内，伊斯兰特有的新月、宝瓶坐于礼拜大殿脊上，还有高耸的宣礼塔，都与格体的平面方正及单个建筑的中式特色形成鲜明对比。于观光楼俯瞰时，既突出了视角的平面效果，又造成垂直的立体感，平叠之中又显突兀，造就了清雅高洁的气氛。

以上小群落又与前观光楼、后观化山、左官廨、右道堂组成的建筑小群落平分秋色，各具特色。礼拜殿、拱北、经厅均为阿拉伯文字和图画装饰，整体庄严而秀美。建筑群中，具有伊斯兰色彩的还有许多雅俗不同的院、房。雅的有省心楼、翠真门、静修室以及经厅等，俗的有厨院、宰牲院和专供礼拜前洗大小净的澡身堂、日新室。在宣化冈大犁建筑内，又悬挂有精美的阿拉伯文书法条幅和对联，此种形式对联、条幅和内容（阿拉伯文）的结合，本身就是中阿文化交融的最好体现，具有独特的流畅美和跳跃美。

宣化冈建筑群里“香馥不散”“清味难消”的观化山，是整个建筑群的核心。顾名思义，此地是瞻仰凭吊马化龙等人的地方。前已述及，观化山由别有春园、留春崖、坟园和拱北等依山就势而形成。其中，马化龙等人的拱北又是核心

---

① 张家川回族自治县地方志编纂委员会《张家川回族自治县志》，153页，兰州，甘肃人民出版社，1999。

② 姚继德：《回族学学科体系刍议》，载《回族研究》，2003（4）。

③ 邱树森：《中国回族史》，5页，银川，宁夏人民出版社，1996。

建筑。拱北是最能体现阿拉伯—伊斯兰风格的建筑之一，坟体呈倒鼻形，以长方形良石几层叠加为底座，上有圆柱体明柱烘托，其上雕刻有阿拉伯文，观之使人思绪万千，“斯人已去，风范犹存”之感油然而生。一百多年来，曾有数以万千的信众在墓前虔诚祈祷，也不乏达官贵人莅冈凭吊，在历史上，宣化冈早已是名垂西北，盛誉全国。

三、独特的墓寺结合形式

墓寺结合是宣化冈建筑群的另一特色。在我国，墓寺结合的伊斯兰建筑很少，即使在伊斯兰教涉足较早的东南沿海地区也鲜见，只有宗教界显赫人物的坟墓才具备与寺结合、两者并筑的条件。伊斯兰教创始人穆罕默德之十六世孙普哈丁，于南宋德祐元年（1275 年）病故扬州，所建回回堂，系以普哈丁墓园与清真寺两大部分组合而成。包括牛街礼拜寺（内有伽色尼人穆罕默德之子阿哈默德·布尔塔尼和布哈拉法官马顿迪尼之子阿里之墓）、山东德州北营清真寺（内有苏禄东王陵墓）、阆中巴巴寺（又称久照亭、盘龙山拱北，内有和卓阿布杜·董拉希陵墓）、喀什艾提卡尔礼拜寺（内有喀什噶尔统治者沙尼色孜·米尔扎的后裔陵墓）在内，[①] 全国不过 10 处。

宣化冈除建有拱北外，亦建有专门做礼拜的清真寺院。值得一提的是，上述墓寺结合建筑，在今天都以寺而名著于世，拱北已处于从属地位。而宣化冈建筑群，自昔至今，一直是墓重于寺，即核心建筑为拱北，而寺处于从属地位。然而，这并没有影响以礼拜大殿为主体的寺院院落的气势，整个院落采用中国传统的四合院建筑形式，厢房、澡身堂、日新室、宣礼塔等各个建筑，以礼拜大殿中线为轴线，规正排布，主次分明，秩序井然，给人宁静和谐之感，也突出了清真寺严肃整齐、深邃尊严的内涵。

寺院的主体建筑礼拜大殿位于院中，木结构、砖拱，融中阿建筑特色为一体，巍峨壮观。额书阐扬圣教，格体由卷棚、大殿、窑殿三部分勾连搭成，殿内明柱上均饰有精心绘制的图案，殿体明处横梁上彩绘或雕刻苍劲有力、风格独特的《古兰经》经文，顶部中心为中国传统建筑藻井，其上用伊斯兰教习用的花草纹装饰，殿外脊上新月涵星，大殿两侧各有一月亮门。礼拜大殿内外，庄严、

① 金宜久：《伊斯兰教小辞典》，338～366 页，上海，上海辞书出版社，2001。

肃穆、气凝、神圣，显示出穆斯林对伊斯兰教的虔诚、对真主安拉的崇敬。院内邦克楼高大突出，顶端渐长，似觉连及苍穹。寺院大门采用阿拉伯式，拱顶甚尖，门形为半圆状，给人以压抑感，使人提脚跨过此门，即生敬畏之心。伊斯兰的一切宗教活动中，记主赞圣、每天不能或缺的五次礼拜是最基本的要求，是第一位的，在宣化冈，主持者和来自各地的穆斯林，确是“振衣弹冠，焚香诵经”，“统立五时，正心诚意，按日来朝”，因为在信众看来，做到这些是一个穆斯林的基本功修，也是对马化龙等宗教领袖最虔诚的纪念。

四、继承并创新了“空”的建筑思想

中外建筑界有一个共识，即最好建筑的评判标准和最好的建筑理论，在中国老子的《道德经》中：“二十辐，八一毂，当其无，有车之用。埏埴以为器，当其无，有器之用。凿户牖以为室，当其无，有室之用。故有之以为利，无之以为用。”① 指出“有”“无”是辩证统一的，而“无”的作用更具有决定性。建筑物作为一处实物存在，是作为“有”发挥作用的客观实物，“无”的存在，才使这个“有”的作用能够得以发挥，如果没有这种“无”，反而会失去存在的价值。

中国传统建筑思想中，“空”的思想就是秉承于老子“有无相生”之论，即建筑物会屏蔽掉空间，而分隔、留出的空间，更是建筑群体不可分割的一部分，只有将两者很好地设计组合起来，才能相得益彰，使建筑的品位得以升华。这一思想，在中国传统大型建筑中，有相当程度的体现，典型的如故宫、苏州园林、天坛等。宣化冈建筑群也成功地继承了这一思想，并且这一思想在其伊斯兰—阿拉伯风格建筑中又有发扬光大并得到创新。

先说整体，整个冈势由远及近不断抬高，冈上空地植满松柏，林木茂密葱绿，高大挺拔，天然屏蔽掉外部繁杂的环境。登冈者徐步拾阶而上，浩阔无比的松柏林缓缓下沉。来到冈上，周围开阔，登观光楼可俯瞰全城，特别在晨色中，远处一切皆在云雾之间，剩下的只有天，创造了一个很大很大的空，身处其中，感到空阔无比，便有一种与天接近的感觉。

宣化冈建筑群中的“殿”，层高较大，内部空间设计非常讲究。大殿之前多

---

① 《老子·庄子·列子》，3页，长沙，岳麓书社，1994。

为广庭，其大小视建筑物性质、重要与否而定。核心殿周围为廊式，普通殿只在左右设配殿。“殿”不是以单个的建筑物为目标，而是与“阁”“室”“厅”组合，有大有小，有主有次，追求一种规模巨大、平面铺开、相互连接和配合的群体效果，使人置身其间，不由肃然起敬，撼魄荡魂。而与之相呼应的阿拉伯建筑，最具代表性的当属邦克楼（宣礼楼），其本身在建筑上要求高耸，其顶端又有数丈之高的铁杆，上卧一新月，直指浩瀚的蓝天，由下而上仰视，空间逐步放大。若单纯从宗教活动的使用要求看，即使它的高度降低数倍也不会影响使用要求，但其所营造的那种神圣、神秘的气氛和艺术感染力，那种空灵感便荡然无存。它使观察者身处一个巨大幽阔的空间中，让人感到渺小恐惧进而祈求真主的庇护。宣化冈建筑群中的起居院落和普通用房院落，采用通常的格局，每个院落通常分为前后两院，前院横长，是从院外进到主院的过渡空间，院中安排一些次要用房、佣人用房或客人用房等。整个院落循序渐进，穿过前院便可到达方阔的主院。主院内植有花草，养有禽鸟，这种朴实无华而且自然的院落，将住宅与外部隔离开来，仰首是蓝天白云，脚下是碎石青砖，眼前没有繁杂，有的只是平静，其自然、安详、舒适的情形可以想象。它留出的“空”，类似中国写意画中的“留白”，给人们许多想象的空间。

其中的园林更是空间上有畅通、有阻隔，变化无常，出人意料。通过各种巧妙的借景，使建筑群与自然冈势形成一个自然开阔的繁体。《宣化冈图记》描述的“门垂碧桃纤柳，窗绕绿竹参天”，可媲美于“窗含西岭千秋雪，门泊东吴万里船”的意境，这便是借景，其特点就是通过门窗可看他景，以小视角看大景，使人觉得含蓄深远，景中有景。一个小小的门窗，使人于有限之中看到无限，又于无限中回归有限，它的意趣不是一往不复，而是回旋往复。

当年的设计师对不同的建筑物采用了不同的尺寸，对空间进行了不同的组合，不仅使整个建筑群的体量增大数倍，彰显宏伟，更使建筑物不致随意堆砌，艺构（实用）效果更趋理想，便造就了宣化冈“山不高而雅秀，水不深而澄清，地不广而平坦，树不丛而茂盛”的特点，达到了出于类而拔乎萃的境界和气势。

马元章、马元超兄弟两人主持营建宣化冈时，正是哲派的鼎盛时期，他们遍访全国各地，目睹了我国伊斯兰建筑的许多名胜古迹，遂采取精华，汇集于宣化冈。当年曾派建筑技师到北京考察过琼华岛（今北海公园），因为这个岛是元时回回人也黑迭儿丁进谏、设计并监修,[①] 其用意是从其中采撷中阿建筑的完美结合点。正因如此，宣化冈建筑群达到了出于类而拔乎萃的艺术高度和境界，折射出独具魅力的文化，以致清民时期对宣化冈建设者的赞誉和对该建筑群的慨叹不绝于耳。如清隆懿太后在马元章55寿辰题赠“寿”字中堂和“今世师表，一代完人”的对联；徐世昌在马元章去世后题赠“道力竞难回地轴，化身自应返天方”和“笃道知方”的挽联；冯玉祥为宣化冈题赠“述祖穆圣”匾额；在经厅额首悬有袁世凯为马元章60寿辰题赠的“现人首相”和吉鸿昌为马元超题赠的“仁德风雨”匾额；在翠真门额首悬有段祺瑞题赠的“遗古熔今”匾额；在官廨两侧挂有清翰林安维峻题赠马元章的“山中真宰相，天下大神仙”对联；在静修室挂有安维峻题赠马元超的“文章西汉两司马，经济南阳一卧龙”对联；在月牙门两侧挂有云南督军顾品珍题赠马元章的“两肩担道义，一手挽乾坤”对联；在省心楼两侧挂有清翰林谢威风题赠马元章的“清香满室佛入定，明月出海天为高”对联。至民国时期，国内各省的主席、督军、参议和驻军大员题赠的对联、匾额不胜枚举，当时都缀于冈上。

宣化冈是中外文化交流的产物，是中华民族文化遗产的一部分，正是我国各族人民通过包括建筑学、美学在内的各种文化的交流，共同铸就了我们伟大祖国多元一体的灿烂文化。遗憾的是，这个在中国境内，中阿建筑艺术完美结合及规模堪称第一的宏伟建筑群，其原貌已不复存在，这是我们应引以为鉴的。今天重新审察这一建筑群，具有建筑学、回族学和中国伊斯兰教研究方面的普遍意义。

（原文发表于《西北民族大学学报·哲学社会科学版》2004年第6期）

① 白寿彝:《中国回回民族史》，813页，北京，中华书局，2001。

伊斯兰教研究

双联璧

——读《考证回教历史》

张承志

一

这本书到手的时候，我已经对马良骏阿訇心驰神往，想象许久了。那几年，只要我一脚跨入甘肃南部，就不禁默默地思索他的事。他背过身一去不返的家乡——张家川上磨乡的风景，就平铺在我的视野里，青山绿水的长条梯田，包裹着庄子，像一幅黄绿模糊的淡彩画。

不用说，若是赶上一个光阴，他会破例接纳我这五功不勤的瞎汉，一如在他以后，在西海固，在甘青新一样。

他不单是个念经阿訇，而且是罕见的文人。那时我弄不到这本《考证回教历史》，仅仅见过他翻译的《穆罕麦斯》，瞎汉藏经，我也留着一册，赠书的是川里弟的老父亲，译文是经堂语，滋味纯正且幽玄，最受苏菲家的喜爱。

怀着与古人交谈的一种奢想，那时我长久地伫立过。何止马良骏，整个张家川已没有他的族人，我感到人的不能尽意，站在山梁边，只有让一对眸子享受。

二

如今这本使我好奇的书，已经拿在我的手里，惊奇才刚开始：因为开卷读到的，竟然是一对琢磨剔透的玉璧；先是张治中将军的序，后是马良骏阿訇的书。

头一次开卷的时候，我对张治中做这种序究竟能写出些什么，心里曾微有疑问。因为，在我见识的这一代光阴里，教授也好专家也罢，凡是对于民心和民生最紧要的东西，他们就一问三不知，因为往往那里正是他们学问的盲区，好像在中国知识人受教育的过程中，小树苗灌醋不灌水，到了学而优则仕，当了官，他们的知识体系里，天生就少着几根筋。

而张治中将军不然，翻开序，读进去，一种罕见所以使人感动的文字，一种端庄、精确、真挚的文笔，悄然抓住了我。

读下去，突然觉得振聋发聩的震动，读几遍仍然不能相信；咀嚼几过，仍无法摆脱被震撼的感觉。张治中写到：

真主的仆人在路上小心翼翼地走着，蒙昧的人呼喊他们，他们回头答曰："和平"。

自 1984 年岁末初进大西北，我尚未见过回教著述的任何一处，有过如此绝妙的概括。理解要等到第二次，那是在乌鲁木齐的八户地，我和一位阿訇议论起此事，他猜测地说，这话有些像一些阿叶提，立即翻找。找到时，我们一同惊叫起来！

张治中写的这句话，是一个阿叶提（一句《古兰经》），在经的第 25 章 63 节，只是他的一句译文，超过了一个世纪来十五个译本的苦心劳作，我激动得简直喊起来：这一句翻译，水平高过了十五本！为什么你们阿訇就找不出这个译法？……

视野里莽莽苍苍铺展的，是陇东的一角，惊人的地相。隔着深壑又近在眼前的，是一条条老虎腿般的山梁。如此将军，早已久违隔世了，我的脑海中，联想到淞沪抗战和他主政新疆的经历，想到大时代里，人的波澜生涯。四野无声，无限的山地平塬，居然就这么无情地断成了道道深沟，让人咫尺难近。

张治中将军对于伊斯兰教的了解和描述，无疑是仗着马良骏的经典和解释，穆民世界的真实，于是获得了有识之士的证明，两者相互的善意和水平，成全了一个美谈。一瞬间，我仿佛看到铜陵一对晶莹的玉璧：以一个共同的举意，以两个深厚的功底，他们完成了对伊斯兰教的出色释义。

隔了一年在宁夏黑铁峡，和另一个阿訇谈起此书，他说："一个色俩目，你看机密有多么大！……"是的，张序的功力，只有新译了一句话；而一句翻译的核心，又只是一个词。这个词 Al－salam，其实穆斯林天天都把它挂在嘴上，只不过，唯有在马良骏的阿拉伯语支撑下，张治中将军把它译为"和平"。

日后要花费多少时代，人们才能体会这千钧一字的感觉呢——和平的宗教，和平的教义！

三

骑耕牛，过关山——

大营扎在了上磨川——

是谁曾唱过这一段民谣？

此时我脚下山谷里的深沟，就一直弯弯地绕着，遇到对面的上磨川，人称小马阿訇的马良骏，故乡就在这里。历史课，原来最好的不是在北大，而是面对着山野和古人，慢慢地咀嚼吮吸，揣摩他们的隔世心事。

当年在这道川里，仗着的乃夫思（脾性）一蹦子跑到新疆的哲赫忍耶小马，后来做的可大发了，是他代表全新疆的回教，电贺中华人民共和国成立，满拉们在山道上歇息的时候先要上一阵，喝足泉水，然后给我指点上磨的位置。

其实，这一本回教史体例罕见，它先用半部篇幅，解明了回回和卡费尔，以及乃夫思与伊玛尼这么两对概念。然后博采阿文“塔勒赫”（历史）与汉文古典，简练至极地勾勒了一个伊斯兰世界简史。

人们说：他的乃夫思（脾性）没有压下，闹了气，跺跺脚走了新疆。走了新疆又恋着上磨，所以他给经堂翻译了《穆罕麦斯》，为着夜晚时分，悠扬地跟上调门，遥遥和家乡唱和呼应，人与人就是不一样，灵性的乃夫思，是天生的前定，他的译笔，不是蚊蝇之辈的小玩意，他满心的重负一旦成书，便从西到东，被半个中国到处念诵。

我总发生幻视，总好像看到他在默默坐静，我悄猜想，他还有心事没有成全，那是家乡么？小马再也没有回家。他的事业和灵魂，都留在了新疆，他是志在远方大学的阿訇，不是一生纠缠乡土的农民。那是什么呢？

就这样，在几年在咂吮旧事里，在独自的体会中，我仿佛随着他当了一回陕西大寺的满拉。这种感觉奇特又新鲜，使我暗怀着欢喜。瞎汉半道当满拉，经不好，凭参悟。我从伊犁城到天水城，从上磨川到张家川，心里总细细地想这件事。

忘了究竟是在烟锅峡还是在黑铁峡，反正在黄河的一处庄户，我和几个弟弟闲聊。谈话间提到了“乃夫思”的含义，大家说，在这一带说起这个词，大致还是贬义的。乃夫思一字常与海哇连用，专指人的坏脾气。然而这个词也带着更重要的褒义，乃夫思指人的天性，人的精神意气、尊严气质、性格人品，也都在乃夫思的范畴里。

确实，张序是百年不遇的慧眼之作。但阿訇的书里，也有将军难以洞知的层位。我执犟地感到——在马良骏的深处，他追求阐明一个乃夫思的道理。

我想，马良骏在回答自上磨庄的时候就遇到的乃夫思问题。比起回民社会常见的解释，他剖析的乃夫思涵盖要大得多。一己的乃夫思，所谓闹脾气、没修养，并不能与伟大的生命的真性相比，不能与造物主给予生命（乃夫思）以信仰（伊玛尼）后，那精神的赋性相提并比。

西北把没有十年寒窗念过经的人戏称瞎汉（文盲）。对这样的哲学概念，毕竟一介瞎汉，不敢浪加解释。所以好几年里，我到处和圣职人士讨论求教。

后来有机会作客在马良骏后人的家里。终于找到了这里，我想着，对他的次子，提了一个又一个想了多年、已经发酵的问题。

“二师傅，您参悟——他老人家为什么写了那么多的乃夫思呢？”

二师傅一手举起筷子：“吃菜，吃菜沙！”

也许是不知客人根底，主要不愿细谈。我在多少觉得突兀的同时，也觉悟到，这深沉的命题，已经不能再探究了。那饭菜非常丰盛，我吃着，满心惆怅的滋味。宝贵的机会，在马良骏的家庭里确认本意的机会，与我交臂而去了。

四

细细读了张治中的回忆录，不由得暗自做着比较。显然，他的处境诸般不便，结集的作品，固然是宝贵的文献，但就见识、就文采而言，大都不能说超过这一篇。

从英勇地投入淞沪战场与日本侵略军几万兵力血战，到重庆谈判把毛泽东接到自宅就宿——张治中以一人之身，武有武道，文有文德。他主政新疆时期的政策文章，我坚信将被未来的人们回味不已。因为施政作文的背后，不仅修养见识高人一等，而且真的跳动着一颗赤子之心。马先生之言曰：

> 各宗教之精神，都是归向主、惧怕主、精神统一也。凡敬造物主者，应体主好生之心，推己及物，不以互相战争为然也。如是天下和平，世界战争熄灭矣。又曰：若能抱良善宗旨者，必能得其心平。人心

平，则无不平矣，又何战争之有哉！斯数语者，可谓尽之。……

尝考伊斯兰一语，意谓和平，乃与战争伊恨相对峙之词。《古兰经》云：真主的仆人在路上小心翼翼地走着，蒙昧的人呼喊他们，他们回头答曰："和平"。兹所谓蒙昧人者，盖轻薄骄矜好战之徒。穆圣以和平之教，普济群伦，后世不察，误谓左手执经，右手执剑。经讹传讹，流弊所及，岂可胜言。

……

一切宗教，究其根本，不过无限之神，必死之人，及两者关系依次开展。

亦不过人类精神脱离一切矛盾，而与绝对融合之过程。如假倭铿之语以明之，则所谓经过否定而达到肯定，承认苦痛而超越苦痛，次第发展自己生命而与无限大生命合为一体。国父论人格之发展，谓由善性进于人性，由人性进于神性。夫既进于神性矣，安有所谓战争乎。质诸良骏先生，于意去何。是为序。

我总感到，他在写上述的文字时，心里可能会掠过特殊的感觉。在他的苦难中国同步的复杂阅历中，与一名阿訇的合作，会给他留下怎样的回忆呢？

我只知阅读的我如今只能感慨，为那难得的携手，为一册薄纸维系了两个那么不同的人，为读时心里涌起的纯净感觉。

张治中的回教史序，是中国知识分子水平的一个重要标尺。由于对伊斯兰教的一语中的理解和说透，他的序将被人们一读再读，品味不已。

五

就这样，这本书，从寻找到入手，再到一边读一边确认，我在甘肃到新疆的广阔地域里，若有所思，寻寻觅觅。时间像流水迎着我淌过，地点如走马灯，围着我变幻循环。我沉湎在读书的乐趣中，顺着山川指引，读取着一词一义。

阿訇和将军，是那么不一样的两界。偏偏他们两人却能相交相知，把事情办得天衣无缝。

阿訇忧愁的是械斗，将军反对的是战争。阿訇悟出了"色俩目"中间的和平，将军看透了民族的前途在平等。马良骏全文讲的，只是真正活着的信仰；张治中一生求的，只是中国的救亡。

在这本书里，他们都总结了一世的教训，说出了最终的结论。事情其实就这么简单，他们大声疾呼的，其实就这么清楚，只是——人们似乎听不到。

春去秋来，我把世纪末尾的几年，就这么在大西北的徘徊里，消磨着度过了。此刻冰凉的金风，正长长地从伊犁方向吹来，直直扫过张家川的山岭。随着风，梯田上最后的庄稼，次第卷过滚滚的浪。

无论在伊犁汉人街的陕西寺里，还是在天水上磨川的黄土梁上，我翻弄着书页，与当地人谈论着马良骏。当然这个名字无人不晓；倾听着甘肃口音浓重的种种解释，我暗自判断和假定着。就这样，一面在大地山野里反复推敲，一面在心中暗自叹息。难道这是能轻易实现的么？现世的幽玄如此和谐，穆民和中国如此一致！

无论如何，那珍贵的心心相印，已经一去不返了。剩下我自作多情，为这罕见的双联文采，为这真挚的双手举意。

（原文发表于《回族研究》2001 年第 1 期）

马良骏及其《考证回教历史》

杨 峰

《考证回教历史》一书，是已故新疆宗教界著名人士，中国西北伊斯兰教著名学者，原新疆回族总教长，中国伊斯兰教协会常委马良骏先生成书于解放前的一部有较大影响的伊斯兰教史、回族史学术著作，曾于民国二十八年（1939年）刻印约数十本，“因遭盛世才主新之暴政摧毁，残本未几”，后来，作者因嫌初版“言繁意复”，加之当时对有些问题又有了更深的思考和见解，便在初版的基础上进行了补证、润色和修改。于民国三十六年（1947年）在乌鲁木齐再版，刊印600余本。两版均为石版印刷，其中以民国三十六年版本流传较广。1981年，新疆社会科学院宗教研究所作为宗教研究资料，根据民国三十六年版本，将该书刊印在《新疆宗教研究资料》第五辑上。

1990年，新疆维吾尔自治区少数民族古籍收集整理和出版规划领导小组办公室决定将该书作为新疆回族古籍列入整理、出版计划。由于原作系半文言文，考虑到再版后汉文程度较低的一般穆斯林读者在阅读上会有一定的困难，又由侯新生同志根据民国三十六年版本将原作翻译成白话文，决定以原文与白话文对照的形式，由新疆人民出版社于1994年正式出版。这样，这部史料丰富，见解独到，有很高学术价值著作的出版无疑是学术界、宗教界的一大幸事，对推进中国伊斯兰教史、回教史、中亚史的研究以及保护与利用民族古籍，促进“四化”建设，都有十分重要的意义。

该书作者马良骏先生1870年出生于甘肃清水县张家川（今张家川回族自治县）上磨庄，自幼聪颖好学，在虔诚的穆斯林家庭环境的影响和出生地浓郁的伊斯兰教学术氛围的熏陶下，很早就开始攻读以阿拉伯文、波斯文为主的经籍，且博览儒家及佛、道之书，成年后游学四方，足迹遍及陕、甘、宁、青各省，曾先后投师于西北著名伊斯兰教学者禹月明、马仁山（普洱马阿訇）及兰阿訇帐下，在名师指导与自己的刻苦探求中，学识日益渊博，造诣日趋深厚，在继承了陕西学派学术思想的基础上，又有创新和发展，为日后成为“中国兼通”，“学通四道”的伊斯兰教大学者打下了坚实的基础。

1904 年，年仅 34 岁的马良骏接受新疆哈密回王沙木胡素的邀请，来新疆讲学，先后在哈密、乌鲁木齐、昌吉、焉耆、伊犁等地掌教，并通过广泛体察民情，对新疆当时的政治、经济、历史和伊斯兰教及经堂教育的现状有了全面深入的了解，在从事伊斯兰教学和宗教活动的同时，热心于新疆的社会及民族教育，积极出资办汉语学校，以自己的影响，宣传和平、民主、爱国的进步思想。积极倡导革旧俗、立新风，为促进新疆各族人民的和睦友好及文教事业的发展，做了许多有益的事。

他一生淡泊钱财，清苦治学，在新疆半个多世纪的宗教生涯及伊斯兰教学与研究活动中，以高尚的品德、渊博的学识辛勤培育了一大批宗教人才，其弟子及再传弟子遍及新疆各地和关内一些地区。在教学上，他告诫和要求学生要能“经书两通”，即在学好伊斯兰教经典和教义的同时，也要提高汉语文化水准，谙熟中国的传统文化，才可能在治学上有更大的成就和发展。

由于他的威望、影响和对民主、进步的积极主张，解放前，被反动统治者所嫉恨，曾在伊犁遭白俄逮捕，后又在乌鲁木齐被军阀盛世才以“阴谋暴动”罪名，以 70 岁的高龄被陷入狱长达 4 年之久，这些迫害和磨难不仅没能使他有丝毫的畏惧和退缩，反而使他以更大的热忱关心和尽力于新疆各族人民的解放事业。

中华人民共和国成立前夕，他凭借自己在新疆各族人民中的声望和影响，以新疆省监察使的身份，四处奔走，耐心细致地做国民党驻疆部队骑五军将士的工作，全力保护中共地下工作人员，竭力推动和加快新疆和平解放的进程。曾代表新疆宗教界向毛主席、朱总司令致电拥护新疆和平起义并亲率监察署响应起义。1950 年抗美援朝开始，他立即组织召开新疆宗教界声援抗美援朝大会，发表演讲，声讨美帝国主义的侵略行径，积极带头并号召教民捐款捐物支援前线，还写信给前线的志愿军战士，鼓励他们英勇抗击侵略者，保卫新中国。

中华人民共和国成立后，马良骏受到党和国家的十分关心和高度重视，委予他西北军政委员会民族委员、全国伊斯兰教协会常委和新疆政协常委、新疆伊斯兰教协会副主任等职。他积极参加各项社会活动，拥护、宣传党和政府的各项政策法令，号召广大教民积极投身于新中国的各项建设事业，同时，以顽强的毅力继续著书立说，培养伊斯兰教后继人才，呕心沥血，笔耕不辍，直至 1957 年 7 月 14 日在乌鲁木齐陕西大寺归真。可以说，他为追求光明、推动社会进步，为新疆各民族的文化教育事业，为中国伊斯兰教教育与学术研究整整辛勤奋斗了一生，取得了辉煌的成就，也赢得了新疆各族人民的敬重和爱戴，并且成为宗教界和广大伊斯兰教民心目中一个爱国爱教、锲而不舍追随光明的典范和楷模。

马良骏先生一生著述繁博，涉笔范围广泛，由他摘编、翻译、撰注的经典多达几十部，内容涉及历史、地理、天文、语言、文学以及伊斯兰教原理、教义、教法等各个方面，仅付梓印行过的就达 17 种之多，除《考证回教历史》外，尚有《天文地理志》《伊斯兰教历论》《伊犁图考》《清真诗经译解》《简明教法摘要》《教典综合要义》《教义大事录》《教法要义录》《信仰学疑难注解》《保全要义录》《清真摄要志》《大杂学》《小杂学》《词形变格法》《语法大全分类》《明灯语法注解》，等等，容量之大、范围之广令人叹服，为后人留下了一批珍贵的文化遗产。

《考证回教历史》，可以说是马良骏众多著作中最具代表性的一部，和上述的著作一起构成了他一套完整的伊斯兰教学术思想，除了史料丰富、内容广泛外，论证性和说理性强以及具有深广的现实意义，是这部著作最主要的特点和价值所在，正如作者在其前言中所讲："本书之目的，主要说明'伊斯兰教'之根源，及穆圣之来历，中国'回回'原来之考据，并更正过去种种误说谬言"。虽然说该书的内容主要是从宗教教育的需要出发，对伊斯兰教的产生和发展以及对教义的阐释，但是实际上其作用和意义远远超出了这个范畴。

近现代历史上的新疆，多争端，多动荡，干戈纷攘，民无宁日，又由于地处边陲，各民族有不同的传统文化，教派思想繁杂，"各言其是，隔阂丛生"，加上历史上反动统治阶级的挑拨与离间，使各族人民备受动乱之苦，出自经堂教育"陕西学派"传授系统的马良骏先生，目睹和洞察了这一切，一方面以其凯拉姆体系为主旨的陕学在新疆发扬光大，从团结、和平、友善的良好愿望出发，正确解释教义，使其被更多的穆斯林群众所了解，实际上也确实已成为新疆回族解放前普遍接受的相对统一的宗教思想学说和文化意识，以一种学说并存于西域伊斯兰教诸学说之中。另一方面，面对新疆的现实，作者也期求在伊斯兰教教义和历史中为全人类的和平找出依据，并有助于寻求到新疆的出路、各民族人民的出路和中国的出路。实际上，《考证回教历史》正是在第二次世界大战的历史背景下，在新疆各族人民渴望和睦、期望和平和人类进步的年代中的产物。

该书内容共分卷首、序言编、正文编三大部分。卷首部分收有作者前言，张治中将军的贺函、题词及为该书作的序文和卢郁文的来函一件，共5篇，是作者对撰写该书的目的及成书过程的简要说明和张治中、卢郁文对该书的评价。序言编收有文章6篇：《“伊斯兰教”之发源与系统》《中国“回回”民族之原来》《“卡费尔”名词与“回回”二字解》《“清真教”之意义》《“依嘛尼”之意义》《结论》。这一部分是以中国伊斯兰教史、回教史为主要内容，对一些关键性问题和名词进行了诠解，也有作者对现世的看法，包括对民族、战争及社会诸问题的辨析和结论。其中不乏有见地、有创新、有独到之处的观点。笔者认为，是全书的精华部分。正文编收有文章9篇：《穆圣宗祖之传流》《历代替圣位之“哈里法”》《鲁木土耳其尔斯麻乃国皇帝之传统》《土耳其种族之发源》《铁木真西并回教国》《西域国王帖木儿统一中亚、西亚、印度诸地》《穆圣诞生及差圣、降经、登霄、迁都、出征、讨逆诸事之记述》《历代清真寺碑记原文录》《各地沿革与顺教时间及附录》。这一部分以叙述世界伊斯兰教发展史为总内容，分别介绍了阿拉伯史、土耳其史、蒙古史和信仰了伊斯兰教的中亚诸民族的历史，虽然采用的是单线的以政治发展史为主干的纪史方式，但有论有叙，有对大事件的重点介绍，有对轶事的评说，并且也不乏传说和宗教故事，偶然也有涉及经济和文化等方面的内容，此外，还有珍贵的中国伊斯兰教原始史料等，可谓是全书的最主要部分。全书十多万字，内容丰富，条理清晰，逻辑严密，语言流畅，可以说，以其所占有的特别是中亚、西亚多民族的稀有史料，成为我国研究伊斯兰教史、西域诸民族史上的一部异彩耀眼的珍贵文献，也是新疆回族的一笔值得自豪的文化遗产。

首先，从社会学的角度看，整部著作自始至终贯穿着反对分裂与动乱，渴望祖国统一，维护世界和平及各宗教和睦相处的思想，正如张治中将军在其序言中所说：“窥其要义，凡有三端，追叙吾国回教一脉相承之渊源，阐明世界各教精神相同之原理，与其个人依据伊斯兰教义，期求全世界永久和平之宏愿是也。”作者认为，世界各宗教虽然“一教有一教创立教主……又各教真谛独标，各树一帜，途径各有不同，其劝人为善之宗旨则无异。宗教主旨统一也；凡若能抱着良善宗旨者，必能得其心平，人心平，则无不平矣！”“且各教之不同者形式，非精神。其意纵然各教各有俗习，各教各有形式，只要略一改正，即可适中，一转手间，而各教之精神已同矣！”各民族、各宗教信徒“若能解去偏见、俗习，宗教统一，隔阂去消，世界士民互相信而不疑，和而不恨，其时世界各宗教家，缔结之力坚韧，而不可破，天下可治，而不可知已，战争可息，而不可起，如此其时则见世界之和平之!”并且呼吁“各宗教之精神都是归向主、惧怕主、敬奉主，精神统一了。凡敬造物主者，应体真主好生之心，推己及物，必不以互相战争为然也！如果天下和平，世界战争熄灭矣!”书中还严厉驳斥了历代反动的统治阶级为了挑拨民族关系所散布的“‘回回’教为武力侵略教，非和平教”，“其教徒强悍好战”等诽谤，指出“穆圣教法，岂有杀他教之人，能进天堂之理乎?不知此句诽言，从何发出，破坏人之感情，尤其破坏‘回’‘汉’中千余年之感情”。

不仅如此，作者从促进民族团结、相互了解和理解的良好愿望出发，对个别地区存在的穆斯林对汉民的两种误称——“卡费尔”和“赫大爷”进行了辨误，指出:“卡费尔”一词是阿拉伯语“昧真悖逆之人；故不能称‘卡费尔’。”“于我们汉民无涉也”。因此，“说明‘卡费尔’之字义，以便解释回汉两教其间之隔阂，使回汉两教及其他各教人民，同心一体，一致团结，互相亲爱，统一建国，永奠和平”。至于“赫大爷”的意思，尽管历史上说法不一，直到今天学术界仍有不同的解释，如有人认为是“黑契丹”的音转，而作者认为是阿拉伯语“赫塔益”的音转，“即别教人之谓也”。因此，可以说原词义没有什么贬义，这些都是很有意义和价值的考证。

此外，该书还针对在“回回”民族称谓上存在的一些模糊认识和其先民最早来华问题上的一些误传，做了正确的阐述和解释。自明代以来的大量文献中，存在着把回教与回回不做区分，把回回与回纥不做区分，甚至直到中华人民共和国成立前仍有把我国信仰伊斯兰教各民族统称为“回回”或者再分称为“甘回”“缠回”等现象。前一个不做区分，混淆了宗教与民族的不同内涵，后一个不做区分，则实在是不了解这些民族的历史及其发展过程。该书却能明确地用“回教”与“回回”（或者回民）这两个词分别表述不同的概念，一指传入中国的宗教，一指繁衍至今的民族，同时，以“回回”这个词来指我国现今的回族而不与其他兄弟民族的称谓混淆。在“回回”一词的始源问题上，目前学术界多数观点认为，“回回”一词是从唐宋时期的回纥、回鹘音转而来。在元代，回鹘已改称畏兀尔以后，“回回”一词则主要用以称信奉伊斯兰教的中亚、西亚诸民族，也泛指一切西域人和色目人。只是自元末明初我国回族已形成一个民族共同体以后，“回回”一词才实际专指我国现今的回族。当然，“回回”一词由回纥音转而来，只是指“回回”一词在语言学上的源始，并不等于中国现今的“回回”民族即古代之回纥。该书作者认为，将回纥“视为‘回回’者误矣。查‘回纥’乃‘突厥’之别种，在唐时崇奉佛教”。同时指出：“自宋元以来，中国人因‘回纥’皆归奉吾圣人穆罕默德之教，遂被以‘回教’之名。夫穆罕默德之民，实出于（阿拉伯）大食国，在陈隋时间，来至中国者，则名之曰‘回回’，惟元史恒混‘回回’与‘回鹘’为一，后人亦袭其误，不知‘回鹘’，自辽至元，皆为之‘畏吾儿’，即‘回鹘’之音转也。故与‘回回’无干涉也”。作者在这些问题上至少表达了这样一些观点：第一，“回回”与“回纥”不仅是两个民族，而且“回回”一词也不是由“回鹘”一词音转而来，“回鹘”一词只能音转“畏吾尔”，不可能又同时音转“回回”。第二，“回回”一词只与伊斯兰教有联系，是缘于“回教”一词而产生的，并且早于“回鹘”一词音转“畏吾尔”之前。是对中国内地穆斯林的称谓。第三，改信伊斯兰教以后的回纥在中国史籍中曾被改称为“回回”，也是由“回教”一词而来的，是对当时中亚地区穆斯林与回纥穆斯林的一种区分。当然，作者没有对“回回”一词的语源问题做出解释，只是从汉语词义和角度做了具有宗教意义的诠释：其一，“义谓归信真主，归信圣人之人，为谟者，须要此两归也。归者，回也，两归即两回。据此两回，故将穆圣这教生，名曰回回”。其二，“‘回回’者，回本来之善性，又回本来之良心，是为复理，是为归根也。”当然，作者还有其他两种解释。总之，实际在说明“回回”一词是纯粹的汉语词。不论作者的这些观点能否成立，至少对学术界探讨“回回”一词的起源及包括对最早在北宋人沈括所著《梦溪笔谈》和南宋洪遵所著《谱双》中提及的“回回”二字的理解和认识，提供了另一种思考。

在我国，回族的先民最早来华问题上有这样两种讹传与谬说：其一，据清康熙时总兵马进良收传的所谓清初学者刘汉英所撰《回回原来》一书记载，大唐贞观二年，唐王夜梦缠头人追妖进入宫中，经解梦知缠头人即西域回回，遂派使者赴天方，回王“遣其国中高僧该斯、吴歪斯、噶心三人，来华报聘，行至中途，该斯、吴歪斯二人不服水土病死，仅余噶心一人跋涉山川，受尽辛苦，而至中国”。以后，天子“选唐兵三千至西域，换回兵三千来中国以伴缠头，此三千回众生育无穷，即今中国回回教徒之祖先也”。其二，在我国民间曾广为流传着唐代“安禄山叛乱之际，有郭子仪，由西域天山南路‘回纥’国，请来敦煌六国之回纥兵数万，援助平安禄山以后，留住中国之‘回纥’散布各处”是为今之回回的说法。上述两种传说，不仅没有可靠的史料依据，在时间上也不能成立，并且在当时实际上也没有这种可能。该书对上述说法从根本上予以了否定，以正视听。在20世纪40年代的论著中能有这样的定论，反映了作者深广的学识及治学的严谨与科学。

对回民族的族源、产生及发展过程等有关问题的论述，自始至终贯穿在全书中，作者实际上至少已在这样三个主要问题上做了科学的结论：其一，回族的先民最早是先由阿拉伯之海上来中国广州及沿海一带的。其二，我国的回族是以信仰伊斯兰教的外域民族成员为主体并融合了本土民族成员而生成的。其三，伊斯兰教对回族的形成起着重要的决定性作用。此外，作者在当时敢于以大量的史料和严密的论证，批驳了国民党政府不承认回族是一个民族，“只是汉语的一支宗支”，“系汉民信入‘伊斯兰’教”的荒谬观点，其勇气和治学态度很令人称道。

在历来关于中国伊斯兰教史的著述中，对中亚史，尤其是新疆史的论述很少，这本应该是中国伊斯兰教的重要内容之一。在这部著作中，中亚史地的内容占了较大的比重，在正文中有三章专述，从某种意义上说，弥补了这方面的不足。作者用大量的阿拉伯文、波斯文史料，论及伊斯兰教在中亚等地的发展及派系分支和对中国回族的影响，特别是对公元1353年，统治整个西域的蒙古察合台后裔汗王秃黑鲁·帖木儿皈依伊斯兰教后，不遗余力地推进伊斯兰教的传播，完成了当年正宗的穆斯林——阿拉伯人和波斯人未能完成之业的历史过程及其在西域伊斯兰教发展史中的重要作用和意义，予以了专章论述，其中许多资料相当珍贵。比如，其中关于认为帖木儿曾于明洪武三年（1370年）由撒马尔罕经吉尔吉斯斯坦入中国，路经喀什、于阗、若羌及青海，过黄海，由循化至金陵会见明太祖，沿途曾让数百随从留候在循化一带，以俟返回时跟随西归，后帖木儿返回时，由金陵走北大路，经河南、陕西、甘肃，出嘉峪关返回撒马尔罕，因而将来时留守在沿途的随从未能带回，后这部分人生活在留守地繁衍至今，被称为“回尕”的考证，使这部著作更显得新异。

通观全书，作者在研究方法上，能够侧重于对中国文化和阿拉伯文化异同的分析和对比，并借用儒家的观点来解释伊斯兰教教义，以加深读者的理解，因为儒学在实质上不是一种宗教意识，只是一种有广泛影响力的学说理论而已，构不成对伊斯兰教原理的损害，所以，作者这种以儒释伊的方法，对中国读者了解伊斯兰教义及伊斯兰教在中国的传播很有实际意义。不论在伦理学、道统学方面，还是在穆斯林神学及宇宙本原等方面，无不采用这种方式。比如，在伦理学方面，说：“至圣穆罕默德出，而道弥彰明矣……道集大成，包涵色妙；德化灵异，受命《天经》三十部册……括万圣经文之枢机也……儒教之道，其道义理安在？曰儒教发明仁义道德，纲常伦理。”在道统学方面，说：“盖万圣中最古者，为人祖阿丹圣人也，最后者，为穆罕默德圣人也。其间尚有许多圣人，不定其数”，“中国《通鉴纪要》内称阿丹，谓盘古氏。”从穆斯林神学的角度看，在教义学方面以孔子“大哉乾元，乃统天”来证明《古兰经》“一切天地国土在主”之说，并指出：各教精神相同，“其精神者，如‘回’谓真主，孔谓天，‘道’谓上帝”。在经注学方面解释说：“‘以嘛呢’者，乃真主特赐之真光，人人个个本性之性分中所有之明德”。“德性者，天命明德之性也。儒家语仁义礼智之性是也”。总之，这类例子举不胜举，特别是涉及人伦五典之学，因为人类自有文明史以来，不论古今中外，总结出的许多准则，大都大同小异，相近类通。作者的这些研究及独到见解，无疑促进了回汉两族的相互了解和团结，有利于民族文化的相互交流和共同发展。

《考证回教历史》一书，可以说是一部以论述伊斯兰教发展史及各信仰伊斯兰教的民族的历史为主线，以促进全人类和平、友善、团结为宗旨，以寻求和阐述中阿精神文化遗产的相同点为内容，以阐明伊斯兰教教义以及宗教故事为目的的极有历史价值和代表性的著作。

当然，作是宗教人士，我们不可能苛求作者在阐述了有积极意义和观点以及书中有大量进步内容的同时，脱离对伊斯兰教的信仰和对伊斯兰教教义以及宗教故事的宣扬。此外，由于受限制于当时中国国内对回族史、伊斯兰教教史的整体研究水平以及当时研究方法上的不完善和资料的缺乏，以今天的水平和要求来看，不规范、不准确之处都还不少，归纳起来，主要有以下几方面：

一是书中所有的有关公历、回历和中国朝代年号的时间换算全部都有误差，这可能是作者当时的推算方法或者运算标准不对所致。

二是在伊斯兰教传入中国的时间问题上，作者基本上是因袭了当时有代表性的一种说法，主要是《明史》卷 332《西域传》中的记载，即认为是在隋开皇七年传入中国。在研究资料丰富的今天，学术界比较一致的看法是在唐永徽二年（651 年），也就是《旧唐书·西域传》中所记载，在伊斯兰教兴起后大食国第一次遣使来华的时间。

三是书中涉及的阿拉伯史和伊斯兰教史中的个别重要事件，在时间和细节上与事实不太相符，有些加进了许多传说性的内容，如“象军事件”“白德尔战役”，穆罕默德在希拉山山洞接受“启示”等。

四是书中关于伊斯兰教教义和认主学内容中的一些观点，有些是属于伊斯兰教在中国与儒家学说结合或称为“华北”的产物，作者阐述时缺乏区分，如关于把“圣人”分为至圣、大圣、钦圣、列圣四个等级的说法等。

五是在论述阿拉伯历史上各王朝哈里法继承关系及历史沿革时，个别哈里法的在位时间以及和下任哈里法的关系也有不准确之处，涉及的个别历史人物的生卒年月也与实际不符，这显然是作者采用的原史料上就存在着不准确。

上述各类问题，笔者在侯新生同志所翻译的白话文内做了一些注释，以利于一般读者对照理解。尽管有以上不足，但这丝毫无损于这部著作的价值以及即使是今天看来仍具有的现实意义，希望全国回族史、伊斯兰教史学界，对这部将近在半个世纪以前问世于嘉峪关外遥远的天山脚下并且别有其特色的著作及其作者多方面的学术成就，给予足够的重视和关注。

（原文发表于《西北民族研究》1995 年第 1 期）

张家川的清真寺、拱北和道堂

马国强

张家川回族自治县是一个以回族为主的少数民族聚居区，其回族占全县总人口的近70%。清真寺、拱北和道堂是伊斯兰教信教群众进行宗教活动的重要场所，了解张家川清真寺、拱北、道堂的历史和现状，对于研究伊斯兰教在张家川的传播和发展均有着一定的意义。

清真寺又称“礼拜寺”，阿拉伯语称为“麦斯吉德”（意为礼拜的场所），它的职能由伊斯兰教的基本信仰所决定。是穆斯林沐浴、礼拜和举行宗教仪式的场所，它还负有传播宗教常识和学问的使命。清真寺基本上兴建在穆斯林聚居区，反映出穆斯林“围寺而居”和自然形成、自由结合的教坊特点。清真寺一般由礼拜大殿、传授宗教知识的经堂和沐浴室三部分组成。拱北是门宦教主的墓地，道堂是教主修道、传教的地方。拱北、道堂最初依附于清真寺而存在。后来道堂逐渐凌驾于清真寺之上而成为管辖清真寺的传教中心。一座道堂往往辖属几十个甚至几百个清真寺，这是道堂不同于清真寺之处。

张家川历史上的清真寺、拱北和道堂，从有关史料记载和碑碣看，绝大部分建于清同治十二年（1873年）至民国五年（1916年）这一段时间，即清同治末年陕甘回民起义失败，张家川地区回族聚居区形成之后。本文中选择清同治年间至民国初年张家川修建的几处回族著名宗教活动场所，按建立时间顺序作以介绍。

一、张家川清真西大寺

张家川清真西大寺坐落在张家川城内西北角。清同治元年（1862年）春，张家川回民受陕西、甘肃、宁夏回民反清起义影响，公推李得仓为大帅（后李得仓成为回民起义军“南八营”首领）、穆生华为副帅在张家川宣告起义，后起义军辗转各地与清军流动作战。同治七年（1868 年），李得仓领导的张家川回民起义军在宁夏接受左宗棠的招抚后被安插在张家川一带居住。由于战乱，原建各寺尽遭兵焚，回民安家后因无宗教活动地点，经众议后上书清廷请示修寺事宜。同年三月初，清廷降旨，批准重建清真寺，遂成立了由李得仓、穆生华等八大营总领为首的修寺管理处。一边备料，一边请来四川工匠修建西大寺开工于同治八年（1869 年）八月，竣工于同治十二年（1873 年）八月，历时整整五年。

清真西大寺是以中国传统的宫殿建筑艺术形式建成的。其亭台楼阁共计 100 余间，大殿可容纳 500 余人做礼拜。该寺建有总门一座，左右为八字墙壁，均刻有花卉，刀工精巧细致。总门悬挂一金字匾额，上书“清真寺”三个金饰大字。进总门有南北厢房各五间，迎面牌楼一座，其结构按照“三斗立层、品字下吊，四柱斜撑”的几何图案的建筑结构建造的。从上至下为 18 米高，四角飞阁，挑檐玄斗，相角扶排隆起，耸立当院，上敷金贴各色彩绘，高大雄伟，别具一格。牌楼“品”字三门，并在中门上中方板上浮雕古体金字赞诗一首，诗曰：“穆民净后肃立前，巍巍严严远近观，仰头金斗穿云汉，俯视基础稳泰山。”进牌门就是正院，北有客厅 3 间，南有过厅 3 间，西有屏风，三门大通，中设退壁。四扇彩门，花草相间，精工细雕，艺术超群。屏风的中门上面，有蓝色浮雕诗一首，以赞屏风：“金龙腾腾绕玉柱，彩凤翔翔舞飞檐；斜斗层层接天远，金光闪闪映日颜。”进屏门就是头殿，头殿为 5 间，双檩拱脊，取名卷棚殿。全殿 36 根红柱耀眼夺目。中殿亦为 5 间，正殿超前殿，内阁通后殿，为 3 间，超越中心殿举顶高两层，规模甚为庄严，并在正殿通后殿的横梁上，浮雕金字赞诗一首，曰：“巍大雄壮三殿通，金龙抱柱振乾坤；丹凤朝阳舞栋梁，玉虎穿廊镇地斗。”大殿中间穿插着的朝王殿是一活动的楼台，内安牌位，竖立中间，牌位中间上书金贴七个字：“万岁万岁万万岁”。前殿、中殿、后殿共有明柱 108 根，均为 70 厘米粗，全部漆红色，环绕林立，具有中国宫殿式古典建筑特征。建筑风格主次分明，自成体系。在工程结构上，殿堂隆起，殿上飞檐四出，角亭对立成群；八角形的一塔辉映对峙，塔楼突起独树一帜。全部工程小巧玲珑，精美别致，雄伟壮观。四合庭院花草树木成荫，幽静雅致，俨然一座恬静的园林。从外看，古老雄伟，庭院数进，曲栏环绕，彩绘相衬；从内看，雕梁画栋，富丽堂皇。大殿深处拱门顶上，饰以古体金字古兰经文浮雕，显得格外肃穆庄严。并在朝王阁上面有金字浮雕诗一首，曰："二龙戏珠拱殿阁，双凤齐飞摆金科；六合平定设牌位，七字分明代朝阁。"并在大殿的中门上悬挂左宗棠亲笔所题匾额，用金贴书写"味经学古"四字。后殿"漫格费"窑上顶悬一匾，金贴大字为"有一无二"，亦是左宗棠亲笔。在屏风门的左右各有一间小房相对峙。南过厅后面有一侧院，院内有东房3间，西房3间。紧挨侧院又有一后院，院内有东房3间、北房3间、南房3间。大殿可容纳1000多人做礼拜。

二、恭门崔坊寺

恭门崔坊寺是以崔伟为首的崔氏家族为主要成员，又有一部分凤翔籍人参加的坊寺，这座清真寺修建时间在光绪五年（1879年）崔伟因功受封为建威将军之后。

崔坊寺位于张家川县城东南25公里的恭门镇北山脚下，是一座具有中国宫殿式建筑艺术风格的清真寺。占地面积约1980平方米，建筑面积为744平方米。寺院大门别具一格，系一座宝塔式的八卦楼阁，基础由砖刻莲叶围拱，楼身矗立在莲叶之中，楼分3层，约30米高，底层是大门过道，中层是"唤醒阁"，上层是"望月楼"，登临其上，恭门全镇景物尽收眼底。一面红铜宝镜和楼顶梢的月牙相连接，夜晚月光照射，闪闪发光。顶层的八卦楼角檐头上，均挂有铜铃，微风掠过，叮当作响，四处可闻。进大门仰面可见全部是砖木结构的古代建筑形式，宏伟华丽，构思精巧，古朴典雅，显得肃穆宁静。前檐的镶嵌板上，绘有式样各异的花卉图案。木质坚实，雕刻细腻，飞檐翘角，挺立高耸。上有琉璃瓦盖顶，下有青砖铺地，殿梁上悬挂着四盏八卦宫灯，门窗及墙壁上镶嵌着精巧的刀工雕刻图案，整个工艺具有独特的民族风格。抱厦的南北墙头上镶嵌着砖刻对联："生而化，化而生，生化不息"；"来者往，往者来，来往无穷"。大殿、抱厦共占建筑面积220平方米。另外还有五檩四椽南房3间，沐浴室和储藏室8间，灶房3间。

在抱厦的前檐和内壁墙上，悬挂着名人学士题送的纪念匾额，题词有"认主独一""普化众生""道冠古今"等。还有宣统末年骁锐军统领崔正午驻防恭门时题送的"遵循正道""万物归主"的贺匾。宣统元年，《崔氏宗谱》修谱人制科孝廉方正崔海清曾撰写和制作了记述修建崔坊寺经过的匾额。

三、宣化冈拱北

宣化冈拱北位于张家川县城西北十里许的北山查湾村，是中国伊斯兰教哲赫忍耶学派北山门宦的纪念地。

宣化冈内埋有哲赫忍耶门宦的四位教主的遗骨，且又是哲派第七辈教主马元章及其三弟马元超复兴教门的根据地。马元章是哲派创始人马明心的四世孙，在同治年间哲赫忍耶门宦惨遭清廷血腥镇压，几乎灭绝。马元章兄弟二人由云南逃出后，隐居张家川北山，后来他们购得刘姓的少量土地，以耕作为主，并暗设道堂，秘密进行哲赫忍耶的复兴活动，以这里作为复兴哲派的活动地。光绪八年（1882 年），马元章派人用重金买回马化龙等四人的头骨埋在这里，这里又成为马元超看守马化龙坟墓的住所。后来逐渐成为马元章、马元超兄弟二人公开讲经、传道、静修的道堂，教徒称为“北山拱北”。光绪十五年（1889 年），先在马化龙的坟墓上修起了八卦圆屋顶（阿拉伯语称这种圆屋顶建筑为拱北），群众开始称其为“拱北”。拱北的大规模兴建工程始于民国四年（1915 年），宣化冈的名称也从此开始了。经过三代相继扩建，规模逐渐扩大，占地约 13 200 平方米，岗内相继建有马化龙、马元章、马进成、马元超四位教主的八卦墓庐，所以宣化冈拱北便成了全国哲赫忍耶教众敬仰的中心之一。

宣化冈倚山就势而建，规模宏伟可观。其建筑精工细琢，宽敞明洁，分客人、眷属住地，讲经传教的庭室和教主的坟冢拱北。自民国以来不少政府要员、社会名流曾来此，并赠送匾对、赋题诗词。20 年代，国民党监察院长于右任路经此地曾作诗赞曰：“振臂一呼此启疆，河山耕牧势犹强。早时骑射雄西北，今见威仪现帝王。万户蒸腾风又雨，一川填咽海还桑。天荒地变真闲事，金碧参差宣化冈。”吉鸿昌于 1930 年前后驻守天水时，为宣化冈题写赠匾曰：“仁德风雨”。民国二十八年，冯玉祥来宣化冈时题赠“述祖穆圣”匾额。民国三十年元旦，白崇禧曾为宣化冈题赠“兴教建国”匾额。

出县城北门，在去宣化冈途中约四公里的地方立有一座神道碑，此碑是陕甘两省官绅商学人士马元章、马元超修建的。碑文是邦山任承允撰文，滇南何兆龙书丹。碑正面中间是陕西著名书法家有寇一瑕亲书马大善人、马三善人，光烈、光夫子神道碑。碑的两边有两块小石碑，左首石碑上刻有国民党军政委员和社会名流朱绍良、杨虎城、邵力子、邓宝珊、胡宗南、张维、寇一瑕、杨思、范振绪等立碑发起人的姓名。右首石碑上刻有立碑时恭贺的各清真寺的名称。朝神道碑北行数里路，走上山坡，眼前显出底部用石条、上部用青砖砌成的一座城楼，城门上额砖刻“宣化冈”三个大字。城楼上修有三间楼厅，雕梁画栋。楼厅门上悬一木匾，上书“观光楼”。楼四周有砖围墙，登楼可见张家川县城全景。

宣化冈内最精美的建筑群有会客院、礼拜寺院、经厅院、拱北院。会客院东边修三间“镇子厅”，专为招待来岗的达官名流的，曰“接官厅”。门两边挂有陇上铁汉安维峻（奉安籍翰林）给马元章书送的“天下大神仙，山中真宰相”的对联。靠厅的右首是马元超的修静房，房门两边挂有安维峻为马元超书送的“文章西汉两司马，经济南阳一卧龙”的对联。厅左首是十多间主人和贵客的住房，北边走上几阶石条台阶，有一月洞门，门两边挂有云南督军顾品珍给马元章送的“双肩担道义，一手挽乾坤”的对联，这院是马元章的正住宅，曰“楼院”。院内东边修三间安架房为马元章的寝室；西边靠崖有一精致的砖箍窑，为修身念经之地。院内栽有几树红白牡丹，长有一棵高大而古老的“山春柳”。楼院后边有一小院，栽有一片竹林，修数间房子是马元坤的住宅。花院靠马元超的修静房东边有一道门，照碑上书一“福”字，有一内走廊通家院，家院为一座四合院，是马元超的住宅。经通往拱北的台阶走廊，走廊顶头有一小门，进门就是礼拜寺院。

礼拜寺院西面修有五间宏伟的礼拜殿，殿门上额悬有“阐扬圣教”的匾，殿内外挂满马元章、马元超二位教主亲书的阿拉伯文匾对。在东边修“省心楼”二层，楼门两面挂湖南籍翰林谢威风亲书的“清香满室佛入定，明月出海天为高”的对联。南北修花亭各三间，北花亭接连赶“尔麦里”的经厅院。

经厅院西修三间砖刻木雕的经厅，南修三间花亭接连拱北，东修一牌坊门，曰：“翠真门”，专供教主举行“尔麦里”时进出走的门，平时关闭禁止他人通行。门上有一匾额，书“遗古熔今”，是段祺瑞赠的。经厅门上额悬挂着袁世凯给马元章 60 寿辰赠的“现人首相”，吉鸿昌给马元超赠的“仁德风雨”，回族翰林哈锐给马化龙赠的“为教牺牲”等众多匾额。翠真门外靠留春崖边，接连修有两道小院，月洞门相隔。前院内修 5 间房，是教主举行“尔麦里”换衣之地。后院两边修有 5 间亭子，亭子中间有过道门，是通向拱北的正门，门两边挂复制品王羲之书的对联：“文章移造化，忠孝作良图”。

拱北院内修有从东到西向上走的石引路，引路上面修一间花亭，为上坟人跪用之地。花亭北面靠崖修四座雄伟的八卦拱北，右起第一座砖刻八卦是反清起义回族领袖，哲派第五代教主马化龙的墓。中间三间砖刻木雕八卦是哲派第七代教主马元章及其弟马元超的墓，门上额悬挂有“明扬正道”的匾。左边砖刻八卦是哲派第六代教主马进成的墓。四座八卦下面中间立一石碑，是各省教下暨子侄等给马元章、马元超敬立的墓碑。

会客院、礼拜院、经亭、拱北等建筑群都是特请外地的精工巧匠设计建造。起架磅礴，结构宏伟，砖刻木雕，玲珑绝巧，漆彩粉染，图案雅丽，设计布局，别具一格。厅殿内铺有名贵的新疆和田大地毯，摆有各式的古铜香炉，朱砂花瓶等。门上悬有名人题赠的匾额，墙壁上有名人学士书写的诗文和马元章、马元超二人亲作的治教、省身格言及对联等。主人住室和客房里挂有历代名人的字画，摆有精致的家具和古玩。书房内藏有珍贵的宋版史书和伊斯兰教的各种经典。凡是到过宣化冈的人，都对宣化冈留下了深刻的印象。

四、南川道堂

南川道堂地处张家川县城南二里许的南川村，是哲赫忍耶学派南川门宦的所在地，由其第五代教主马化龙之孙马进西兴建于清光绪年间。

马化龙因反清起义遭清廷残酷镇压失败，于同治十年（1871 年）罹难后，其全家男性几乎全被清廷杀害，仅有孙子马进成、马进西二人年未成丁而幸免于难，但均遭逮捕，在押西安。俟到 12 岁，阉割发配。马进西于光绪五年（1879 年）年满 12 岁时，按律由西安解往北京内务府施行宫刑。解押途经山西洪洞县境内时，被张家川李得仓、马元章派去营救的人杀死解差，劫了囚车，将马进西抢回。几经辗转回到张家川。起先马进西潜身张家川董家坡李某人家中，历时半年之久，后又藏于张家川西城内李得仓家中。马进西被营救后，清廷追查甚紧，布告各地捉拿，责令李得仓限期交出马进西，并追查杀死解差的人。可是到了光绪二十六年（1900 年）庚子之变，八国联军攻进北京，慈禧、光绪皇帝逃往西安，清廷再无暇顾及此事。值此机会，遂由马元章、李得仓冒死上书，以“杀一人万民不安，赦一人可安万民”为由，呈请清廷赦免了马进西。

从此马化龙仅存的裔苗得以衍生，马进西获赦后，得到李得仓的大力支持和保护，在张家川南川建立了道堂，进行功修、传教。光绪三十四年（1908 年），马进西派人将他的兄长马进成的遗骨由汴梁挖出偷运到张家川，埋葬于南川道堂旁边。后在坟墓上建起一座八卦圆顶亭，经亭 3 间，南北客房 6 间，用以保护马进成的坟墓，按期举行“尔麦里”纪念他们的先辈马达天、马以德、马化龙、马进成等。教民尊称马进西是“南川二爷”，称其传道地为南川道堂。马进西于1916年离开张家川去宁夏板桥定居，南川道堂的教务交由他的六子马腾霓主持。马进西于1940年病故于板桥，就地埋葬，南川道堂原庄院、坟墓占地13 200平方米，其经济实力不如宣化冈雄厚，道堂的建筑规模也比宣化冈小。

此外，张家川修建于清末民初的著名清真寺还有恭门的丁河清真寺、张家川的清真后寺以及龙山的西大寺，这些清真寺原建筑也很宏伟，属中国宫殿式古典建筑。但张家川清真西大寺、恭门崔坊寺、宣化冈拱北、南川道堂以及恭门丁河清真寺、张家川清真后寺、龙山西大寺等众多的穆斯林宗教活动场所在1958年以后陆续被拆除，这些精美的古建筑群体原貌已不复存在。

党的十一届三中全会以后，张家川回族自治县被改建、拆毁的382处清真寺分6次陆续批准开放。宣化冈拱北、南川道堂、张家川清真西大寺、恭门崔坊寺等著名宗教活动场所由信教群众自愿捐资、国家拨专款补助，在原址上重新予以建造，其规模虽不比以前那样雄伟壮观，但体现了党的民族宗教政策的伟大，这样基本上每个回族聚居村庄都有一座清真寺。县上还成立了伊斯兰教协会，负责管理信教群众的宗教事务活动。上级政府为了照顾张家川穆斯林的宗教活动，于1981年由甘肃省宗教事务局拨给张家川修建清真寺专款10万元，经过一年多的时间，在张家川县城中心修建一座各教派都可参加的“团结寺”，于1983年6月竣工，交付穆斯林使用，该寺大殿可容纳800多人同时做礼拜。另外，龙山镇西大寺，经省、县拨专款和本坊寺自筹资金后于1988年开工，历时一年于1989年在原址上重新修建面积约1000平方米的中国宫殿式和阿拉伯圆顶式相结合的礼拜大殿一座，建成后可容纳1000多人做礼拜，是目前张家川回族自治县规模最大的礼拜殿之一。

（原文发表于《甘肃民族研究》1992年第4期）

宣化冈拱北的建立及变迁

马家声　李　忱

修建拱北是伊斯兰教苏菲学派的特征之一。“拱北”一词就其字面意思而言，仅为一种建筑形式，并无宗教意义。无论中外，为伟人树碑立传、修建纪念亭都是比较普遍的。自 7 世纪伊斯兰教苏菲学派传入中国以后，有许多苏菲先哲、前贤、大师长眠于中国大地，鉴于他们品德高尚、学识渊博，嘉言懿行堪为师表，人们便为他们修建纪念亭（拱北）以示尊重和怀念，这从伊斯兰教在中国的发展历史看，是非常自然的事情。随着历史的发展，苏菲学派在中国的传播形成宗教派别，苏菲学派的大师们已不像当初的先贤过着云游他乡的日子，而是有了自己固定的居所，建立起修道、传教的道堂，去世后由门徒及信众择地修建拱北以示纪念。此后，凡在贤哲陵墓上所建的无论是阿拉伯式的“圆屋顶建筑”或中国宫殿式的飞檐角，都被称作拱北，“拱北”一词也就有了特定的含义。

随着社会的发展和时代的变迁，本来只是一种建筑形式的“拱北”，演变成了一个宗教派别或一处地方的代名词了，一座拱北在一定程度上代表着某一宗教派别。长期以来，由于人们缺乏了解，一度给“拱北”一词蒙上了许多神秘色彩，不同的理解，相反的说法不胜枚举。其实各民族都有为伟人、烈士、领袖修建纪念亭、建造纪念碑、纪念堂的传统，修建的目的仅仅是让人们怀念这些已经逝去的人。伊斯兰教苏菲学派的拱北也是一样的，只不过这些拱北的修建是和宗教联系在一起的，人们对拱北赋予了比较强烈的宗教感情。

中国伊斯兰教苏菲学派修建拱北有比较悠久的历史，出现了一些著名的拱北。哲赫忍耶学派的拱北数量比较多，宣化冈拱北就是其中最著名的拱北之一。宣化冈拱北融汇伊斯兰文化与汉文化精髓，汇集各地能工巧匠，选用各地上好材料，经过几十年的建设，终于成为哲赫忍耶学派最重要的活动中心和驰名中外的精美建筑群。宣化冈拱北建立以后，经历了不同的历史时期，走过了由鼎盛到拆毁再到恢复重建的过程，见证了社会的发展和历史的变迁。宣化冈拱北在哲赫忍耶学派的发展历史中，在西北回族近代发展的历史中，甚至在中国伊斯兰教的发展史上，都占有一定的地位。哲赫忍耶学派的拱北在凝聚、团结教众，维护安定社会，甚至可以说在增强回族民族凝聚力，保持和发扬民族传统文化方面，发挥了更为特殊的作用。

一、宣化冈拱北的建立

清代同治年间西北回民大起义失败以后，哲赫忍耶学派遭受了空前的劫难，参与回民起义的哲赫忍耶学派教众，或被残杀，或被发配流放，或被强制迁徙，哲赫忍耶学派遭遇了自传入中国以来最低潮的时期。恢复和振兴哲赫忍耶学派，"继承道统，复兴哲派"的责任，历史地落在了马元章、马元超等人的身上。

清同治九年（1870 年），云南回民反清起义领袖之一的马世麟（马明心之孙，马化龙在云南的"热依斯"，曾以巨额黄金、白银资助过杜文秀起义军），由于叛徒出卖，遭清军重兵围剿，马世麟为保存哲赫忍耶学派的血脉和根苗，于危急中令其长子马元章率领弟元坤、元超等从事先修筑的暗道潜逃，并嘱托马元章出逃后设法营救马化龙的后代。马世麟及义军千余人尽遭血洗，于同治十年（1871 年）古历二月二十三日遇难牺牲，造成著名的大东沟惨案，时值马化龙牺牲后的四十天。

马世麟被害后，清廷便向全国悬赏拘捕马元章兄弟等人，年仅 18 岁的马元章率弟元坤、元超及侄儿等，化装成茶商，历尽千辛万苦，在老何爷（即马寅武）等的保护下，九死一生逃出虎口，辗转数省，隐居于四川成都，同治末年（1874 年）来到甘肃张家川。先住城北董家沟李麻子家，后又迁居原南八营首领李得仓（此时李得仓已接受招安，被钦封武翼都尉，掌管张家川地区的军政大事）府上。马元章之三弟马元超也于光绪年间离开成都来到甘肃，初居天水杨姓人家，后迁居张家川北山，购得刘姓小片土地，过着农耕生活。从此马元章兄弟三人立足甘肃张家川，落户北山，以农耕为掩护，惨淡经营，开始了"继承道统，复兴哲派"的活动。

从光绪元年（1875）到光绪二十二年（1896），马元章一面在张家川北山秘密讲经传教，一面又走遍全国十三个省市，秘密宣扬哲赫忍耶学派的教义和修持，深得各地阿訇和教民的拥戴与支持，逐步确立了他作为哲赫忍耶学派领袖的身份和地位。

马元章立足张家川后，在复教活动中所做的第一件大事，就是于光绪八年（1882 年）委派甘肃河州（今临夏市）妥阿訇，用重金买回被清廷示众多年的回民反清起义领袖、哲派第五代穆勒什德马化龙及其三弟马成龙、长子马耀帮、军师谭生成四人的颅骨，并将其秘密掩埋在张家川北山。以后清廷逐渐放松了对哲派的监控，北山遂成为马元章、马元超二人公开讲经、传教、静修的基地。同时，马元章汲取历史经验和教训，主动改善与执政当局的关系，完成了哲赫忍耶学派由秘密传播到公开传播的艰难过程。

光绪十五年（1889 年），马元章在马化龙的墓地上建起了八卦圆顶屋，始称“北山拱北”，民国四年（1915 年），马元章将此地取名为“宣化冈”（“宣化”即宣扬、教化之意），并修建了观光楼。民国九年（1920 年）夏历十一月初八日，海原发生大地震，马元章于西吉滩遇难，遗体被运回张家川，葬于宣化冈。民国十年（1921），马元超又将马化龙之长孙马进成的遗骨从河南汴梁（今开封）搬回张家川，安葬于宣化冈。民国十八年（1919 年）农历九月二十日，马元超归真，亦安葬于宣化冈。宣化冈遂陆续建有马化龙、马进成、马元章三位穆勒什德和马元超等先哲的墓庐，故宣化冈拱北成为中国伊斯兰教哲赫忍耶学派最有影响的拱北和重要的宗教活动中心。

二、宣化冈拱北的建筑规模与风貌

宣化冈拱北坐落于甘肃省天水市张家川回族自治县县城北约 7.5 公里的查湾村（张家川镇管辖）。自清光绪十五年（1889 年）开始兴建，历时数十年，经三代人建造，使宣化冈拱北成为具有一定规模的建筑群，总占地面积 19.94 亩，共有院落 24 处，房屋 300 多间。拱北周围由苍松古柏等树木环绕，郁郁葱葱形成绿色天然屏障，中间矗立着中国宫殿式的宏伟建筑物，金碧辉煌，甚为壮观。故于右任曾诗赞云：“金碧参差宣化冈”。

宣化冈拱北建筑，依山就势，错落有致，雄伟可观，具有中国宫殿式古典建筑特征，为甘肃全省名胜古迹之一。

距县城北约 2.5 公里之赵川村畔，原有一雄伟的石碑，谓“神道碑”（现存宣化冈），此碑是陕甘两省官绅商学人士为马元章、马元超二人的功绩而竖的。

朝村北而上就可看见高约10米、宽约20米，底部用石条、上部用青砖砌成的一座门楼，中间开有一上圆下方，高约3米、宽约4米的洞门，其洞深约8米。门上悬一匾额，上书“万物静观”四字，门楼上额镌刻前清翰林哈锐亲书的“宣化冈”三个白底黑色大字。上面建有三间楼阁，飞檐翘角，起脊瓦寿，前后是八盘棂隔门窗，中间门顶悬一木匾，上书红底金色“观光楼”三字，四周有砖砌围墙，向南俯视，可看到张家川城区全景。

入楼门便是一条石台阶路，路左首有一走廊直通“观光楼”，走廊西边有一花园，名叫“别有春”，园内栽有倒柳、竹子、葡萄，种有奇花异草，还建有三个雅致的箍窑，这是主人夏季静修避暑之地。路右首是碾麦的场院、沐浴室院。走上台阶路，是一条从东到西可通车马的巷道，巷道中设有上马石、拴马柱。巷道西有一总门，叫西门，出西门有一条大路直通北山公路。巷道东有一小门，叫东门，出东门有几条小路通北山堡子梁各地。巷道中间修有两间过道楼，登楼可观全冈的景色。巷道南边有七间大楼，是宣化冈私塾楼。靠楼房东边设宰牲院和宽大的蔬菜园子。

巷道北靠西有一砖刻的牌坊门，叫“东阳门”，其横额为“禳里经殿”四字。左右两侧镌刻对联一副，上联题“跛地疏高门，普望众生登乐界”。下联为“携群游圣域，莫将初步误趋岐”。朝上走铺有石条台阶，入门是一片宽大的公墓区，叫“坟园洼”。洼上栽有松柏数百棵。洼东有一木牌坊门，直通拱北院。

巷道北中间有一大牌坊门，叫“中门”。进门有一过道院，建有五间西房，是过重大忌日活动时散油香的房子，南面有客房和供茶水的房子，东边有三间过道，两边为传达室和接待室，中间过道可通花院（会客院）。花院东边建三间锁子厅，是专为招待来冈的达官名流而设的，名叫“接官厅”。靠厅的右首是马元超的静修房，厅左首有十多间主人和贵宾的住房。厅北边走上几个石条台阶，有一月洞门，进月洞门便是“楼院”，院内东边三间安架房为马元章的寝室；西边靠崖有一精致的砖箍窑，为修身念经之地。院内栽有几棵红、白牡丹，长有一棵高大而古老的“山春柳”。楼院后边有一小院，栽有一小块竹林，院内数间房子是马元坤的住宅。花院靠静修房的东边有一道门，进门有一照碑，上书“福”字，内有一走廊通家院，家院西边三间上房为马元超的住室，南北房是其子侄的住室，东边为三间“过厅”。

走出过厅是书房院，出书房院是东院，雇工的宅院和马房院。过厅的南北两边各有月洞门，北边月洞门内为小伙房院，有五间灶房，十多间住房，小伙房是为主人和来客造炊之地。南边月洞门内有两道院，其一为大伙房院，修有三间伙房；其二为女佣人的五间住房。大伙房是专为雇用人设的。另有专门为炸油香设的油香房院，建有十多间房子。

花院的西面是上拱北的崖，靠崖左首为三间楼房，中间有五间过道院，过道中有一个窑洞。崖上用砖刻“留春崖”三个字，靠崖右首走上几个石台阶，有一牌坊门，墙壁上书“天地正气”四字。入门是盘旋而上通往拱北的台阶走廊，走廊顶头有一牌坊门，两侧挂着木刻对联一副，上书“天高任鸟飞，海阔凭鱼跃”。进门就到礼拜寺院。寺院西面有五间宏伟的礼拜殿，殿正门上额悬有“阐扬圣教”的木匾，殿门两面挂湖南翰林谢威风亲书的“清香满室楼入定，明月出海天为高”的对联，殿内挂有马元章的亲笔题词：“人心惟危道心微，人欲肆时天理灭，切磋琢磨已私尽，真光普照暗复明”（《鉴古训》），还有马元章、马元超两人亲书的阿文匾对等。

寺院东边有“省心楼”二层，礼拜殿南北相对修建三间明亭，南亭接连举行“尔麦里”的“经厅”，北亭连接拱北。东边为一牌坊门，叫“翠真门”，底部是用石条砌的七级台阶，两侧是八字扶柱，上顶是三起檐花龙凤形象，硫瓦透花脊，雄伟壮丽。门上方悬挂北洋军阀政府总理段祺瑞所书“遗古熔今”的匾额。此门专供主人举行“尔麦里”时出入行走之门，平时关闭，禁止他人通行。翠真门外靠留春崖边，接连有两道小院，由月洞门相隔，前院内有五间房，是主人家举行“尔麦里”换衣之地。后院内有五间东房，是守拱北阿訇的住室。后院西边为五间亭子，亭子中间有过道门，是通拱北的正门。

拱北院内正北面一字并排，建有四座雄伟的砖刻木雕的八卦拱北，自右至左分别为马化龙、马元章、马元超、马进成之墓庐。正中间拱北门上额悬挂“明德宏道”的木匾，全用圆木套成。四座拱北上面是六角圆顶，下面是长方形砖砌底座，内侧四面镶有不透明玻璃，内挂幔帐，墓庐周围有苍松翠柏，茂林修竹，显得肃穆幽静。

宣化冈内的拱北、经厅、礼拜殿等 24 处建筑群 300 多间房屋，都是特请外地能工巧匠设计建造的。其建筑依自然地形布局，气势宏伟，门庭错综，结构精巧，曲径通幽，别具一格。厅殿和室内铺有名贵的和田地毯，摆设各式的古铜香炉、朱砂花瓶以及精制家具和古玩等。门上大多悬挂名人题赠的匾额。住室和客厅等房内挂有历代名人的字画和马元章、马元超二人亲作的治教省身格言及对联。书房内藏有珍贵的宋版史书和伊斯兰教的大部经典。

宣化冈原建筑群在1958年反宗教特权、反封建斗争和“文化大革命”中先后被拆除。从80年代开始仿照原貌在原地重建。先后建成经厅一座，拱北四座，客房、办公室、沐浴室等共达六幢五十多间。

经厅为中国古典传统建筑，大屋顶砖木结构，屋面为四坡水，屋架为粗略的大木结构，隆脊翘角，简瓦覆盖，宏伟庄严。拱北院内有从东到西的石引路，引路上面为三间花亭，为上坟人悼念之地，花亭北面靠崖建有四座雄伟壮观的八卦拱北，右起第一座是同治年间反清起义回族领袖马化龙之墓，两边悬挂“真机亘古在，道运至今开”的楹联。中间两座是马元章、马元超之墓，上悬复制的“明德宏道”匾额，两面挂有“作两间之首领，为万世之范围”的对联。左边是马进成之墓。四座拱北都是从外地请来的古建筑工匠精心设计建造的，其建筑和布局，是中国传统的木结构形式，外形上表现出四角飞阁，挑檐玄斗，角亭对峙，楼塔突起，琉璃简瓦，金碧辉映，塔顶玄月独树一帜。全部工程起架磅礴，结构宏伟，砖刻木雕，玲珑绝巧，漆彩粉染，精美细致，完全按照原样油饰一新，显得十分庄严肃穆。

四座八卦拱北前面正中间立一石碑，是各省教下暨子侄等为马元章、马元超敬立的墓碑，碑正面中书“马大、三上人光烈、光夫子之墓”。上首书“民国二十二年九月浣谷旦”，下首书“各省教下暨子侄等同敬立”。碑后面是“前清翰林庶吉士门生哈锐谨撰文，陆军上校愚侄何兆龙敬书”。墓碑前面埋有马元章二弟马元坤、堂弟马元芳及马元章三子马仁武，马元超的二位夫人及其子马锡武、马毅武、马辉武、马霆武、马桓武、马殿武的墓庐。坟园内栽有松柏、龙柏（紫丁香）树木，春季松柏青翠，龙柏花开，香气袭人。拱北之上有一大洼（约3亩地），周围筑有砖墙，洼上栽有松柏、白杨、山杏及沙棘等乔灌木，每临春天，山花烂漫，树木成荫，鸟语花香，景色迷人。

三、宣化冈拱北的历史变迁

宣化冈拱北建成以后，经历了不同的社会历史时期，从清末、民国，到中华人民共和国的成立；从宗教改革、“文化大革命”，到落实政策；从平稳发展，再到拆除全部建筑，到恢复重建等过程，宣化冈拱北的发展折射出历史的变迁。

（一）马元章、马元超时期（1889—1929年）

宣化冈拱北建成前后，马元章以政治家的胸襟和战略眼光，在李得仓等人的帮助下，通过各种途径与方式，努力改变与清朝廷及代理人的关系，极力创造一定的条件，为哲赫忍耶学派以及宣化冈拱北的建立和发展赢得空间。同时，由于清廷日趋衰落，已无力顾及其他，使马元章兄弟比较顺利地建成了宣化冈拱北，也建立了哲赫忍耶学派恢复和振兴的基地。

自1889年马元章为马化龙建立拱北开始，到1912年（民国元年）农历正月十三日，马元章在张家川最高的毛娃山举行有近万教民参加的“尔麦里”，再到1929年马元超去世时，宣化冈在40年的时间内，终于成为哲赫忍耶学派有史以来规模最大的拱北。从宣化冈的建成到发展再到兴盛，标志着马元章兄弟“继承道统，复兴哲派”的历史使命已经基本完成，也标志着哲赫忍耶学派和平发展的开始。

宣化冈拱北在马元章、马元超时期的发展经过了两个阶段，一是建设阶段，二是发展阶段。这两个阶段以1912年马元章在毛娃山举行规模盛大的“尔麦里”为标志而划分。1912年前后，宣化冈拱北的建设已经粗具规模，同时，马元章、马元超兄弟认识到，民国政府的成立宣告了清朝的灭亡，这意味着哲赫忍耶学派公开活动的时机已经成熟，遂在毛娃山举行有近万人参加的“尔麦里”，公开祭奠被清廷杀害的第五代穆勒什德马化龙，从而使哲赫忍耶学派的发展由秘密转为公开、由局部转向西北乃至全国。

马元章、马元超在建设和经营宣化冈的同时，采取各种措施，通过各种途径，修好和改善宣化冈以及哲赫忍耶学派与当政者的关系，极力为宣化冈的发展建立政治基础。早期他通过李得仓等人上书清廷，以期改变哲赫忍耶学派遭受清查、哲赫忍耶学派穆勒什德后裔遭受追杀的局面；民国时期他通过结交各党、政、军界上层，建立比较广泛、稳定的联系，提高哲赫忍耶学派和宣化冈拱北的社会影响。这些努力为哲赫忍耶学派的复兴和宣化冈拱北的大规模建设，创造了相对宽松、稳定的政治环境和社会环境。

马元章兄弟于同治末年（1874年）来到张家川，经过长达十多年的精心准备，于光绪十五年（1889年）首先为马化龙修建拱北，又经过几十年的建设，使宣化冈拱北形成规模，同时也奠定了宣化冈拱北作为哲赫忍耶学派宗教中心的地位。1916年，随着宣化冈拱北总门——观光楼的建成，标志着宣化冈拱北大规模的建设活动宣告结束。此后，经过持续、平稳的发展和小规模的扩建，至马元超去世，宣化冈拱北的建设规模、宗教地位、社会影响等就已经达到了鼎盛阶段。

在马元章、马元超时期，由于马元章是哲赫忍耶学派的穆勒什德，所以他的权威和地位无人替代，加上他无与伦比的才能和作为穆勒什德的人格魅力，宣化冈拱北一切教务方面的重大决策和活动，都由他决断和主持。马元超作为马元章的得力助手，负责方方面面的具体事务。马元章一些决策的落实、宣化冈拱北的日常事务和管理、宣化冈拱北一些实体的筹建与经营、家族子女的培养和教育等，马元超都事必躬亲。如果说马元章是一位具有战略眼光的决策者，那么马元超就是一位具有非凡才能的执行者。

马元章于1920年去世以后，宣化冈的一切事务都由马元超负责，特别是有关教务方面的事务让马元超更加慎重和认真。马元超虽然不是穆勒什德，但他作为穆勒什德马元章的弟弟，作为宣化冈拱北的创建人之一，作为马元章去世以后家族成员中辈分最高和声威最高的人，他的权威性是不容置疑的，加上他满腹经纶的才能和事必躬亲的作风，宣化冈拱北在他的经营下继续稳定的发展，社会影响进一步扩大。同时，马元超时期宣化冈积极参与地方事务，在维护地方稳定、赈灾济民等方面不遗余力。在马元超时期，宣化冈还重视发展经济，广置土地，兴办林场、牧场等。还开始创办一些实体，有些实体属于公益性质，如兴修水磨、油坊等，有些实体是为了进一步扩大宣化冈的经济收入，如兴办商号、开办石印局等。

（二）马殿武、马辉武时期（1929—1946年）

马元超于民国十八年（1929年）农历九月十日去世。在他去世前，他对宣化冈拱北的管理以及管理人进行了安排，他指定其六子马殿武（重雍）为教务负责人，其三子马辉武为总务负责人。

马元超在临终前将宣化冈拱北的教务和总务明确分开，主要原因是希望负责人能够专心一意，负责教务者不受世俗事务的干扰，负责总务者专心理财和管家。从此以后，这种两人负责的形式成为惯例。

马殿武、马辉武管理宣化冈拱北的时期，正值军阀混战、割据的时期，但张家川地区作为“地理上的死角”，基本上相对安定，偶有战事波及，但规模不大，时间不长，对张家川地区的整体形势没有形成大的冲击。同时，这一时期宣化冈发展的政治形势发生了变化，从早期的被动已经变为主动，原因是马元超家族的一些成员已经成为国民党的军政要员，如马元超的长子马锡武已升任国民军甘肃东路交通司令部司令，马元超的五子马桓武曾任国民军驻天水总指挥马廷贤的第三师师长，马元超的六子马殿武于民国三十三年（1944年）就任甘肃省临时参议会议参议。这一时期宣化冈的经济实力也有了进一步的增强，马元超家族的许多人都开设商号，参与组建经济实体，积累了雄厚的财力。随着经济实力的增强，为了防备土匪和流寇的袭扰，马殿武、马辉武等人还兴修堡寨、庄园等。

马殿武（重雍）自幼饱读诗书，又接受了系统、严格的宗教学理教育，可以说他是马元章、马元超着力培养的教务接班人。马殿武接管教务时26岁，但他年少老成，在教务仪礼、仪规方面严格秉承定制，在教务活动方面事无巨细，亲自主持，在待人接物方面谦和、包容，所以很快赢得了家族成员以及广大哲赫忍耶学派教众的信任与支持，人们尊称他为“北山六爷”。在他的主持下，宣化冈拱北的教务井井有条，持续发展。

马辉武是一位精明而慷慨、果断而仁慈的理财能手，在他的经营下，宣化冈的各项事务井然有序，经济实力进一步加强。马辉武于1946年去世，在他去世前，他向其长兄马锡武请辞宣化冈拱北总务负责人的职务，但马锡武身任军界要职，无法亲自管理宣化冈拱北，遂让其侄马少藩代为管理。

（三）马殿武、马少藩时期（1946—1958年）

马少藩管理宣化冈拱北事务期间，正值中国社会发生巨大变革的时代，1949年张家川地区的解放和中华人民共和国的成立，使他作为宣化冈拱北的主要负责人和马元超家族的代表，成为地方新政府的一位领导干部，他拥护共产党，积极投身于张家川各项事业的建设之中，以一位宗教领袖的身份，号召广大哲赫忍耶学派教众拥护共产党，积极参加新中国的建设。这一时期宣化冈拱北的各项事务均平稳发展。

1958年6月，以废除宗教特权为主要内容的“宗教改革”运动全面展开。中国共产党张家川回族自治县工作委员会制定下发了《关于在伊斯兰教中进行宗教改革的意见》，改革的主要内容有10条，如废除伊斯兰教教主、掌教和世袭的伊玛目制度；“口唤”制度；清真寺、拱北、道堂的生产资料所有制和高利贷、无偿劳役、强行摊派等剥削制度；拱北、道堂给清真寺“放阿訇”的封建特权；拱北、道堂的土地、牲畜、农具等生产资料一律无代价地交农业生产合作社经营管理；清真寺不得强迫儿童封斋、不得强迫儿童进寺学经文等，但这场运动将正当的宗教活动、民族风俗习惯同宗教封建特权和压迫剥削制度混淆起来，从而导致了严重后果：除关闭了全县所有的清真寺，强迫回族社员养猪，强制回族妇女梳辫子、摘盖头，不准成人封斋、礼拜，不准请阿訇念经等之外，“金碧参差”的宣化冈拱北也被彻底拆除了。1958年10月29日天水专区第五次民委扩大会议期间，张家川回族自治县公安局带领已捕的阿訇、宗教上层人士和各乡、社（农业生产合作社）群众600余人拆毁了宣化冈拱北，挖掘了历代宗教领袖、先贤的坟墓，并由公安局宣布没收宣化冈拱北及其主持人马少藩的全部财产。

马少藩本人的命运也和宣化冈拱北一样。1958年4月4日，张家川回族自治县发生了张棉驿反革命叛乱，马少藩因为被诬陷为幕后主使而遭逮捕，于1965年5月判处死刑，缓期两年执行，1970年5月8日被错杀。

宣化冈拱北被彻底拆除和其主持人被错杀，是哲赫忍耶学派的悲剧，是宣化冈拱北教务主持人马少藩的悲剧，也是时代的悲剧，这场悲剧在“文化大革命”又达到了“高潮”。“文化大革命”中，宣化冈拱北所埋葬的历代穆勒什德、先贤的陵墓被挖掘，先人们的遗骨被公开展览，这种特殊年代的“特殊行为”，伤害的不仅仅是哲赫忍耶学派广大教众的感情，也伤害了人的基本尊严。

1990年4月24日，天水市中级人民法院《关于平反纠正马少藩反革命叛乱案的情况说明》认定“马少藩策划反革命叛乱没有充分的事实证据，判处死刑，缓期执行，属错判。1970年5月5日判决认定了马少藩的反革命罪恶事实，不构成犯罪，判处死刑，立即执行，属错杀。根据实事求是，有反必肃、有错必究的原则，马少蕃的反革命叛乱罪应该纠正”。

（四）马殿武时期（1985—1990年）

马殿武作为宣化冈拱北由鼎盛到拆毁、再到落实政策恢复重建的历史见证人，亲身经历和主持了1985年9月为落实宣化冈拱北问题，在张家川县城举行的有中共张家川县委、张家川回族自治县人民政府、政协张家川回族自治县委员会领导和县委统战部、县政府民族宗教局、张家川镇的负责人，以及宣化冈拱北后裔、中共甘肃省委统战部、甘肃省民族宗教处、天水市政协、中共天水市委统战部、天水市民族宗教局领导等人参加的“关于解决宣化冈拱北、南川道堂遗留问题座谈会”。马殿武及其子侄代表宣化冈拱北主动提出了解决宣化冈拱北问题的五条意见，即：坚决按党的政策办事，历史问题现实解决，不纠缠历史旧账，不提原则的要求；对中共甘肃省委决定由马殿武接管拱北，表示坚决拥护；改革拱北管理办法，组织有群众代表参加的拱北管理委员会，委员会一定要在政府宗教部门的领导下实行民主管理；宣化冈后裔负责向信教群众宣传解决这一重要历史遗留问题的重大意义，团结一致向前看，不再给政府增加麻烦；历代穆勒什德的遗骨由他们的后裔负责迁葬在原处。是年10月5日，各方共同签订了《关于解决宣化冈拱北和南川道堂问题的协议书》，议定宣化冈拱北墓地由以马重雍为主的后裔管理。

宣化冈拱北问题的解决，进一步调动了广大哲赫忍耶学派教众的政治热情，他们贴出“四贤复荣功绩归中国共产党；八方崇敬团结奋斗振兴中华”的标语，表达了对落实宗教政策的感激之情。

自1985年落实宗教政策以后，马殿武作为宣化冈拱北德高望重的教务主持人，参与和主持了宣化冈拱北的重建工作，主持了宣化冈拱北落实宗教政策以后规模盛大的“尔麦里”，并以他崇高的威望使哲赫忍耶学派的发展重新步入正轨。

1990年2月12日马殿武去世，宣化冈拱北的重建工作和日常管理工作由“宣化冈拱北管理委员会”负责。

四、宣化冈拱北的历史地位

宣化冈拱北是哲赫忍耶学派的中心，也是广大哲赫忍耶学派教众心中的圣地；是宗教教理的传播中心，也是伊斯兰文化与汉文化的融合、交流的中心；是人才汇聚之地，也是观光游览的胜地；是近代回族与伊斯兰教学者、知识分子学习、交流的课堂，也是回族精英实现抱负和理想的舞台。宣化冈拱北的历史变迁见证了近代中国深刻的社会变革，宣化冈拱北崇高的宗教地位和巨大的社会影响，也在一定程度上影响着哲赫忍耶学派以及整个回族的发展。

宣化冈拱北的建成，标志着哲赫忍耶学派开始了自马明心、马化龙之后的第三次鼎盛时期的到来。马明心时期哲赫忍耶学派迅速发展壮大，但遭到清廷的残酷打压，马明心本人及其后裔或被残杀，或被发配流放；马化龙时期哲赫忍耶学派重新发展到高峰，但同样遭到清廷的残酷打压，马化龙连同家人被残杀300余口；马元章时期哲赫忍耶学派重新走上了振兴之路，并很快达到了又一鼎盛时期。马元章时期哲赫忍耶学派兴盛以后，没有重蹈历史上由盛及衰的覆辙，而是持续发展。这固然与特定的时代有关系，但马元章吸取先辈们的经验教训，注意避免与当政者的直接冲突与对抗是重要原因之一，所以说马元章开创了哲赫忍耶学派和平发展的历史，一点儿也不为过。

宣化冈拱北的建成，改变了哲赫忍耶学派传播与发展的格局。在宣化冈拱北建成以前，哲赫忍耶学派的传播与发展地区主要在青海循化，甘肃会宁、平凉、河州（临夏）、伏羌（甘谷），宁夏灵州（吴忠）等地，但在清朝廷的清剿之下，这些地方成为重点“受灾区”，哲赫忍耶学派已经没有了真正意义上的中心。而宣化冈拱北的建成使哲赫忍耶学派又有了新的中心。

宣化冈拱北的建成，重新凝聚了哲赫忍耶学派广大教众，使“劫后余生”的哲赫忍耶学派教众看到了重新振兴哲赫忍耶学派的希望。

宣化冈拱北的建成及发展，使伊斯兰文化与汉文化的交流、融合在一定范围内达到了高峰，无论是建筑艺术的发扬，还是汉文典籍的产生与流传，都给后人留下了珍贵的文化遗产。

总之，宣化冈拱北的建成以及宣化冈宗教中心地位的形成，无论在中国近代历史，还是在中国伊斯兰教的发展历史上，都是非常重要的历史事件。宣化冈拱北的历史地位将会随着历史的发展而显得更加重要。

（原文发表于《甘肃民族研究》2004 年第 3 期）

民族关系研究

历史上张家川的回汉民族关系

马国柱　虎有泽　马河图

民族关系是不同民族之间交往过程中所表现的人际关系，它会以各种形式体现在民族的日常生活之中。民族关系的变化会影响到民族的团结和地区的稳定，在某种程度上也会影响国家的长治久安。回汉民族关系是我国比较特殊的一种民族关系。由于回汉民族分布地域广泛，已经遍及中国的广大地域，因而回汉民族关系已经成为我国民族关系中最重要的组成部分。研究回汉民族关系，不仅有助于回族史、伊斯兰教史及相关学科的建设，而且还有助于加强民族团结和维护党的民族政策，以及为社会主义建设服务，为党和政府制定、贯彻民族宗教政策起到借鉴作用。

在张家川回族的历史上，民族交往最频繁的莫过于回汉民族，在历朝历代的社会变迁中更是如此。我们从历史发展的轨迹中探索民族前进的脚步，还可以以史为鉴。

据口承史料所知，在清同治以前张家川城有东西之分，东城住有张、苏、魏三大姓，西城住有汉族；龙山镇城内汉多回少，在洪、年、桑、李四大姓中，只有李姓才是回族。从这则史料我们分析，清同治以前张家川城的回汉民族存在戒备心理，原因是回汉民族分东西城而居，并非回汉同住一城，可见回汉民族关系因东西城分开而有隔阂。而龙山镇城内的回汉民族以杂居而处，民族关系总的形势是团结。当然，民族关系并非能用简单的事象来表述清楚，而是综合因素的表现，即民族关系的好坏是用不同的事件或因素来表现的。

在历史上，张家川回汉杂居的状况由来已久，除个别时期发生过民族仇杀外，绝大多数历史时期回汉民族是和睦的。在清同治以前，张家川回汉民族彼此互相援助，解衣送食，表现了亲如兄弟般的民族关系。同治年以后，这种友好关系进一步得到加强。如在清同治元年（1862年）闰八月，陕西固关回民千余人，因受清军和地方团练的胁迫，拔眷离境，越过关山来到张家川上磨村一带，他们向张家川东城的回族兄弟声援并请求收容，而东城内的回族人，恐怕自己卷入是非的浪潮，闭门不纳。固关回族迫不得已在上磨村附近露宿乞食。当时，上磨东山王家堡子的汉族人民，看到固关回族处于背井离乡、缺吃少住的困难境地，于是，便由汉族人王平安出面，一边慰藉固关逃出来的回族百姓，一边动员本村汉族人捐衣、捐面、捐粮油，他们给固关逃难的回族人送去了温暖。固关回族百姓非常感激王家堡的汉族人民，痛恨张家川东城回族人的绝情，于是就编了一首歌谣，来表达自己的复杂心情。这首歌谣唱道：

> 骑耕牛、过关山，大营扎在上磨川。张家川人太短见（指东城回族），关城门、藏米面，不如王家堡子王平安。王平安，真好汉，既送油，又送面，大牛拴在门外边。由你吃，由你站（住宿），同甘共苦度患难。

从这首歌谣所反映的事实看，当时固关回族百姓入甘是迫不得已，主要原因是为了逃避战乱，张家川东城回族人不收纳固关回族人是怕自己受株连，而王家堡的汉族对固关回族的关心，尤其从生活上给予接济是出于同情和怜悯。这样所形成的回汉民族关系是和睦的、友好的，这样的回汉民族能在生活上彼此给予帮助，他们所形成的回汉民族关系对今天都有影响。

清同治三年，李得仓率众揭竿而起，反抗清朝统治。清朝廷为了镇压这次起义，调集大军扑向张家川城，张家川城附近和固关的回族被迫集结于城内，他们积极准备应战。当时的统帅李朝顺（后被李得仓所替代）为了阻挠民族仇杀，他不但不主张应战，而且让张家川城内的汉族百姓出城，以免他们遭到涂炭，城内回族响应他的主张放出汉族百姓。这种回汉民族本无宿怨的举措，挽救了张家川城内汉族百姓的性命，同时避免了一场破城后的无谓牺牲。

当时，在李得仓领导的回族反清起义军队伍中，军营中表现出回汉民族团结的局面，因为许多汉族人民也加入了起义军营，他们与回族一道反抗清朝的血腥统治。据史料记载："静宁州回目李得仓，盐关营回目何士秀率静宁南八营及盐关营十六万人投诚……张瑞珍按册稽点，实得九万六千二百余人，其中汉民胁从者三万一千五百余人，遣散回籍。其无归者，尚千余人，今在萧河城以北至盐茶、豫旺城一路垦荒田。”[1] 从这则史料分析，在李得仓率领的回民起义军中，至少有3万多人为汉族人，汉族人占起义军人数的三分之一以上。这说明，李得仓在长达7年的反清斗争中，很重视自己军队中的民族关系，他注重回汉民族的团结，故此，他的军队中回汉民族精诚团结以抗清。这种回汉民族并肩战斗的历史得到了人们的认可。另据口承史料，李得仓回到张家川后，附近庄浪县万家沟门有一户汉族人，他把自己的亲生儿子过继给李得仓当嗣子，因此，附近秦安、庄浪的汉族和张家川内部一带的汉族人，每年农历正月十三都要给李得仓过生日，汉族人自发组织社火队，成群结队、敲锣打鼓到张家川给李得仓贺寿。由于农历正月十三是另一回民起义人物马化龙遇难的日子，张家川的回族在此日要举行悼念活动，一喜一悲的日子不协调，汉族人就把李得仓的贺寿日改为正月十四日了。这又说明，李得仓在反清起义过程中和返回张家川以后，与当地回汉民族结下了深厚的兄弟情谊。

在民国时期，张家川回汉民族关系有了更进一步的发展，那就是团结和睦。值得称道的是，1916年，当龙山镇的回族人修建西清真大寺时，本镇的汉族人王殿塀无偿捐赠125棵椿树和楸树作为建筑材料。等到龙山镇清真寺修建完工后，回族人将王殿塀和他儿子王右箴的名字刻在了奠基石上，每逢“圣纪”和“尔麦里”时，回族人均请他们参加活动。1924年，龙山镇修建西街小学时，在群众捐助白洋1500元中，王殿塀1人就捐助白洋500元。人们用捐钱购买2亩地皮做校址，修建15间教室、12间职工宿舍，做了55套课桌，才解决了龙山镇回汉儿童的上学问题，同时也解决了附近大阳乡、陇城镇、连五乡、四方乡的回汉儿童入学难问题。[2] 1929年，国民党某军旅长刘兆祥，派密探了解土匪在张家川的活动，当时在龙山镇西大街马六十九装成乞丐讨饭，非但未讨到饭，不巧被马雇用的厨师马世司将一勺面汤泼在来人的脸上，假扮者将此事告给刘旅长，刘旅长立即抓走马六十九，并从马堡抓去回民60余人。刘旅长准备在龙山镇开会借机屠杀回民，此时，王殿塀的儿子王右箴挺身而出。王右箴赶到龙山西大寺，他劝说阿訇张鸿宝去求情救人，但是阿訇胆小怕事不敢去，王右箴经过再三劝说，阿訇才与李成林等人一同去求情。王右箴还劝说刘旅长，抢人的土匪是外地人，龙山镇的回民绝大多数是安分守己的，他以全家几十口人的性命做担保，同

① 白寿彝：《回民起义》（第3册），上海，上海人民出版社，2000。
② 参见王澄清：《真挚的情感》，见《张家川文史资料》（第1辑）。

时讲述龙山镇一带回汉团结的事情，刘旅长因为有王右箴的担保而放了回族群众。从此以后，龙山镇回汉将此事传为佳话。

再有，民国时期的马元章、马元超兄弟，他们被当地回汉人称作马大善人、马三善人。原因是，他们能够很好地团结回汉民族。例如，马元章为了缓和因历史上清代的回汉分裂而产生的积怨，他不但揭穿左宗棠“以回制回”的阴谋，消除积怨，而且还主动交结有声望的汉族人士，如张广建、刘尔炘、安维峻等人。他还常常对教民讲“没有回汉的团结，就不可能复兴教门”等话语，每逢宣化冈有“尔麦里”时，凡来朝拜的汉族，他都要亲自出迎，并吩咐侍者以上等筵席招待，汉族人回家时送双份油香。在张家川刘堡、王堡、榆树、连柯等地居住的汉族群众，经常去参加活动，并念叨说“大善人对待我们如对待亲戚”①。

笔者在调查中还发现，在张家川邻近的庄浪县韩店一带，汉族人中流传着这样一则传说：民国初年，韩店村韩某被张家川杜家村回民米某偷去一头耕牛，韩某追至米家，米拒不承认，韩某上告到张家川镇官府，官吏怕引起矛盾而不予理睬，韩某无奈上宣化冈找马元章，马元章亲自接待并问明事由，马元章茶膳招待韩某，并赐银百两，让韩某回家买两头耕牛，耕田种地。韩某回到村庄后，把马元章解决这件事的方法广为宣传，当地汉族赞不绝口，称马元章也是汉族人的大善人。时至今日，这些地方的汉族人还念念不忘马元章的恩情。

民国三年（1914 年），河南农民起义军白朗部队由陕入甘，经过张家川。由于马元超坐镇运筹，他指派代表出面接待白朗部队，使白朗军顺利通过张家川，张家川的回汉群众未受骚扰。民国十五年后，陇南地区的社会因受河湟事件的影响，回汉民族互相猜疑，彼此防范，原来安定和谐的回汉民族关系一时趋于紧张。马元超不但从教内竭力疏导，而且他还向汉族群众积极解释，说明张家川回汉民族向来是团结的，并无宿怨，并从中调和回汉民族关系，从而使张家川回汉民族感情趋于融洽，地方得以安定。民国十八年（1929 年），陕甘两省发生饥荒，张家川是重灾区，马元超拿出道堂的存粮，分给回汉民族，一律救赈，他施药贷谷，张家川的回汉民族均受惠至深。在马元超去世后，刘堡一带的汉族群众前来送葬，悼念马元超，从此他被回汉群众称为“三善人”②。民国二十二年（1933 年），陕甘两省官吏、乡绅（以回汉民族为主），以及哲赫忍耶各坊清真

① 李树芳：《马元章传略》，见《张家川文史资料》（第 2 辑），内部参考资料。

② 《清水县志·人物志》，民国版。

寺、教民慷慨捐款，在宣化冈山脚下的交叉路口修建牌坊，给马元章、马元超兄弟树碑立传，名为“神道碑”。张家川回汉群众共同悼念马元章、马元超兄弟的活动被一时传为佳话。

另外，这个时期的回汉民族关系在教育方面也表现出团结局面。如蔡金贵（汉族）在晚年兴办私塾四处（东义学、西义学、王堡义学、刘堡义学），他的这种举措给回汉儿童上学提供了方便；高攀桂（汉族）在自己家中兴办私学，自己担任教师，教学生学习四书五经；马定荣（回族）、李福荣（回族）也同时兴办学校，这些行动都令张家川回汉民族所敬仰。

通过以上的分析，我们对历史上的张家川回汉民族关系有如下认识：

一是回汉民族交往的密切性。无论是在政治和经济方面，还是在文化和通婚、民族居住等方面，历史上张家川的回汉民族交往都比较频繁和密切。而且随张家川回汉民族的不断交往，他们交往的密切程度会随社会的变迁有所提高。

二是回汉民族关系内容的复杂性。在历史上，张家川回汉民族关系的内容表现在除物质方面的往来以外，还会有意识形态的交往，如价值观、审美观、道德观等，而且这种交往媒介已经影响了当今的民族关系。当然，深层次的宗教信仰也会影响到特定时期的民族关系。

三是回汉民族文化的差异性。在张家川，由于汉族的文化较为发达，回族的传统文化受汉文化影响较大，因此回族受汉文化影响下的民族趋同点在增多。虽然，随着人口的增加和经济的发展会加快回汉民族的文化交往，但是，回汉民族的文化差异性会始终存在，正是这些回汉民族文化差异性的存在，才会导致回汉民族误解和矛盾的发生。如果不能很好地解决回汉民族之间的误解和矛盾，那么这种误解和矛盾进而会发展成民族问题，甚至有可能会出现民族冲突。

四是回汉民族关系存在的长期性。民族是一种人类现象，民族还会在很长一段时间内存在。特别是历史上，由于生产力水平低下、物质基础和精神文明建设还处在较低的发展水平，张家川回汉民族的发展程度就不可能处在同一发展水平，更何况回汉民族间的发展差距是客观存在的。故此，民族存在的长期性便决定了回汉民族关系存在的长期性。

五是回汉民族关系地位的重要性。张家川地处陇东南，又是甘肃省东大门的重镇，回汉民族是否团结，会直接影响到局部地区的安定，加之张家川是两省五县（甘肃省的清水、秦安、庄浪、华亭四县，陕西省的陇县）的交界地带，回汉民族关系的好坏直接影响了民族地区的安定。

综上，在张家川回族自治县成立前，张家川回汉民族关系总的特点是团结、和睦。俗话说“前车之鉴，后事之师”，历史上张家川的回汉民族团结的特点对当今民族工作有很大影响，特别是在国家实施西部大开发战略和民族地区建设小康社会的今天，加强回汉民族关系的团结和稳定，是当务之急，只有在民族团结、社会稳定方面进行不断的努力，才能更好地促进民族发展和全社会的进步。

（原文系西北民族大学2003年中青年科研项目“民族地区小康社会建设过程中的民族关系研究”之部分成果，发表于《西北第二民族学院学报》2004年第3期）

张家川县回汉关系探析

马静远

张家川回族自治县，是天水市唯一的少数民族自治县，少数民族人口占全市少数民族总人口的93.3%。张家川的民族团结、社会稳定直接影响着全市的安定团结，以至于整个经济建设，全市民族工作的重点就在张家川回族自治县。在张家川只有回、汉两个主体民族，研究这两个民族的关系，对于我们做民族工作的很有必要，也相当重要。

一、回族聚居区的形成与自治县的成立

回族形成于元末明初，而回族先民早在唐、宋时期就已沿丝绸之路散居，清初甘肃已形成大的聚居区，今张家川的龙山、张川两地就是之一，但回族人口还不太多，仅占三分之一左右。张川原有东、西两城，东城为回族居住，以张、苏、魏三姓为大族，西城为汉族居住。龙山城内汉多回少，在洪、年、桑、李四大家族中，只有李姓是回民。

张家川形成回族大量居住的时间，主要在清同治陕甘回族起义后。由于清廷对回族的残酷歧视与压迫，激起回族人民反抗斗争不断，自清初一直延续到清末，尤以同治年间陕甘回族的反清斗争为烈。这次反清起义于同治元年（1862年）首发于陕西，随即战事延及张家川地区，当地人李得仓奋起响应，组成“南八营”与陕西义军并肩作战。同治九年在清军的残酷镇压下，李得仓受降，张家川回族的反清斗争到此结束。清廷为达到“分而治之”的目的，将受降招抚的陕甘回族义军择荒绝土地无汉民居住、自成片段的地方安插。现张家川全境都是安插的重点地区，在张家川安插了陕西泾原、三源、蓝田、凤翔和甘肃甘

谷、礼县、秦安、陇西等地的回族义军数万人，并由陕、甘两省四县管辖。至此，在张家川地区形成了回族人口多于汉族人口的回族聚居区，回族人民依旧生活在水深火热之中。

值得一提的是，由陕西汉族团练引发的回族反清大起义，在张家川却留下了佳话，当陕西固关回民义军西进至张家川受到清军堵截，在这险恶的形势下，上磨王家堡的汉民头目王平安将这批固关回民收留于本庄及方圆村庄。对此，固关回民曾编歌谣颂之。同时在起义时期，李得仓的队伍走到哪里，就与哪里的汉族群众和睦相处，汉回人民互相援助，解衣赠食。由此可见当时普通的回、汉老百姓关系密切，这为以后兄弟般关系的演化打下了基础。

1949 年 7 月，中国共产党领导的人民解放军，解放了张家川全境，从而结束了回族人民长期受歧视、受压迫的历史。共和国诞生后，制定了一系列的大政方针，民族区域自治制度是中国共产党解决我国民族问题的一项基本政策，张家川回族自治县于 1953 年 7 月 7 日成立，全县由原清水、秦安、庄浪、华亭及陕西陇县的回族聚居村、回汉杂居地区组成，总人口 134 235 人，其中回族 90 787 人，占总人口的 67.6%；32 个公社中有纯回族公社 11 个，占 34.4%；回多汉少的 15 个公社，占 46.9%；汉多回少的 6 个公社，占 18.7%。经过 45 年的发展，张家川县发生了翻天覆地的变化，一切事业呈现出欣欣向荣之势。1997 年年底，全县总人口已发展到 28.84 万人，是建县时的 1 倍多，其中回族人口 19.91 万人，占总人口的 69%，也是建县时的 1 倍多。在现在的 19 个乡镇中有 3 个纯回族乡，占 15.8%；回族人口中占 50% 以上的有 12 个乡镇，占 63.16%；其余 4 乡回族人口占 21% ~46%。在党的民族政策照耀下，随着各项事业的发展，民族关系发生了质的飞跃。

二、新时期的回汉关系

1953 年 7 月自治县成立，标志着回族人民在中国共产党的领导下走上了各民族平等、团结和共同富裕的道路，回族人民真正当家做主，与其他民族一起获得了新生。随着社会主义制度的全面建立，回族人民不仅在经济上从封建桎梏中解放出来，而且在政治上也组织起来了，从而确立了各族人民之间的团结、平等、互助的社会主义新型民族关系。但是，“文化大革命”十年使这种关系遭到了严重破坏。党的十一届三中全会以后，我国进入了一个新的历史时期，民族关系也进入了一个新的历史阶段。

多年来，张家川回族自治县坚持贯彻党的各项民族政策，全面推行民族区域自治制度，不断加强回汉干部群众的大团结，使民族关系越来越密切。

一是大力培养选拔和使用少数民族干部。截至目前，全县共有干部3711人，其中回族干部有2209人，占总数的59.53%；全县县级干部36人，其中回族干部24人，占66.67%。在大力选拔民族干部的同时，也十分注重培养汉族干部。各级领导班子中，基本做到了回汉搭配，充分体现了少数民族当家做主的权利，出现了各民族团结共事的局面。

二是注重发展民族教育事业，不断改善办学条件，对困难村儿童实行“三免”（免学费、书费、作业本费），对高中回族学生每月给予生活补助。同时，国家对民族地区招生采取降低分数段的办法给予照顾，这些都使民族教育得到了较大的发展。

三是招工招干方面，按照《自治条例》中“少数民族招工招干人数与少数民族总人口的比例相应”的规定，近几年的招工招干中，回族所占比例一般都在60%以上。

四是在落实宗教政策方面，认真坚持党的一系列政策，积极配合省、市和有关方面，慎重、稳妥地解决了一些由于历次政治运动而造成的宗教积案和历史遗留问题；同时，按照“方便群众，便于生产”的原则，有计划地分批陆续恢复开放431所宗教活动场所，并建立了相应的寺院民主管理委员会，使全县的宗教活动逐步走上了法制化、规范化、正常化的轨道，安定了民心，稳定了社会。

由于不断加强民族团结教育，大力帮助回汉群众提高生活水平，坚决贯彻党的民族政策，全面推行民族区域自治制度，极大地启动了民族地区经济发展活力。目前，在全县干部和群众中，基本上做到了不说不利于团结的话，不做不利于团结的事。回汉干部群众做到了同呼吸、共命运、心连心，“谁也离不开谁”。平等、互助、团结的社会主义民族关系不断巩固和发展，在全社会形成了民族团结、社会稳定、经济发展、社会进步的良好氛围。在民族团结、民族进步事业上涌现出了一大批先进集体和先进个人，对评选出的227名民族团结先进集体和先进个人各级组织给予了表彰。他们中有的在张家川工作以来，密切联系回汉群众，勤勤恳恳、兢兢业业、任劳任怨地工作，在民族团结上做出了表率；有的热心发展本县的畜牧事业，刻苦钻研技术，大搞黄牛改良，引进小尾寒羊，积极推广科学养鸡，为张家川回族自治县畜牧业的发展贡献了力量；有的为群众治病风雨无阻，昼夜不分，工作从不叫累，使许多危急病人转危为安，恢复了健康；有的为维护一方稳定，不顾年迈体弱，及时化解各种纠纷，使邻里亲朋和睦，回汉民族团结如一家人。在社会政治、经济生活中，回汉亲如一家人，如回族与汉族合伙经商，共同致富；在回汉杂居村，同饮一泉水，遇有红白喜事回汉群众互相往来；在春节和“尔德节”时，回汉民族互相祝贺；回汉通婚已不鲜见；在各级领导班子中，回族干部和汉族干部互相配合，互相尊重，互相支持，为使自治县的各项事业发展努力工作。这样的典型事例不胜枚举，为全县民族团结树起了一座座巍巍丰碑。应当肯定，在张家川没有民族团结，就没有今天的变化，也就形不成今天安定团结的政治局面，张家川的回汉民族关系已相当融洽，形成了“汉族离不开回族，回族离不开汉族”的良好局面。

三、回汉关系的发展趋势

随着社会主义现代化建设和市场经济的发展，回汉关系越来越密切，这种趋向已表现得相当明显。其一，在观念上表现为“民族—地域”共识，回汉民族互相认同，居住在张家川的无论回汉都互相确立为“老乡”，在此基础上形成了共同的文化经济行为和区域利益观念。其二，在关系密切的不断发展中，民族意识逐步增强，主要反映在回族的生活习惯和宗教信仰方面。与此同时，在张家川“作为少数民族”——汉族受回族的影响而渐于趋同。如在回汉杂居村，在同一单位中的汉族也不吃大肉，生活习惯已基本上与回族一致，这一变化符合历史的发展规律。其三，在文化、政治领域，回汉已趋于一致乃至融为一体。众所周知，回族的形成、发展与汉族分不开，其文字、语言、文化、政治等社会生活都采纳了汉族的表现形式，在今天如用文字、语言、文化、政治等方面来分开回族或汉族已很难，而且这种状态将不断增强，最终回汉在这一方面将没有任何差别。

我们在肯定这种越来越密切的回汉关系发展趋势的主流的同时，也不能忽视不会发生民族摩擦，当然这种可能在张家川的发作率极低。因为民族意识的增强，实质上反映了民族自尊、自信、自强心理的增强，其主流是积极的，但作为一种主体意识，又会是本位的，如果引导不当也会在一定条件下产生消极影响。这就需要我们统战民族工作部门正确认识、协调关系。

四、协调民族关系的重要意义及其任务的长期性

回汉关系的两重性，会受到诸多因素的制约，其发展会表现出不平衡性乃至曲折性，这就决定了协调民族关系、维护和促进民族团结在整个社会主义初级阶段都具有十分重要的意义，始终是民族工作的一项必须经常予以足够重视的基本任务。

在社会主义初级阶段，我们面临的民族工作任务是极其复杂而艰巨的。党中央于1987年明确提出了新时期我国民族工作总的指导思想和根本任务，这就是："坚持四项基本原则，坚持改革、开放、搞活的基本国策，紧密结合少数民族地区和少数民族实际，从民族平等、民族团结、民族进步、互相学习、共同致富出发，以经济建设为中心，全面发展少数民族的政治、经济和文化，不断巩固社会主义新型民族关系，实现各民族的共同繁荣。"几年来的实践表明，党中央提出的这个总的指导思想和根本任务，完全符合少数民族和民族地区的实际情况，符合现阶段民族问题、民族关系的特点。在这些任务中，最根本的有两个方面：一是加强民族团结，巩固和发展社会主义民族关系；二是发展民族经济文化，实现各民族的共同进步和繁荣。这两个方面的任务，可以说始终是民族工作中的两件大事，在实际工作中须统筹兼顾，不可把两者对立起来，或者偏废一方。加强民族团结和发展民族经济，既相辅相成，又互相制约。加强了民族团结，便可以保证和促进经济文化建设的发展，否则，必然影响经济文化建设。同样，经济发展了，又能为加强民族团结提供坚实的物质基础，促进民族团结进步事业的发展，否则，也必然影响民族团结。可以说，加强民族团结是促进民族繁荣发展的前提和保证，民族的繁荣和发展是加强民族团结的基础和目的。民族关系的团结密切程度和民族繁荣发展的推动作用是成正比例的。以平等、友爱为本质特征的社会主义民族关系越是得到完善和发展，实现各民族的共同繁荣发展就会获得越多的有利条件，也就越有保证。

充分认识协调民族关系，促进民族团结的重要性，不仅要把它摆在民族工作的重要位置上，而且要注意经常重视，坚持常抓不懈，绝不可抓一阵放一阵，时紧时松。从工作上讲，在这个问题上多看到一些情况的复杂性比简单化要好，多一些警惕性和忧患意识比盲目乐观、掉以轻心更为主动有利，这已是经验反复证明了的。

社会主义初级阶段不是很短的时期，很可能需要经历一个相当长的历史时期，而即使进入了社会主义充分发展的阶段，也仍然需要协调民族关系，重视解决民族问题。因而，协调民族关系、促进民族团结是一项长期的任务。可以说，在整个社会主义历史时期，始终存在巩固和发展社会主义民族关系的任务。要在充分认识这种长期性的基础上，树立重视民族关系的战略思想，增强做好民族团结工作的自觉性。

以现阶段，加强民族团结，巩固和发展社会主义民族关系所面临的任务是繁重的，有大量的工作要做。对于张家川回族自治县来说，需要加强五个方面的工作：一是宣传和坚持马克思主义民族观；二是坚持和完善民族区域自治制度；三是加强爱国主义教育，弘扬爱国主义传统；四是深入持久地开展民族团结进步创建活动；五是大力发展文化事业。只有做好这些工作，在张家川，回汉关系会不断发展，回汉民族会不断团结进步，张家川会社会稳定，各方面事业迅速发展，一个美丽、安定、富饶的张家川会迅速崛起。

（原文发表于《天水市统战理论文选》）

人物研究

马重雍传略

马　通

马殿武（1903—1990），字重雍，经名穆罕默德·哈细木，道号尔布都·太娃布，甘肃省张家川回族自治县赵川查湾人，哲赫忍耶学派在中国的始传人马明心的五世孙，哲赫忍耶第七代教主马元章之胞弟、宣化冈主事人马元超的六子，教众尊称“北山六爷”或“南山道六爷”。生前任甘肃省政协第六届副主席，甘肃省伊斯兰协会主任、兰州伊斯兰经学院院长。

先生童年在宣化冈慈父母膝下度过，父马元超（1859—1929）又名云鹄，字光寿羽，号惠安，道号勿则忍的尼（辅佐主道的人）。重雍六岁拜原平凉府官崛罗善长为师。在家攻读：《小纲经》《诸子格言》，继而背诵《四书》《五经》，聪慧过人，名列前茅。不仅父母喜悦，而且受到当时在宣化冈度生的原清朝地方官员、文人墨客的称赞。这些人多系满、汉民族，是马元章兄弟的相识和朋友，清朝亡后，俸禄断绝，遂投宣化冈谋生。号称大善人的马元章，不分民族，不记清廷的虐杀，完全以一个社会活动家的高瞻远瞩和一个宗教家的慈善心理，热情接待于宣化冈，不仅以客相待，而且还保护了他们的安全，直到他们落叶归根，还归故里。先生在这些人的言传身教下，养成了读书习文的习惯。

20世纪20年代初，先生风华初露，为了深造和瞻仰祖辈被留放安家之地，遂考入云南师范学校深造，毕业后回归阿阳，欲为地方民族教育事业尽力，但不幸的是其父元超于民国十八年（1929年）10月12日去世，同时，当年的大饥荒，加速了张家川回族人民的经济破产，当时主政甘肃的刘郁芬的横征暴敛激起马仲英在河湟起事，反对刘郁芬的压迫剥削后，甘肃政局陷于复杂局面，张家川的马顺、杨二和妥老三率众起事与国民军刘兆祥旅抗衡，于是陇南处于不安的纷乱中，他既要接替宣化冈的教务，与横行乡里的地方军阀马廷贤和国民军刘兆祥旅长周旋，又要力争各地教众安居乐业，不能助纣为虐，贻害地方。在他及其左右的艰苦工作下，张家川绝大多数穆斯林承受着索款要粮的掠夺，未与草寇马廷贤同流合污，为地方民族团结做出了贡献。

先生主持北山教务后，也很关心地方教育。当时张家川镇只有两处小学，一为1928年（另说1930年）马辉武创办的阿阳小学，一为1932年马负图创办的西成小学，但回民上学者为数不多。此种情况为先生所关注。他于1933年，在军阀混战，地方凋敝，群众渴望太平，振兴地方教育时，与地方一些知识分子商议筹办回民小学，并率先捐赠房屋25间作为校址，创办了私立张家川南后街回民小学，先生为董事长兼任校长，马国瑞任教务主任，回、汉儿童兼收。经费除捐助部分，大部分由先生资助。1936年改为公立完全小学，先后毕业者500多名学生。1945年其兄马桓武捐院落2处，房屋50余间，土地5亩，于1946年8月成立了“私立张家川新民中学”，推马桓武为董事长，先生任校长，李文著任教务主任，第一期招收学生48人，后发展为8个班级，在校学生达到120人。1949年改称为“清水县张家川中学”，先生任校长，赵玉堂任副校长。1958年后，清、张分县又更名为“张家川回族自治县第一中学”。这所学校既为地方培养了人才，也为发展进步力量做出了可贵的贡献。1949年中华人民共和国成立后，毕业于该校的不少学生、先进分子，在西北等地升任县级以上的领导者多达数十人，他们为发展地方各项建设事业做出了重要贡献。

先生一贯热心宗教，更热爱伟大祖国和拥护中国共产党的正确领导，坚持一个中心、两个基本点的原则，在与中国共产党共事的四十个春秋中，肝胆相照，荣辱与共，受到各级领导的表扬与鼓励。1951年土地改革运动中，他首先将他家的200多亩土地、300多间房舍全部交给当地人民政府，分给农民耕种和居住，对张家川县的土地改革的顺利开展起了很好的作用。1985年宁夏、甘肃、青海、云南、新疆等地哲赫忍耶的教众代表，约500人聚集于兰州原马明心坟地，搭起帐篷，念经祈祷，要求归还兰州东拱北，先生积极配合国家宗教事务局和甘、宁两省统战、民族宗教和伊斯兰协会等部门领导，经过协商，签订了协议，归还了东拱北部分地方，已修建了办公楼房、学校或宿舍者，补偿了一些费用，及时解决了这一较为复杂的遗留问题。1985年2月《读者文摘》刊登了一篇有关扭曲伊斯兰教的文章，引起了兰州市穆斯林的不满和质询，先生不惜年迈，会同省、市有关部门领导向穆斯林群众耐心解释，并做出了正确处理。《读者文摘》承认了错误，并做了公开检查，平息了事态，群众也很满意，受到省委和省政府的好评。1985 年 5 月，哲赫忍耶教众为始传人马明心举行纪念活动，来自全国各地教众 2 万多人，聚集兰州，导致一些路段交通阻塞，先生一方面劝说张家川教众就地悼念，不要来兰州，另一方面又劝说其他省、市已来兰教众，遵纪守法，自觉维护社会秩序，并在省、市领导的关怀下，对其食宿做了妥善安排，同时劝导教众上坟后及早返家，从而顺利地举行了“尔麦里”活动。1985 年 11 月张家川宣化冈纪念马元超去世 56 周年纪念活动，为了妥善处理好宣化冈拱北遗留问题，先生风尘仆仆，亲去张家川配合省、地、县领导做了大量工作，协商签订了恢复宣化冈拱北和南川道堂基地协议书，并亲自主持与 3 万多穆斯林一起举行了“尔麦里”，适时处理了各项久存未解的纷争。1989 年，《性风俗》一书出版后引起全国穆斯林上街游行，先生又协同省、市领导，在肯定此书是一本坏书，出版者和作者应依法受到处理的基础上，疏导兰州穆斯林以国家利益为重，相信政府的处理，从而平息了被激怒的穆斯林群众，为当时社会的安定、民族团结尽心尽力。

先生身为哲赫忍耶宣化冈拱北的主持人，对宗教事业极为重视。他对直接领导的 200 多坊、数万哲赫忍耶教众十分关心，凡是探望他的教众，他总是谆谆告诫民族要团结，教派要互相尊重，要把经济建设搞好，民富国强是头等大事；听所在地政府的话，是穆斯林的正确选择。因此数十年来他所辖属的教坊基本上与其他教派没有发生教派之争，受到其他教派穆斯林的爱戴和尊重，在西北伊斯兰教中享有崇高威望。1955 年 10 月在兰州召开的甘肃省第一届伊斯兰教协会成立大会上，先生以全票当选为主任。

在 1958 年反封建特权扩大化时，先生对拆除马明心的东拱北和马化龙、马元章的宣化冈拱北，虽有难言之处，但他心胸开阔，坦然有识，迁出了祖先遗骨，并对教下说：“宣化冈和东拱北是我马重雍的祖坟，拆与不拆与穆斯林无关。我是宣化冈拱北的主持人，有过剥削，也有做错的事，教下批判也是应该的。大家不能因此而节外生枝，千万要吸取哲赫忍耶的历史教训。”这些中肯之言，使心绪万端的穆斯林定了神。当年他被下放到汉族较多的农村监督劳动时，受到汉族各个领域无微不至的关怀。先生深受感动，说：我在逆境中时，有位汉族老人说：“我们这里是汉族，与你没什么牵扯，你不要和我们一样劳动，你也上了年岁了，在田野里走走，散散心就行了，有什么闲话我老汉包下，你就放心休息去。”先生谈笑往事时，总是忘不了汉族群众在当时生活不宽裕的情况下还给他送吃送喝的深厚情意。当他 1962 年回到兰州时，有一次他漫步街头，穿着短大衣，扎着裤腿，拄着拐杖，还是那么心胸坦荡地说："我这辈子是出自书香之家，也是个宗教之家，说穿了是靠先人的一点功德吃饭，我爱说笑话，但不说闲话。你们做工作，要秉公办事，不要亏待群众。"先生话中有话，谈笑中有哲理。先生所谓的"不说闲话"就是不搬弄是非，不破坏民族教派团结，待人处世以诚为本。

打倒"四人帮"拨乱反正后，他的心情很愉快。在一次学习讨论会上，先生即兴写诗一首："四害铲除百废兴，群贤济一议风生，长征路上争先列，四化完成立伟功。"

从这首诗里可以看出先生对打倒"四人帮"非常拥护，对"四化"建设充满信心，特别是对邓小平同志提出的改革开放政策尤为敬佩。因此，工作信心很高。他为停止活动10多年的甘肃省伊斯兰教协会的恢复工作不仅操心，而且亲自奔走，为收回原会址等竭尽全力。他还多次深入穆斯林地区，进行"三爱"（爱党、爱国、爱教）的宣传工作，调解教派、门宦纠纷，促进民族宗教之间的团结，为协助政府正确贯彻民族宗教政策做了大量工作。

1985年以来，先生又为筹办兰州伊斯兰经学院而尽自己的一份心力，在省委、省政府的关怀下，兰州伊斯兰经学院正式成立，先生任院长。先后培养出既懂阿文又识汉文的现代阿訇、满拉80多人，有46人分配在省、市、县民族宗教部门工作，44人在各地清真寺任阿訇、满拉。与此同时，他借担任省伊斯兰教协会主任、省政协副主席之便，积极同伊斯兰教世界联盟、埃及、阿尔及利亚、突尼斯、伊朗、摩洛哥等穆斯林友好人士交朋友，宣传我国的宗教政策、民族政策以及穆斯林的生产生活情况。在和伊朗阿亚图拉交谈后，伊朗代表团给兰州西关清真大寺捐款50万元，以后又为张家川穆斯林学校捐赠了3万多美元，为龙山镇西寺捐款3.29万美元。在他任省伊斯兰教协会主任期间，先后组织914名穆斯林赴麦加朝觐，一方面完成了自己的朝觐功课，另一方面也为扩大中国穆斯林在阿拉伯国家的影响起了良好的作用。

1990年先生在病危期间，对他的后事安排得很简单，只要求送到张家川宣化冈与先父长眠在一起。当时家庭和教下一些人等待、讨要传教口话，先生非常明智而果断地说："教门的事，大家选去，这个事不是谁给的，指下的不行，那还要大家喜欢哩。""我本身就没有口唤，谁也没给我口唤。"这种可贵的远见卓识，不仅符合伊斯兰教理教规，也与他担任甘肃省的重要领导职位相适宜。

先生一生勤奋好学，谦虚谨慎，生活俭朴，平易近人，喜欢阿文和汉文书法，为亲友、教下写了不少对联，也写了一些很有史料价值的文章。已发表的有《清同治年间甘肃回变中的马化龙》《清同治初年穆生华起事始末》等，未发表的还有亲自草拟的《哲赫忍耶的历史》等文稿函件。

先生生前于1956年受到毛泽东主席的接见。殁后甘肃省副省长穆永吉、天水市和张家川回族自治县党政领导，以及省市政协、统战、民族、宗教、伊斯兰教协会等部门的代表亲自到张家川与当地穆斯林群众5万余人参加了送葬仪式。送葬后于1989年2月28日，省、市各界在兰州宁卧庄礼堂召开了有500多人参加的追悼会。中共中央统战部、政协全国委员会办公厅、宁夏人大、区政府、中共甘肃省委、甘肃省政府、省高级法院、省检察院、省各民主党派、人民团体等，以及中央、省、市领导人宋平、习仲勋、杨静仁、刘冰、马青年、孙作宾、沈遐熙、李子奇、许飞青、贾志杰、葛士英、卢克俭、阎海旺、王世泰、黄罗斌、王秉祥、杨复兴、马玉海、马丕烈、马祖灵等发来了唁电、唁函，送了挽幛、挽联，表示哀悼。

甘肃省政协主席葛士英在致悼词中，高度评价了先生的一生，他说："马重雍同志1949年参加革命工作，曾任甘肃省清水县二中校长，甘肃省民族事务委员会副主任，甘肃省第一、二届人大代表，政协甘肃省委员会委员、常委副主席，中国伊斯兰教协会委员，甘肃省第一、二、三届伊斯兰教协会主任，兰州伊斯兰经学院筹委会主任、院务委员会主任、院长等职。他参加工作四十年来，一贯拥护中国共产党的领导，拥护社会主义建设，是一位与中国共产党和人民政府团结合作、荣辱与共的民族宗教爱国人士，是我省伊斯兰教协会的主要领导人和我省人民政协工作的积极参与者和领导人之一。他为发展少数民族地区的经济、文化教育事业，促进民族团结进步，维护安定团结的政治局面做了不少工作，做出了有益的贡献。他的逝世是我们民族和统一战线工作的一大损失。"

（原文发表于《甘肃民族研究》1994年第4期）

永远的笑容

——怀念原省政协副主席马重雍先生

李　忱

当我们在宁静中体味流失的岁月给予我们或多或少的感触时，我们似乎发现，有一位老人始终以一种慈祥的笑容注视着我们，这笑容，伴着老人走完了他八十七个春秋岁月。

马重雍——一个被许多自觉叫响的名字，一位德高望重、和蔼可亲的老人，他已经去了。三年前的一天，他被无数淳朴、虔诚的目光注视着，四万多伊斯兰教民参加了张家川宣化冈的安葬仪式。从此，人们便多了一种情感，它弥漫于我们的周围，使得我们无法忘却一段历史，无法忘却先生那曲折而高尚的一生，更无法忘却先生那永远的笑容。

一、出生于宗教世家　致力于教务管理

先生姓马名殿武，字重雍，经名穆罕默德·哈细木，道号尔布都·太娃布。1903年3月出生于张家川查湾村（宣化冈所在地），伊斯兰教哲赫忍耶学派在中国的始传人马明心的五世孙，宣化冈教务负责人马元超之六子，教众尊称“北山六爷”。

先生诞生之时，正是哲赫忍耶在张家川地区振兴发展之时。他的父辈们在这一过程中领导广大教民不遗余力，不仅使张家川成为自清同治年间回民起义以后哲赫忍耶学派的中心，而且花费心血营造、建立了宣化冈拱北。宣化冈自它诞生之时起，就成为哲派群众仰慕、尊敬的地方，也成为哲派教权的所在地。先生自幼生长于宣化冈，浓厚的宗教氛围及在当时的社会环境中所享的特殊地位，使他在必须继承家学与哲赫忍耶学派教义的基础上，还要培养一切必需的能力，以担

当日后的重任。由于家庭要求严格，加上先生聪慧过人，使他没有辜负人们的期望，一直品学兼优，名列同龄人榜首。

1909 年，先生拜原平凉府官崛罗善长为师，当时他年仅 6 岁，不仅要系统学习小纲经、诸子格言、四书五经，而且还要跟随父辈学习伊斯兰教的基本教义和经典，这使他同时掌握了汉文化和伊斯兰教的许多知识。20 年代初，先生风华正茂，以优异的成绩考入云南师范学校继续深造，毕业以后便回故乡张家川，致力于地方民族教育事业。

1929 年先生慈父马元超去世后，由他接管了哲赫忍耶学派宣化冈教务。从此，他便全心尽力地致力于教务管理，直到去世。

哲赫忍耶学派是中国伊斯兰教历史较长、教众最多的学派之一，清同治年间回民起义后，张家川成为该派的中心之一，不仅管辖张家川地区的哲派教众，坊寺，而且影响整个西北乃至全国的哲派教众，先生接管宣化教务时，哲派就已经存在多派并存的现实，仅张家川而言，就有北山（宣化冈）和南川（南川道堂）之分，因此，先生接管之初，既要应对当时复杂、动乱的社会局面，又要与其他派别团结共处，这对当时年仅 26 岁的先生来说，无疑是一个考验。但先生凭借他的博学多才和出色的组织、领导才能，使宣化冈教务井然有序，并得到较大发展，至解放前，宣化冈已辖坊寺 200 余坊，是哲赫忍耶学派中所辖坊寺最多、教众最多的一派。

先生谦虚和蔼、思谋周全，对待教下一视同仁，不论贫富，不论贵贱。他还努力减轻教众的负担，体谅穷苦人的处境，并尽可能地予以帮助，他总是以德服人，以渊深的“尔林”（学识）服众，赢得了人们的一致拥戴和尊敬，普遍尊称他为“北山六爷”。

二、博学多才儒士风范　兴办教育造福一方

大凡学识渊博、品行高尚的人，不管身居何职何位，总能赢得人们的爱戴和尊敬。马重雍先生正是如此，他的博学，不仅体现在对伊斯兰教经典的深刻领会及对伊斯兰教哲学、教法学和文学的广泛涉猎，而且体现在对中国传统文化的深刻理解与研究，颇具儒士风范。先生在生前，曾写作和发表了一批具有很高史料价值的文章，如《清同治年间甘肃回变中的马化龙》《清同治年间穆生华起事始末》等。尤其是他作为哲派宣化冈教务负责人而撰写的一批有关哲派发展历史的

文章，更具有学术意义和历史价值。

先生自幼喜好书法，汉文书法与阿拉伯文书法俱精。俗话说："冰冻三尺，非一日之寒"。先生在阿、汉文书法艺术上，功韵俱佳，自成一体，但先生性情谦和恭让，平时不好显露，以致许多人包括书法界一些人士也不知先生此长。但先生对教下充满仁爱之情，生前为教下书写了大量的中堂、条对，以留作纪念，因此，先生一生虽从未参加什么书展，但大量的书法作品却广泛流散于民间。

先生在管理宣化教务时，深感张家川广大回族群众生活贫困、文化落后，他以一个文化人的眼光高瞻远瞩，意识到只有兴办教育、提高人们的文化素质才是摆脱贫困落后的根本出路，因此，在1933年他带头捐献自己在张家川镇南后街一处房屋，创办了"私立张家川南后街回民小学"，自任校长、聘请教员，招收当地回族子弟入学。1945年，他又动员其兄马桓武捐献院落两处，创办了"私立清水新民中学，"成立校董事会，马桓武任董事长，先生又亲任校长，李文著任教导主任。

新民中学可以说是张家川历史上第一所比较正规和完善的中学学校，第一期进校学生48人，后发展为3个班级，在校学生达120余人，这些回族学生在解放以后，成为张家川第一批有文化的建设人才。不仅如此，由于先生思想进步、向往光明，该校自创立后，就成为我地下党的一个联络点，许多教员包括教导主任李文著都是地下党员，这充分说明先生从很早起就向往光明，与我党合作共事，是党的忠诚朋友，而先生尽全力献身于地方教育事业，可谓造福故乡，功在千秋。

三、为国为民坦荡无私　团结群众持之以恒

1949年7月，张家川解放以后，先生怀着极大的热情，信心百倍地参加了革命工作，出任清水县第二中学（前身即张家川新民中学）校长，继续为教育事业尽心尽力，身为宣化冈负责人，他坚决拥护中国共产党的领导，投身于新中国的建设，无私奉献。1951年土地改革运动中，他带头将自己家的200余亩土地、300余间房舍全部交给了人民政府，分给农民耕种和居住，对土地改革运动的顺利开展起了很好作用，因此受到党和政府的表彰和高度赞扬。由于他思想开明、进步，加上在群众中享有崇高威望，1955年10月，先生在兰州召开的甘肃省第一届伊斯兰教协会成立大会上以全票当选为主任。

“文化大革命”期间，先生作为宗教界和社会知名人士自然不能幸免，被下放到汉族群众较多的农村监督劳动。他在劳动过程中，特别注意和汉族群众搞好关系，并在逆境之中，仍然宣传民族团结，号召回族群众与汉族群众团结一致，和睦相处。

先生一生致力于民族、宗教工作，在任何时候，他都主张爱教爱国同等重要，认为一个优秀的穆斯林同时应该是一位热爱国家的好公民，先生注重团结，在宣传民族团结、提倡爱教爱国的行动中，留下了许多令人难以忘怀的佳话，许多年过去了，曾经见过他、聆听过他的教导的人，不管是回是汉，都钦佩先生的高尚品德和他那和蔼可亲的待人态度，总忘不掉先生那永远的微笑中体现出的无私精神。

四、身居高位勤奋工作　严于律己教众楷模

在普通人的眼中，先生既是宣化冈的负责人，又是一位“官员”，可谓身居高位，有职有权。但先生从不以此作为资本来谋取个人利益，而是更加努力地工作，为人民做好事、办实事。

先生曾先后任甘肃省民族事务委员会员副主任，甘肃省第一、二届人民代表大会代表，政协甘肃省委员会副主席，中国伊斯兰教协会委员、常委，甘肃省第一、二、三届伊斯兰教协会主任、名誉会长，兰州伊斯兰教经学院筹委会主任、院务委员会主任、院长、名誉院长等职务。在他任职期间，经常深入回族地区考察、了解情况，进行爱党、爱国、爱教的“三爱”宣传工作，亲自主持处理、协调一些教派、门宦之间的纠纷和矛盾，促进民族、宗教间的团结，为协助政府正确贯彻、落实民族宗教政策做了大量的工作。

党的十一届三中全会以后，先生曾做了几件令全省回族人民难以忘怀的大事，一是亲自主持恢复了停止活动十多年的甘肃省伊斯兰教协会；二是带头尽力创办了兰州伊斯兰教经学院，并首任院长，在一个时期内亲自主持了伊斯兰教协会和经学院的工作，在落实民族、宗教政策问题上，先生不顾年事已高，呕心沥血，辛勤操劳，做出了很多贡献。

1985 年，来自西北的哲派教众代表约 500 人，聚集在兰州马明心的故地，搭起帐篷，念经祈祷，要求归还兰州东拱北，先生积极配合政府做信教群众的工作，使这一问题得到很好的解决。同年 5 月，来自全国的哲派教众 2 万余人聚集

兰州，举行纪念哲派始传人马明心去世204周年的活动，导致一些路段交通堵塞，先生一面劝说即将来兰州的教众，一面劝说聚集在兰州的教众遵纪守法，使纪念活动得以顺利进行。11月，张家川宣化冈举行原负责人马元超（先生先父）去世56周年纪念活动，先生不顾80余岁高龄，亲自前往张家川主持了纪念活动仪式。之后，先生多方联系、劝说、商谈，取得了广大教众的同意与谅解，协助党和政府解决了宣化冈历史遗留问题。

另外，在1985年《读者文摘》刊登诬蔑穆斯林的文章而引发穆斯林群众不满，以及1989年《性风俗》一书出版引起穆斯林群众大规模上街游行的事件中，先生积极地、不遗余力地劝说穆斯林群众要克制、忍耐，要相信政府，同时协助政府做出正确的处理，对平息事态，维护民族团结、社会安定发挥了重要作用。

先生就是这样不遗余力地工作，尽职尽责地发挥作用，他作为宣化冈负责人，严格遵守教法教律，品学兼优；作为一名身居高位的领导，以大局为重，始终与党和政府密切合作，以无私奉献的精神和高尚品格赢得了各族人民的信任和爱戴。

五、爱国爱教党的朋友　任劳任怨俭朴一生

1990年2月12日，先生因病医治无效，在故乡张家川去世，当无数的群众听到这一消息后，沉浸在巨大的悲痛之中，人们深切怀念这位德高望重的老人，党和政府也给予他很高的评价。2月28日，省、市、县代表500余人聚集兰州，为他举行了隆重的悼念仪式。原省政协主席葛士英在致词中说："他参加工作四十年来，一贯拥护中国共产党的领导，拥护社会主义制度，是一位与中国共产党和人民政府团结合作、荣辱与共的民族宗教爱国人士，是我省伊斯兰教协会的主要领导人和我省人民政协工作的积极参与者和领导人之一。他为发展少数民族地区的经济、文教事业，促进民族团结进步、维护安定团结的政治局面做了不少工作，做出了有益的贡献。"

先生以他那无私奉献、辛勤为国为民的一生，无愧于政府和人民给他的评价，他是一位爱国爱教的代表。先生在生前，从不计较个人得失，从吃饭到穿衣，始终坚持他几十年来养成的良好习惯，以实用、俭朴为原则，从不浪费、不贪图享受。他留给人们的印象，始终是一位戴着眼镜、身着黑衫、面带微笑的长者形象。青山绿水，蓝天白云。宣化冈依然伫立着，只是多了一份凝重，增添了

几多肃穆。当人们再次来到这里时，将会增加一份对这位老人更多的思念。我们所要继承的，将是老人一生所拥有的高尚品格及其无私的奉献精神。

（原文发表于《凝聚》1993 年第 4 期）

留此芬芳启后人*

——马元章生平及其诗文评介

李 忱

在中国伊斯兰教哲赫忍耶学派历代穆勒什德①中，马元章是一位开创了哲赫忍耶学派发展新纪元的特殊人物，他以其宗教学家和政治学家卓越的领导才能和非凡的个人魅力，使哲赫忍耶学派在清末回民起义失败以后很快得到了新的发展，从而赢得了广大哲赫忍耶学派教众的推崇，赢得了社会各界的普遍尊重。

马元章是回族近现代史上一位有着广泛影响的重要人物，对于他的研究长期以来还未得到人们足够的重视，一些研究成果只是零散地、简要地介绍了马元章的生平，对其宗教思想以及在近代回族社会发展进程中所产生的影响基本上没有涉及。即使是在哲赫忍耶学派内部，人们往往是诚心崇敬者多，理性研究者少。笔者认为，马元章在哲赫忍耶学派发展历史中是一位承前启后的关键人物，他在致力于哲赫忍耶学派的振兴、发展过程中形成了系统的宗教思想。马元章的宗教思想包含了振兴国家、抵御外侵以及民族发展等方面的进步内容，具体体现在他“恢复道统，振兴哲派”② 的实践中，体现在他所有的社会活动之中，也体现在他创作的大量诗文中。本文在简要介绍马元章生平的基础上，对目前发掘、整理的马元章创作的诗文进行评介，从而探究马元章宗教思想的基本内涵。

---

* 引自马元章诗句。

① 穆勒什德，阿拉伯语，意为导师、引路人。

② 马元章自云南来到甘肃的目的就是为了完成振兴哲赫忍耶学派的使命，这一使命贯穿了他的一生，后人将这一使命归纳为“恢复道统，振兴哲派”。

一、马元章生平

马元章，字光烈，号祯祥，经名利亚顿丁，道号索迪贡拉·穆罕默德·努尔①，教内尊称“沙沟太爷”“大太爷”。祖籍甘肃阶州（今武都）。清咸丰三年（1853年）农历九月六日出生于云南他郎（今云南墨江），民国九年（1920年）农历十一月初八日因地震而遇难，终年67岁。马元章是哲赫忍耶学派创始人马明心的四世孙，是“云南三太爷”马世麟之长子。清乾隆四十六年（1781年），苏四十三起义失败后，马明心长子马顺清被发配云南他郎，后经商成为富户，任哲赫忍耶学派在云南的“热伊斯”②。马顺清生有五子，三子马世麟曾任马化龙在云南的“热依斯”。云南杜文秀起义时，马世麟是河西起义军首领之一，同治十年（1871年）起义失败后清军包剿其家，马世麟嘱马元章率弟侄等从地道潜逃。

由于清廷要“斩草除根”，马元章等被全国通缉、悬赏捉拿。马元章兄弟叔侄等八人换成汉民身份，改名换姓，到处躲避，终于逃出了云南，并辗转各地。先在四川成都躲藏，后于光绪初年（1875年）到达甘肃张家川，先住在董家沟李哈子家，后又迁居李得仓③家居住。

马元章在张家川立住脚后，即开始了哲赫忍耶学派的复兴活动。从光绪元年（1875年）到光绪二十二年（1896年），他走遍了全国的十三个省，到处讲经传道，宣扬哲赫忍耶学派的教义和修持。由于清廷对哲赫忍耶学派的镇压，激起了广大教众更强烈的宗教感情，所以马元章振兴哲赫忍耶学派的活动顺应了广大教众的思想要求，深得各地阿訇和教民的赞赏和拥护。

马元章首先在前几代穆勒什德去世的地方建拱北、设道堂，作为传播哲赫忍耶学派的据点和基地。他在张家川立足后，把马化龙的头骨埋葬于张家川北山，并建立拱北，取名“宣化冈”（即“宣传、教化”之意）。经过十余年不懈的努力和建设，宣化冈终于成为哲赫忍耶学派规模最大、影响也最大的拱北，也成为马元章时期哲赫忍耶学派最主要的宗教活动中心。民国六年（1917年）为曾祖

---

① 索迪贡拉·穆罕默德·努尔，阿拉伯语，意为忠于安拉的人。

② 热伊斯，阿拉伯语，意为代理人。

③ 李得仓（1827—1896），清同治年间甘肃回族起义将领之一，率众投降后被清廷“赏戴花翎，钦封武翼都尉，四品衔”，代理张家川军政大事。

父马明心在兰州东稍门修建了拱北。哲赫忍耶学派第四代穆勒什德马以德去世后葬于宁夏金积的洪乐府，马元章经常在洪乐府举行“尔麦里”悼念，并维修拱北。马化龙之孙马进成被清廷捕押，殁于汴梁（今开封市），马元章委其弟马元超将其遗体迁至张家川，葬于宣化冈拱北。

马元章在建立宗教活动中心的同时，潜心钻研哲赫忍耶学派教义、教理，他总结历史的经验教训，对哲赫忍耶学派的一些主张进行了改革。哲赫忍耶学派提倡“舍西德”[①] 精神，在历次反清运动中发挥了很大作用，广大教众不怕牺牲，“舍命不舍教”，勇敢地走“舍西德”的道路，给敌人以沉重打击，但在统治阶级的大规模血腥镇压下，也造成了不必要的牺牲。马元章掌握了教众热衷于“舍西德”的心理，引导教众用“舍西德”的精神进行和平复教。他曾经说过：“伊斯兰教是为活人创立的，不是为死人创立的，我们都‘舍西德’了，《古兰经》叫谁念？绿旗（伊斯兰教的旗帜）叫谁举？‘舍西德’不是无缘无故的，是最后迫不得已的。自找的死，就不是‘舍西德’，教门未成身先死是最大的遗憾！”马元章在哲赫忍耶学派的宗教仪礼方面，强调“古尔邦节”（宰牲节）要隆重举行，他说：“我们没有财力朝‘克尔白’，可以在中国隆重庆祝世界穆斯林的共同节日。至于‘道堂’绝不能当‘圣地’朝拜。”他本人理教四十余年，严格按照经训办事，从不标新立异。他说：“个人传授容易传错，如脱离伊斯兰教正轨，形成‘尊人不尊经’就不得了。”

马元章总结历代穆勒什德失败的沉痛教训，认为传教者绝不能与当政者搞对立，应尽量融洽政教之间的关系，以取得立足之地。故在他振兴哲赫忍耶学派的同时，就开始了一些政治活动。他结交军、政、商、学等各界要员，尽量争取各方面的理解和支持，为哲赫忍耶学派的复兴赢得相对宽松的政治空间。

马元章足智多谋，善于洞察时局。第一次世界大战时，土耳其参加以德国为首的战争同盟，马元章看到土耳其作为伊斯兰教国家参加了同中国敌对的国际集团，而他本人又是哲赫忍耶学派领袖，唯恐涉嫌，搞成同治年间甘回与陕回被株连的局面，于是马元章致电当时的大总统袁世凯，申明他竭诚拥护中国政府的对外立场，他虽同土耳其共同信仰伊斯兰教，但素无往来，以求谅解。袁世凯回电称马元章是中国宗教界深明大义的爱国人士，并颁赐二等“宝光嘉禾”勋章，以示嘉勉。与此同时，马元章还将四子震武送往北京，名为在总统府供职，实则

① 舍西德，阿拉伯语，烈士，意即为伊斯兰教而牺牲的人。

为人质留在北京，以免袁世凯生疑。马元章曾说过：“袁世凯是当今的曹操，两次逼宫，第一次是宣统，第二次是孙中山。此人反复无常，比司马昭还坏，要慎重对待。”

光绪二十一年（1895年）河湟起义期间，海原哲赫忍耶学派教众马匡匡起义失败，固原提督邓增办理“善后”。邓因在同治年间回民起义中被回民割去耳朵，怀恨在心，乘此不分良莠，枉杀回民，马元章以“崇礼教，正人心”为言，上书清帝，痛陈利害，请求制止，受到清帝嘉奖。当清帝以失察罪名责问平凉官吏时，马元章复以“民不举，官不知”为由，代为辩护。当局见言，给予好评。

光绪二十六年（1900年），清太子少保董福祥因“庚子事件”获罪洋人而避居固原。董福祥以镇压毒杀回民起家，曾于同治年间协助左宗棠血染金积堡①。所以董福祥到固原后，目睹哲赫忍耶学派在马元章的领导下重新在甘、宁、青崛起，十分愤恨，妄图利用他手中所掌握的团练重新剿灭哲赫忍耶学派，马元章闻讯后镇静自如，即修书向董福祥陈明利害，信中警告董福祥：“不要利令智昏，要认清时势，今日之时代，不是同治十年。今日之沙沟不是当年的金积堡，今日的马元章，非当年之马化龙。今日之董福祥更不比当年的左宗棠。左宗棠十五万兵马未灭马化龙的教派，你董福祥千余团练奈我何？你是畏惧洋人缉捕，逃难山林避祸，如果竟敢用兵沙沟，我可电告北京及各省教众，向八国使馆控告，董福祥并未死，畏罪避居固原，继续殃民欺骗洋人，后果如何，你立身朝政多年，谅会自裁。”董福祥接信后十分恐惧，立即复信，差人到沙沟向马元章道歉，并经常进行礼节性的拜访。这样一来，更提高了马元章在教众中的威望，教众公开放胆进行宗教活动，回民也敢戴着号帽在固原大街行走。

光绪三十四年（1908年）马元章55岁生日，清朝隆懿（慈禧）太后手书“寿”字中堂，送到沙沟祝贺，表彰马元章是“今世师表，一代完人”。民国初年（1912年），马元章通过回族官吏郭南浦结交甘肃督军陆洪涛、省长张广建，马元章和陆洪涛、张广建言谈一席，一度得到陆、张的赏识。张广建赠送给马元章“东南西北人，江河湖海船”的对联。当马元章在兰州举行大规模的宗教活动“尔麦里”之时，张广建大力支持，并赠送八台绿呢大轿，周游兰州市，盛

① 金积堡位于宁夏回族自治区吴忠市，是马化龙时期哲赫忍耶学派的宗教活动中心，也是清同治年间西北回民大起义时马化龙部的大本营。马化龙起义失败以后，清军在金积堡进行了惨绝人寰的大屠杀。

况非凡。民国十九年（1930年）前后，吉鸿昌驻扎天水时，为宣化冈题赠匾额“仁德风雨”。民国二十八年，冯玉祥赠匾额“述祖穆圣”。民国三十年，白崇禧赠匾额“兴教建国”。马元章逝世后，由马元超在张家川宣化冈给马元章举行百日纪念活动，上至大总统，下至回汉黎民百姓，都发来唁电、唁函、挽诗、挽幛等纪念。

在哲赫忍耶学派的七代穆勒什德中，马元章是唯一被记者采访并有专访文章记述的人。由澳大利亚国立大学亚太历史研究所 Anthony Garnaut（高安东）博士提供的，发表在1919年11月出版的上海英文月刊《远东时报》（15卷703～706页）上的《中国西部伊斯兰教令人注目的新表现》一文，是美国记者 Rodney Gilbert 于1918年夏天专程赴宣化冈采访马元章以后撰写的文章，文章详细叙述了作者拜见马元章的过程。马元章在作者的眼中是“一位缠布盖额（代斯达尔①）的老人”，是一位“完全诚实而贤明的老人”。作者和马元章讨论了当时世界的战争形势，② 作者“惊讶地发现他不仅消息灵通而又周到，而且他的观点也无可挑剔”，“他对中国的内战有自己的看法，认为中国人把共和的试验进行的不是很好”。交谈以后作者认为马元章“一直是新思想的积极拥护者”。文章还详细地记述了作者和马元章见面的过程，以及分别时马元章派人护送的情况。作者在小标题以及文中提及马元章时，都用了“马善人”的称呼，这说明“马善人”的知名度和影响力在当时是比较大的。

马元章四十多年的复教活动，基本完成了他“恢复道统，振兴哲派”的历史使命，使哲赫忍耶学派的发展达到了鼎盛。至马元章去世前的1920年，全国哲赫忍耶学派教众分布在宁夏的固原、吴忠等地，甘肃的张家川、平凉、天水等地，新疆的吐鲁番、伊犁、喀什等地，云南的墨江、河西、昆明、玉溪、昭通、竹园等地，四川的成都、建昌、皇城坝，吉林的船厂，河北的昌平县，北京市朝阳门外，山东的台儿庄，南京的南台子、石鼓路、上沟县以及贵州等地。

二、马元章的诗文

在哲赫忍耶学派的众穆勒什德中，马元章是一位汉语言文化和伊斯兰文化相

① 代斯达尔，阿拉伯语，意为穆斯林的缠头巾。
② 指第一次世界大战。

结合的集大成者，也是一位诗文创作的大家，其诗文创作数量多，题材广泛，内容丰富，含义深奥，哲理性强。其主要作品有《道统论》《鉴古训》《省己格言》《道祖生平实录》《古之忠奸论》《天难问》《沙沟诗抄》等，其中在民间被广泛传抄的是《省己格言》《鉴古训》《沙沟诗抄》[①] 等。

马元章自幼接受了良好的教育，加之他天资聪颖、勤奋好学，饱读四书五经和伊斯兰教经典，具有非常好的汉文化功底，并且精通阿拉伯语、波斯语。他不仅对伊斯兰教有研究，而且博览诸子百家和史籍文物，他在固原专设商号“义和昌”，订有全国报纸杂志十多种，每日翻阅，了解国际国内时事。他拜各族有名的学者为教师，如哈锐、安维峻、谢威风、刘尔炘、任承允，还有宣统皇帝的堂叔清道尹爱新觉罗·善昌等，马元章和这些人长期交往，谈古论今，受益匪浅，这为他进行文学创作提供了条件。从目前搜集和整理出的20多篇济世修身的文章，300多首关于宗教、为人处世的诗词等作品来看，诗歌的数量较大，格言、对联等也占有较大的比重。他的作品从内容看，主要包括宣教、抒情言志、劝诫修身、预言等方面。从语言表达形式看，既有用汉语创作的作品，也有用阿拉伯语和波斯语创作的作品，还有用几种文字相结合创作的作品。

马元章一生布衣素食，生活俭朴，一生刻苦攻读经书，虔诚办教。他用五年多时间抄写了三本《古兰经》，一生著有许多论述时事、济世修身、阐述教义、抒发性情的文章、诗词和对联，他在一篇文章中写道：“窃余自幼读书，即好史学，遍见历史，凡国家之兴，必生贤良智谋之士，才略勇敢之将，贻厥子孙；至其亡也，亦有仁义贞豪之士，忠义节烈之人，捐躯报国以维风化。”

马元章的诗形式多样，有绝句、五言诗、七言诗、长诗，有的诗不拘形式，不追求诗句字数的统一，长句、短句交替使用。但无论哪种形式，都追求韵律和节奏，读起来明快、简练，朗朗上口。

马元章的抒情言志诗更能体现其胸襟和抱负，不同时期的诗作体现了不同的感受。如1912年农历正月十三在张家川毛娃山举行“尔麦里”时，他面对眼前纷纷扬扬的大雪，联想起清朝的灭亡和民国政府的成立，结合哲赫忍耶学派悲壮的历史，深感自己的责任重大，遂感慨万千，作诗一首：

---

① 马元章生前并没有系统整理和辑录自己的诗文，他创作的大量诗文都是经后人保存和整理的，目前整理成册的只有《鉴古训》和《沙沟诗抄》，其他诗文或流散于民间，或题于书画之上，或刻于建筑物上。

大风猛起兮雪飞扬，高山远祭兮望汴梁。

三九之年兮罪汪洋，真主赐恩兮启祯祥。

面对清末外国列强侵略中国，日本、俄国侵入我东北三省，马元章义愤填膺，作《闻倭俄瓜分东三省》长诗一首：

惊闻倭俄分三省，义士勃然起愤心。
倚势凌人悖情理，无端开衅太昧良。
中国外交道理尽，怎奈贪夫为野蛮。
见利忘义行霸道，诡诈刁狡欺天人。
各守疆土泰西制，强不侵弱善体恤。
日本乍兴自尊大，得寸进尺违公法。
黑吉边远犹可弃，盛京皇陵安忍轻。
此非郑公舌能诤，唯有决战振国威。
联络诸国敦旧好，一国和气勿生嫌。
告谕倭俄明曲直，孰是孰非全球知。
饵俄以利孤倭势，禁其通商绝财源。
破格选将厉军政，除苛行仁安民心。
燕齐海军防津烟，直河陆军守榆乐。
厚集兵力固门户，镇静京师督诸军。
长江水师扰倭海，闽浙粤兵攻台湾。
三秦陇晋及蒙古，问罪讨贼向辽东。
日本蕞尔弹丸地，怎当中原万里疆。
既胜之后国势振，相邀各国另订约。
必使中外均无损，永息干戈享升平。
余本草野愚顽民，妄谈国事咎难辞。
食毛践土无以报，愚昧刍荛略尽心。
斯时虽弱胜晋宋，祖岳一出危败强。
强弱在人非天定，恪猛身系国忘存。
越王燕昭善用人，报仇雪耻致中兴。
曹兰毛樊能捐躯，大国未敢辱小邦。

千里畏人学舆耻，万里中华何惧敌。

指出日俄“倚势凌人悖情理，无端开衅太昧良”，发出“万里中华何惧敌”的呐喊，体现了一位宗教领袖爱国的拳拳之心。

有的诗作也反映了他对妇女作用重要性的认识，如“须眉中亦有骛妇，巾帼中岂无丈夫”。

1916年逆历史潮流而动的袁世凯被迫宣布取消帝制，马元章书联嘲讽：“皇帝作成黄帝贻中外笑柄，君主沦作均主肇国家祸根”。

马元章省己诗的代表作当属《省己格言》。马元章作为宗教领袖，一生严格履行宗教功课和宗教领袖的责任，并对自己的言行严格要求，在个人人生修养方面吸收、总结前人的优点，提出了一套修身的要求和标准。《省己格言》比较完整地反映了这些要求和标准，具体提出了10个“不可”、10个“勿存”以及其他55个“勿”。这些要求和标准不仅针对自己及其他普通人，也对当权者提出了“行仁政，清吏治，正军政，振士气，严外交”等要求。《省己格言》全诗89句，392字，文字简明，易读易记。该诗虽以“格言”为题，但通篇连贯，自有韵律和节奏，表现出作者很好的文采。《省己格言》自问世以来，受到广大人民群众的喜爱和推崇，除回族外，许多汉族群众也相互传抄：

不可无敬畏心　不可无恻隐心　不可无羞耻心
不可无辞让心　不可无是非心　不可无公正心
不可无忠恕心　不可无自责心　不可无恋友心
不可无奋发心　勿存好胜心　勿存嫉妒心
勿存艰险心　勿存戒备心　勿存自由心
勿存放荡心　勿存偏袒心　勿存邪佞心
勿存凶恶心　勿存患失心　勿悖理昧良
勿容过不改　勿文过饰非　勿是己非人
勿颠倒是非　勿因私误公　勿损人利己
勿辜恩　勿负义　勿背德　勿逆道
勿怠惰　勿荒时　勿贪鄙　勿纵欲
勿妄言　勿妄为　勿好美食　勿好美衣
勿好美色　勿好美玩　勿好美居　勿好美友

勿喜谄佞　勿说巧言　勿恶朴实　勿言无益之言
勿为无益之事　勿生无益之气　勿发无益之怒
勿耗无益之财　勿做非理之事　勿食迷信之食
勿饮迷信之饮　勿忘饥饿　勿忘寒暑　勿忘忧乐
勿忘苦富　勿忘危治　勿忘乱　勿浮躁
勿滥交　勿因循　勿刻薄　勿矜能
勿伐劝　勿骄名　勿以威作福　勿以住为乐
勿始勤终懈　立良法　用正人　纳忠言
明赏罚　除私弊　行仁政　清吏制
正军政　振士气　严外交　勿徇私
勿乱德　勿宠奸　勿纵恶　勿生事
勿扰民　权威不可使下移　民情不可使壅遏
智通不宜用之内讧　银钱不宜任其外滥

对于马元章的诗歌，马重雍[①]在《云墨老人自述身世》中有准确的评价："先伯于平仄韵诀似不讲求，而于用语出典极精确而奥颐，非五车书者难以问津。"

马元章的对联除刻在宣化冈建筑物上的以外，比较多的收录于《沙沟诗抄》，另外在民间的一些手抄本中也能见到。根据搜集到的对联来看，马元章作联不拘形式，有长联，也有短联，还有一些联是流传已久的老联，经他略改几字便赋予新的含义。

从内容来看，马元章的对联有很大一部分与宗教有关，有宣扬教义教理的，有诠释哲赫忍耶学理的，有教化教众的，也有悟道自省的。如原宣化冈礼拜大殿内有一副对联：

人心惟危道心微人欲肆时天理灭
切磋琢磨己私尽真光普照暗复明

① 马重雍（1903—1990），名殿武，字重雍，经名穆罕默德·哈细木，道号尔布都·太娃布，晚年自号"云墨老人"。他是哲赫忍耶学派始传人马明心的五世孙、马元章之侄、马元超六子，教众尊称为"北山六爷"。

再如：

身入西域得真宝普世有光
道流东土讲心传群贤继昌

这方面内容的一些对联有的是用阿拉伯文书写的，或者是题于阿拉伯文的书法作品之上的。凡用阿拉伯文书写的作品，他都在适当的位置题上意思相同、对仗工整的汉文对联。如以下两联：

其一

四十六年枉费光阴而毫无弘道之功罪重五岳
六十五岁惟务声势而略有济世之能名震四海

其二

无法无力乃人事
本知本能属主为

有的对联反映了他不同时期的心情和感触，提醒、勉励自己不断进取。如以下两联：

其一

三十零四载已曾虚度无仁无义若鸟兽
五旬单三岁亦可称寿有时有运似英明

其二

克勤克俭以立功立世
任劳任怨以为国为民

有一些咏物联堪称精品。如：

其一

天降瑞雪人神俱缟素
地起锦风满目皆碧青

其二

种树逢春遍地花天理流行草木繁华
果籽遇肃万物藏旭日复升宇宙重光

三、马元章诗文的特点

清末动荡的社会状况、哲赫忍耶学派悲惨的历史以及马元章家族历史上多次被屠杀、被发配的命运，使年轻的马元章肩负了“恢复道统、振兴哲派”的历史重任，作为哲赫忍耶学派创始人马明心的后裔，才华出众的他在“复教”的过程中逐渐成长为一名宗教领袖，在其一生不懈的努力中逐渐形成和实践了他的宗教思想。马元章的宗教思想，其内涵就是希望国家强大、民族团结、宗教生活自由、人民安居乐业。马元章的宗教思想也比较集中地反映在他的诗文之中。

第一，在马元章的诗文中，反映“复教”思想的诗文占有一定的比重。“复教”是马元章作为宗教领袖一生最主要的追求目标，虽然在他去世以前哲赫忍耶学派还没有达到他所期望的“万教归一妙自然”① 的景象，但哲赫忍耶学派在他的努力下达到了第三次鼎盛时期。在他一生的“复教”实践中，围绕“复教”思想的诗文比较多，内容涉及信仰、宣教、哲赫忍耶学派历史等。

第二，马元章作为宗教领袖具有鲜明的民族平等、民族团结的进步思想，他一生不仅结交、团结、帮助了许多汉族人，而且在诗文中也鲜明地提出民族平等、民族团结的思想。哲赫忍耶学派反抗清朝民族压迫的历史就是争取民族平等、反抗民族压迫的历史，马元章家族及哲赫忍耶学派的无数死难者就是清朝民族压迫政策的牺牲品，因此他对民族压迫政策以及由此导致的民族屠杀深恶痛绝，他不仅通过诗文宣传民族团结的思想，还在主持宣化冈教务期间，对张家川

① 见无名氏抄本句，民国三年五月十四日光烈夫子题。

地区的汉族群众给予了特别的关注，他“马善人”的尊称就是张家川及周围地区的汉族群众起的。①

第三，马元章具有强烈的爱国思想和民族意识，这在他的诗文中反映的比较充分。马元章爱国思想的内容包括：维护国家的统一完整，不受外敌的侵略；希望国家强大、民族自立富强；保持和发扬祖国优秀传统文化，吸收和借鉴外国、外族先进文化。马元章的爱国思想最集中地反映在长诗《闻倭俄瓜分东三省》中，在其他诗文中也都有所表现。特别是在如何使国家强大方面，他比较系统地提出了自己的主张：“立良法，用正人，纳忠言，明赏罚，除私弊，行仁政，清吏制，正军政，振士气，严外交，勿徇私。”②

第四，在马元章的诗文中，对流离失所的人民群众的悲惨遭遇做了一定的描写，字里行间充满了对穷苦人民的同情，反映这方面内容的诗文至今读起来仍然让人落泪：“未曾提笔泪不干，眼观苍生好可怜。”“黎民好伤残，哭的哭，喊的喊，父子各离散，夫妻不团圆。”③ 作者以宗教家的“善”“普慈”的态度，希望人民群众能够“逃过劫中难”④，并对造成人民群众“劫难”的战争、暴政等表示了强烈的不满。

第五，马元章作为宗教领袖，对个人的人生修养等方面要求严格，他不仅自己一生都严格实践了他的人生信条，而且通过诗文具体阐述了他的人生修养观念和标准，如《自警歌》《修省歌》《省己格言》等长篇诗歌都是反映这方面内容的。

马元章的诗文比较多，要比较系统和全面地分析是有一定困难的，特别是他的许多诗文都散落于民间，至目前还无法搜集完整。本文就搜集到的诗文做了简要的评述，对数量很多的对联以及一些重要的文章还没有涉及。通过诗文对马元章宗教思想的研究本文仅做了简述，这方面还有大量的工作要做。

［原文表于《甘肃民族研究论丛（二）》，兰州，甘肃人民出版社，2006］

① 见民国版《清水县志》。

② 见马元章《省己格言》。

③ 见民间抄本《民国九年端午望日述言》。

④ 见民间抄本《民国九年端午望日述言》。

“三马回”事略

马怀玉

1924年至1927年第一次国共合作时期，中原大地爆发了席卷全国旨在“打倒列强、除军阀”的大革命运动。其声势之大，群众发动之广，在近代史上是前所未有的。在这声势浩大的革命洪流中的原国民军行列里，有一支回族劲骑，他们就是回族少将马乾三（1860—1925，名文元，字乾三，以字行）任旅长的回民骑兵旅。回民骑兵旅在国民二军军长胡景翼领导下，响应孙中山国民革命，在推翻帝国主义和军阀势力的战斗中屡建战功。至1936年“西安事变”的十几年间，先后驻防开封、北京、西安等地，转战豫、鲁、冀及东北抗日前线。在国民革命和抗战初期有一定影响。马乾三在山东白马山（又名白马庙）牺牲之前，与其子马得凤（1896—1945，字少山），侄马得彪（1885—1957，字虎山），被胡景翼亲称为“三马回”。“三马回”治军有方，纪律严明，回汉官兵团结。回民骑兵旅是国民二军的“基本力量”，为全军佼佼者。

马乾三，今甘肃省张家川回族自治县上磨村人，青年时期阿文造诣较深，是当地出众的青年阿訇。清末之际，受当地官府所逼，上京告状无望而滞留北京，经营小本生意。因受族传“于务农得闲时又学商贾”之影响，且吃苦精明，商贸生意迅速发达。他在京经商期间，结识名人学士，其中与当时住京上学的陕西省富平县人胡景翼（字笠僧，又立生）因有同乡之谊（马乾三祖籍陕西陇县固关镇），最为要好。在胡上学期间，生活上常给予接济。

1914年，胡景翼留日回国，仍驻北京。马乾三对胡的从军事业多方予以诚心帮助，且对时局所见相同，两人遂为金兰之交。他在胡景翼进步思想影响下，弃商从戎，走上了国民革命军旅生涯。

马乾三在京商贸兴隆，家境渐好，以热心族教公益著称。同时与胡交往支持其进步事业，在军政界也很快活跃起来。

“丙辰（1916 年）岁次重阳月”，为其母“念素儿”“大干而曼力”（规模较大的纪念）。前来参加的有“陆军少将第 47 旅旅长兼济南卫戍司令济南镇守使愚侄马廷襄，二等文虎章三等嘉禾章陆军少将陆军部谘议世愚侄马玉贵，三等文虎章三等嘉禾章统领西军精锐中军马步各营陆军少将公府卫侍武官乡愚侄马廷襄力，公府高等军事谘议乡愚侄马继祖，参议院议员乡愚侄马继麟，三等文虎章三等嘉禾章陆军少将公府侍卫官乡愚侄马鸿逵，西军精锐副左营步队营长陆军瞳兵少校乡愚侄张顺元，前壮凯军前路右营瞳队营长乡愚侄马国栋，西军精锐军军统甘肃提督府副官长乡愚侄马如彪，六等文虎章济南镇守使署副官长愚侄穆荣泉，六等文虎章济南镇守使署副官愚侄法金鉴，陆军 47 旅济南卫戍司令部副官兼技卫队队长愚侄马庆荣，西军精锐中军马瞳各营军需长乡愚侄王钰，前西军精锐后军马步各营军需长乡愚侄萧福禄，西军精锐军军统甘肃提督府执事官乡愚侄陈纪、马廷谟、马存福、王锡禄、刘永寿、李膺喜同顿首拜”。①

一、受胡景翼委任　回张家川招兵

1922 年，第一次直奉大战爆发后，赵倜以三师之众在河南响应了奉系军阀，给直系后方造成了危机。胡景翼的陕西陆军第一师击败赵倜之后，曹锟、吴佩孚调派胡景翼驻防邢台、邯郸、安阳一线，作为平汉铁路北段之警戒。当时受人牵制的胡景翼，洞察中原形势，决心响应孙中山，参与国民革命。为了扩充自己的军力，任命马乾三为陕西陆军第一师骑兵团团长，令其自己招兵建团。马乾三重返张家川，在张家川镇、龙山镇、马鹿镇等地招兵选马，在陇上家乡一时名声大振。月余之内，经过动员，家乡穷苦回族中 300 多名（有的资料称千人，其中回族子弟数百人）有志青年，纷纷投军报国，以今上磨乡一带的较多。他亲属中大多数穷苦青壮年应召入伍，后来成了他的可靠力量。这批以回族青壮年为主的新军，奔赴河南开封胡部驻地，被编入陕西陆军第一师，建成回民骑兵团。胡景翼因有了这支自己家乡西北高原来的兄弟民族骑兵而高兴，立即配发了全新的军装和现代武器，亲自教练，进行正规军训。回骑团经胡军长民主革命思想教育和正规军事训练，官兵进步很快，军纪严明，民族团结，能骑善战，作战骁勇，迅速

① 此名单原件存马乾三后人家。

发展为国民二军的“基本部队”。

二、参加革命　击败河南镇嵩军

胡景翼的部队驻扎在豫、鲁、冀三省毗连地区，力量日渐壮大。1924年联合冯玉祥、孙岳等人，发动了现代史上有名的北京政变，即“首都革命”。这次政变中，胡景翼派其嫡系的“老基本”马乾三回骑团为其先锋，直入京城。政变成功后的一段时间里，胡景翼留马乾三回骑团，驻防京城，这便是当时陇上民间流传的马乾三座北京的来历。

北京政变成功，胡景翼的部队被编入国民军，胡任国民军总司令兼第二军军长，督办河南，推行国民革命。在胡景翼驻防河南时，军阀刘镇华以其镇嵩军，极力控制河南，派其部憨玉琨一个师驻守荥阳以西一带，抗拒国民二军，刘镇华自己率镇嵩军随之出潼关援憨，于1925年2月，在河南爆发了中原近代史上有名的“胡憨之战”。“胡憨之战”中，胡景翼的“老基本”马乾三回骑团，为清除镇嵩军的主力部队，在胡景翼指挥下，以排山倒海之势追击镇嵩军，10日之内憨玉琨兵败自杀。一月以后，刘镇华号称10万之镇嵩军被国民二军各个击破，国民二军从此实力大增，威震中原。马乾三亦因战功卓著，提升为国民二军少将旅长。回骑团经过数战均捷，得到扩充壮大，晋升为回民骑兵旅。“三马回”中的马得凤、马得彪也分别提升为回骑旅警卫营营长、旅部差遣。经过“胡憨之战”壮大起来的回骑旅，是胡所依靠的主力部队。

三、激战白马山　马革裹尸还

正当国民二军击败河南军阀刘镇华10万镇嵩军，名震中原之时，1925年4月，胡景翼不幸病逝，岳维峻继任胡景翼职务。在此关键时刻，马乾三回骑旅官兵化悲痛为力量，在岳维峻指挥下，打击军阀势力，积极推行国民革命。是年8月初，岳维峻率国民二军进攻山东军阀张宗昌，马乾三率回骑旅亲临前线成为国民二军这次攻张的主力部队。在总指挥李纪才率领下，10日之内，占领了鲁西南的临城、曹州、济宁等地。张宗昌目睹国民二军将士骁勇，惊惶万状。这时，军阀吴佩孚、孙传芳亦觉国民二军迅速壮大，与己不利，便勾结张宗昌，合伙出兵，在鲁西南一带夹击国民二军，致使李纪才指挥的国民二军腹背受敌。国民二军被围于白马山。危急关头，马乾三率回骑旅将士，血战白马山，掩护二军撤退。马乾三在这次激战中身先士卒，不幸中弹壮烈牺牲，时年65岁。①

国民二军中“三马回”之一的马得凤，随父从军后任马乾三回骑旅警卫营营长，白马山激战中马得凤紧随其父。岳军长亲睹马得凤是位将才，确有继承父业的雄心壮志和表现，便越级提升马得凤为国民二军回骑旅旅长，继任乾三职务。

四、被张学良收编　走上抗日之路

1926年7月，国民革命军正式出师北伐，当时张作霖在北洋军阀中势力最雄厚，拥兵30万，控制着东三省、热河、察哈尔、京、津地区和鲁豫毗连地区。马得凤的回骑旅一直同张作霖的奉军周旋在关东、北京及冀、鲁、豫地区。1927年春天，在河南鄢陵县的一次作战中，回骑旅被张学良以一个师的兵力包围，全旅被俘。经过张学良一番苦劝，回骑旅被编入东北军，扩编为骑兵师，委任马得凤为师长（虽不称回民骑兵师，但回民子弟仍占相当人数），驻守北京。1928年，张作霖被日本人炸死，处境发生了变化。随着中日民族矛盾的上升，在中共抗日民族统一战线政策感召下，马得凤提出“国难当头，民族危机，回汉军人，应当以死报国”的口号，适应和推动张学良的抗日步伐。马得凤骑兵师里马得彪、马金玉父子等一部分回族官兵开赴东北抗日前线。

五、军纪严明　清廉和睦

在孙中山国民革命影响下，具有民族民主革命思想的胡景翼，在培养这支回骑军的过程中，坚持民族平等团结，信任和尊重回族官兵，这在当时大民族主义统一的旧社会实属少见。以后在岳维峻及张学良等将军的培养下，回骑军的军营生活呈现出纪律严、民族团结、官兵和睦的新气氛。另外，这支回骑军来源于陇原伊斯兰色彩熏陶较深的张家川。“三马回”本人就是当地有名的阿訇或其后裔，在紧张的军旅生活中，他们始终保持着自己独特的民族习俗和固有的宗教生

① 见全国政协常委、陕西省政协副主席、胡景翼之弟胡景通先生1988年12月9日给笔者信（现存张家川政协文史委）。

活方式，驻防扎营，单独设灶；行军战斗，禁用外菜；战时带水（乌苏里即大净），平时参加“主麻日”聚礼。忌嫖赌，素清为本，洁身自律。他们的这种回族伊斯兰特色，在将近15年的军旅生涯中，都明显地表现了出来，顽强地保护了下来。“君性尤坚定，信道弥笃，幼涉猎天方经典，至今而研究愈力，守一贯，殚五功，历晦明风雨而无间，不唯非清非真者，不足纷其心，即似清非清似真非真者，亦不能撼其坚定之性”①。他们的民族习俗、宗教意识，有效地促进了他们清廉爱民的作风。国民二军中的民族和睦情景和回骑军的严明纪律，还可从以下几件史实中略见一斑。

马乾三在白马山牺牲后，军长岳维峻、总指挥李纪才等军官要报请当时的国民政府举行较大规模的殡葬仪式，这需要几天时间才能完成。但结果岳、李等还是听从马得凤、马得彪等回族军官的意见，按回族实行速葬的教规，在开封市举行隆重的殡葬仪式。当时在河南全省影响较大。国民二军中，这支回骑军浓厚的民族习俗、传统的宗教生活，得到了二军广大官兵的尊重和照顾，二军驻防开封多年，一次把非清真的外菜流入了回民灶，军长岳维峻大发雷霆，立即追查了此事，以违犯军纪、破坏回汉关系，从重处理了管后勤的一位军官。

回骑军中有不少“三马回”的亲属同乡，但是“三马回”亲属不搞裙带。驻防开封时，马得凤的一位从军亲叔，无视军纪、居功骄傲。某晚酗酒不归，马得凤得知后大会训斥，给予撤职。其叔怀疑是自己的随身护兵告发的，责打护兵刺伤大腿，马得凤得知愤怒至极，召开全师官兵大会，下令将其叔处以死刑，经其他官兵请求，才免于死，由马师长亲手处以鞭刑。马师长怒鞭责叔，从严治军，在二军中传为佳话。“三马回”之一的马得彪，是马得凤的远房，自带长子马金玉参加二军后，为人老实，吃苦耐劳，任马乾三回骑旅部差遣时，军部给他派去两名护兵，他拒绝不要。让其参加军训，增加作战力量，最后硬留下了一名。回骑旅在驻防豫南一带时，为了解决当地军需物资供给紧张，减轻群众负担，经他建议，军需物资分散征集。他自带后勤兵，往返焦作运煤。一次阴雨连绵，军草发霉，需重新征收新草，但在他的倡导下，没有向群众征新草。他带四个营的官兵翻晒了被雨淋的麦草，他的护兵不愿跟他一起晒草劳动时，他收回了护兵的手枪，并指责说：“我们还不是穷苦农家出身？不能忘记当地的穷苦百姓，他们的负担够重的，你要图享受，就不要跟我了。”此后，这位护兵一直跟马差

① 马玉贵对其宗教生活的评语，此件现存其家。

遣一起参加繁杂的军务劳动。马得凤任张学良骑兵师师长后，即委任马得彪为本师参谋长，自乾三牺牲后，马得彪一直是马得凤的一位可靠助手。“三马回”较为清廉的作风带动这支回骑军，勇往直前，也吸引了所经之地的回汉青年不断加入了回骑军行列，兄弟营团的回族官兵，也不时调派流入这支回骑军，促其不断扩充壮大。

六、解甲归田　兴办公益

1936 年，由于中共的努力，广大民众和下层官兵要求抗日的推动，张学良、杨虎城终于接受了中共抗日民族统一战线的主张，与红军停战，要求蒋介石联共抗日。但蒋介石悍然拒绝了张、杨的要求。于是酿成张、杨逼蒋抗日之“西安事变”爆发。在“西安事变”的非常时期，东北军中马得凤的回骑军迅速集结于西安附近，准备还击国民党蒋顽亲日派对东北军抗日力量的突然进攻。“西安事变”之后，张学良护送蒋介石回南京，但蒋介石背信弃义，囚禁张学良，亲日派对回骑军及东北军中的抗日进步力量，进行了以“休整”“改编”为名的打击报复、分化瓦解，马得凤被调离骑兵师。以后，马得凤见东北军中抗日势力迅速恶变，遂对形势产生悲观。1936 年冬，在《大公报》上发表声明，揭露蒋顽派消极抗日、积极反共、拘禁张学良、分裂回骑师等一系列阴谋行为。旋即辞去有名无实的师长职务，于来年春天回到阔别 10 余载的张家川。从此以后，回骑军流离于北京、河南、陕西、河北等地，马继州①等在河北投了傅作义部，驻河南、陕西的大部分投了杨虎城的国民党 17 路军。到 1937 年底，这支回族劲旅就正式宣告解散了。他们中的少数定居北京、济南、西安、宝鸡等地，其余大都先后回原籍张家川，如马希海、马维蛟、马具成、马继雄、马继山、马继良、马继成、马致和、马金玉、马成祥、杨维恒（汉）、马得元、马保元等。

马得凤回家不久，国民党甘肃省主席朱绍良派员邀他去兰州，请他在兰州警备司令部任职。马以从军多年，现已上了年纪，回家办些力所能及的实事为由，好言谢绝。他在张家川东郊上磨川一带改革私塾，兴办国民教育。在他的倡导带

① 马继州，马乾三亲属，回骑旅的幸存者。曾任回骑旅警卫。回骑旅被张学良收编后，在东北马得凤骑兵师任警卫排长。该师驻防北京时，马继州被傅作义俘虏。1949 年北京解放后，调入人民解放军绥远军区后勤处服役，1950 年退伍回家。张家川回族自治县民政局存有简略档案。曾经审阅过此稿，现已去世。

动下，1937 年建起第一所新式学校，自任校长，聘请河南、陕西及省内天水等大中城市的教员，开设数学、历史、地理、自然等课程，这所学校就是后来的上磨附中。马得凤、马得彪动员家乡回族人民积极抗日，张家川的几次抗日集会，他俩都即席讲话，揭露亲眼见到的日寇侵华事实，唤起家乡人民积极参加抗日活动。还通过原军政界的老关系将马学成、马国玺、赫元烈、马定邦等一批回族青年学生，推荐考入黄埔军校七分校（在西安王曲）。1945 年 4 月，马得凤患急症病故。马得彪于 1957 年春去世。

（原文发表于《回族研究》1995 年第 1 期）

李得仓轶事

苏德成　马国强

清同治年间西北回民起义风起云涌之际，在黄土高原南部偏僻闭塞的崇山深壑地带张家川，崛起了一个陇上很有影响的风云人物，他就是李得仓（清代官方文牍中称为李得昌）。当代著名作家张承志称其是“张家川真正的缔造者，哲赫忍耶造反历史上头一名降敌者，哲赫忍耶生与死之间的桥梁”。他又评价：“李得仓是哲赫忍耶历史上的一种新人，世俗上层和宗教的两栖人物”。

一、在起义中崭露头角

在清朝长达300年反动统治期间，回、汉人民不仅遭受反动政府的残酷压榨，陷于水深火热之中，而且在清朝统治者的挑拨下，常常引起回、汉人民之间的矛盾，有意制造民族纠纷。在处理回、汉纠纷时，对回民“意存歧视，系回民一切从严，不辨是非曲直”[①]。这样就使得回族人民与清朝统治者、汉族地主阶级形成了极为尖锐的矛盾，而这种矛盾在同治初期的陕西八百里秦川表现得尤为突出，达到剑拔弩张，一触即发的程度。

同治元年（1862年）三月，在太平军扶王陈得才会同捻军首领张洛行率军进攻关中的影响下，陕西回民群起响应，首先是任武、洪兴领导的临潼渭南回民起义，此后逐渐扩大到华州、华阴、同州（今大荔）、蒲城、朝邑、三原、富平、高陵、泾阳、咸阳等地。

同年“八月二十六日，渭南回民郭克裕到凤翔府探亲，被诬为回民奸细，逮

---

① 张承志：《心灵史》，159～162页，广州，花城出版社，1991。

捕送官，严刑拷打，送进牢狱。地主团练便借题发挥，大肆叫嚷‘回民要造反’，准备对回民大屠杀。在此危急情况下，二十七日，城外回民齐集东关麻家崖；推崔伟为领袖，宣布起义。二十八日，回民军包围了凤翔府城，知府张兆栋怕城内回民内应，先将城内回民全部杀尽。九月二日，张兆栋又调集城外西南乡地主团练二万多人并城内官军、团练，对麻家崖进行围剿。回民军英勇杀敌，击雄兵勇一百多人。……以后，回民军围困府城长达十六个月之久。”① 在此期间，清廷施展其阴险毒辣的民族分化政策，责令各地汉民应练设哨卡、修堡寨、练团勇以防回。回民为自卫计，遂备干戈、习战术以防汉。其时汉回各自集结，互相戒备主要是当时形势所迫。

是年闰八月，陕西陇州固关老营里回民受凤翔回民事变的影响，因人少势孤，取道张家川的大麻村入甘，意欲迁居张家川，坐观大局的变化。他们中有丁壮300多人，余皆妇孺老幼。于至恭门镇，遇秦州知府赵桂芳率兵300多人堵截。双方激战后，赵桂芳败退清水，固关回族群众遂暂居上磨一带。由于陕回入甘，使张家川的局势骤变，为了自卫，张家川回民推举董家坡人李朝栋为大帅，发动了反清起义。他们接纳了驻扎在上磨的陕西固关老营里回民共同抗清。“闰八月丁酉，陕回窜清水大麻池，张家川回民开堡纳之。参将范玉春等率队征剿，至瓦泉沟，沟内突出千余贼，冲败官军，军械多失，玉春退驻清水城外”②。是役结束后，在返回张家川途中，李朝栋在汉民村庄纳家堡子附近的菜地拔萝卜时，被堡寨中射出的炮弹击中身亡。当时副帅李生华说：“谁能夺回大帅尸体，就扶谁做大帅。”其时有一个名叫李得仓的人应声而起，夺回了李朝栋遗体。李得仓是一个虔诚的哲赫忍耶教徒，张家川李家山人，原在衙门当差，任衙役头目。李得仓在纳堡夺回了李朝栋遗体，使他赢得了新大帅的地位，“也夺得了他在张家川长达数十年的军事和宗教的地位”③。李得仓任大帅后，编群众为中、前、左、右、后五个营（固关人编入左营）。此期间，事态愈演愈烈，张家川和固关回民全部集结于城内，在城周围挖壕引水，设置栅栏，进行军事部署，誓死与清军对抗。

---

① 邵宏谟、韩敏：《同治初年陕西回民起义》，载《陕西师范大学学报》，1980（3），49～51页。

② （清）杨毓秀：《平回志》，见白寿彝主编：《回民起义》（第三册），108页，上海，神州国光社，1953。

③ 张承志：《心灵史》，159～162页，广州，花城出版社，1991。

二、清军对张家川地区回族的血腥镇压

张家川的回民揭竿起义后，在驻甘的清军将领中引起了震动。清军固原提督雷正绾说："甘肃之回，他处或可宽宥。至于西南河州、莲花城、张家川等处，其人习为剽掠，凶狠好斗，平凉、盐固之陷皆出其谋，玉帛子女，掠归巢穴。既居万山之中，又处适中之地，疾在腹心。若不痛加剿洗，徒事羁縻，适以遂其奸谋，将终无了局耳。"[①] 同治三年（1864 年）七月，清军雷正绾部自攻陷平凉、瓦亭之后，即开始进攻张家川。八月初一日，雷正绾、陶茂林率军自隆德至张家川，在城北五里许的田家山首次遇到回民军的抵抗，"宫隆德至张家川，山涧层叠，逆回于石壁上坚筑两垒，俯瞰我军。遂于八月初一日，直薄木城。分拨劲旅，由田家山夺其巢穴。该逆马步万余猛出抗拒。我军奋勇前进，逆即返奔。我军进逼木城。该逆仓皇失措，奔回城内，用炮石纷投。陈义右腿受枪子伤，犹复力进。范铭头部受枪伤，亦裹创力战。无何，暴雨忽至，不得不传令收队。是晚商定，陶军列营田家山，更移数营扎木城之外。初二日，全军复出。逆党马步列队愈多。我军攀拽木城，裸体奋进，均被枪炮击退，仍未能克"[②]。初三日，雷正绾制定了三路防堵引诱之策，派总兵谭玉龙等"循南山列阵，以截上山窜路。派总兵张在山，陈开泰等军，越壕狠扑。副将刘效忠、参将雷恒各带马队，往来游驶，以诱贼而防援。陶茂林提督张在德，知府陶兆熊，总兵肖余胜，副将陶生林等营，高踞田家山"[③]。清军先将木城焚毁，攻破义军构筑的堡垒，然后由陶茂林督军直攻土城西南，架设云梯，一拥齐上，火器竞发，致义军火药库爆炸，此时清军已经破城，前后夹攻，拦途截杀，"约毙五六千名，投井自缢焚毙者更难数计，生擒二百三十一名，讯明正法。获大炮四尊，军械骡马无算。余逆向龙

① （清）杨毓秀：《平回志》，见白寿彝主编：《回民起义》（第三册），115 页，上海，神州国光社，1953。

② （清）易孔昭：《平定关陇纪略》，见白寿彝主编：《回民起义》（第三册），301 页，上海，神州国光社，1953。

③ （清）易孔昭：《平定关陇纪略》，见白寿彝主编：《回民起义》（第三册），302 页，上海，神州国光社，1953。

山镇狂奔，遂将张家川老巢攻克”[1]。这是清军继血洗天京之后的又一次大屠杀。“当张家川城破之际，有龙山镇援贼数千，在土城外助势。及见我军登陴，始偕縋城之逆，向巢狂遁。雷正绾与陶茂林商定，乘其疲惫，疾驰击之。遂各派队七成，跟踪追杀。该逆奔驰回巢，闭城固守。该镇城坚壕阔，周围将及十里，进攻非易。及于各隘口暂驻，更番围攻。该逆见全军压境，自知难敌，遂于初七夜开门潜遁，与莲花城逆合股”。

三、转战莲花城，组建“南八营”

同治元年（1862 年）夏秋之交，在张家川回民起义影响下，莲花城哲派回民穆生华遂率众起义，起义后云南杜文秀曾派精通武术的部下纳尚邦等人来莲花城支援义军。起义军先破固原，再占平凉，席卷陇东各地。

同治三年（1864 年）八月中旬，雷正绾、陶茂林在攻陷张家川、龙山镇之后，急攻莲花城。十七日督军进至莲花城，穆生华领导的莲花城义军和撤退到此地的李得仓义军并力奋起进击，“山沟伏逆突出，约将万余，拼命狂扑。我军已经深入，收队不及。雷正绾正督军力战，两贼马逼近，矛戟直刺而来，回头急避，遂于颔下刺破寸许，深入数分。雷正绾恐惊众心，裹创力战。奈流血过多，头眼昏晕，又兼贼势极众，蜂拥而来，力遂不支，致阵亡官弁勇丁一千余名”[2]。清军攻莲花城一月有余，之后，曹克忠督率所部至莲花城，精军兵力骤增，遂分派诸营，层层进逼，挖掘地道。义军亦于城内掘壕，轰裂地道。至十月初六日，清军攻破莲花城，起义军遂向盐关撤退。穆生华在平凉失利，于同治四年病逝灵武。李得仓转战会宁、海原、同心一带，联合盐关、陇西等地义军及穆生华残部，将义军整编为八个营，号称“南八营”。同治五年，李得仓统率“南八营”挺进陇东与陕西交界的董志塬，与退守在那里的陕西回民起义军合兵作战。

① （清）易孔昭：《平定关陇纪略》，见白寿彝主编：《回民起义》（第三册），285 页，上海，神州国光社，1953。

② （清）易孔昭：《平定关陇纪略》，见白寿彝主编：《回民起义》（第三册），287 页，上海，神州国光社，1953。

四、和太平军、捻军的几次联合军事行动

同治三年（1864年）正月二十六日，多隆阿约会诸军围剿周至城内太平军，城上矢石如雨，太平军英勇还击。二月初二日黎明，清军用地雷轰炸城墙，仅塌数尺，进攻未克。清军又于城墙四面加挖地道猛攻太平军，当时多隆阿在炮台上击鼓督阵，“贼暗放鸟枪，致多隆阿头眼俱伤”①。多隆阿受创后清军易帅，由穆图善代为指挥。清军于二月二十四日三更四面环攻，一拥而上，攻克周至县城。“周至当攻克时，有悍贼自西门冲出，经官军追杀甚多，余逆窜入南山”②。而在此时“甘肃之张家川、莲花城二处回匪复窜陇州之神峪河，图截各营粮运”③。李得仓义军的这次行动牵制了清军，促成了太平军余部的撤退。

同治五年（1866年）五日，“静宁、会宁、渭源等贼亦皆倾巢移踞陇境，漫延五六十里，欲谋东归。其酋则有马生彦、任老五、李大帅（李得仓）、马星福、苏哈儿、崔三（崔伟）、穆三（穆生华）、邹保和、海子马之属。刘蓉以为群贼麇聚，正宜变防为剿，合围野战。诚令陕甘两省精锐并力图之”④。十月，张宗禹率领的西捻军由灵宝、阌乡入华阴、渭南境内，继续向西安等地进发。是年冬雷正绾军屯邱家寨，李得仓等陕甘回民起义军“数万人于去冬围正绾营，正绾被围二十余日，粮路绝，杀骡马食，士忍饥苦战。甲戌，冲溃重围”⑤。

同治六年（1867年）二月底西捻军抵郡县齐家寨，与凤翔李得仓部回民军仅隔一河。西捻军入陕的目的是“往连回众”，所以派人“过河勾结回逆，欲合

① （清）易孔昭：《平定关陇纪略》，见白寿彝主编：《回民起义》（第三册），289页，上海，神州国光社，1953。

② （清）易孔昭：《平定关陇纪略》，见白寿彝主编：《回民起义》（第三册），367页，上海，神州国光社，1953。

③ （清）易孔昭：《平定关陇纪略》，见白寿彝主编：《回民起义》（第三册），367页，上海，神州国光社，1953。

④ （清）杨毓秀：《平回志》，见白寿彝主编：《回民起义》（第三册），115页，上海，神州国光社，1953。

⑤ （清）杨毓秀：《平回志》，见白寿彝主编：《回民起义》（第三册），75页，上海，神州国光社，1953。

窜过南岸，一同抗拒”①。回民军连“欲渡渭与捻贼合”②。就在此时，刘松山率军猛扑西捻军，从而暂时割断了他们的联系，西捻军被迫于三月下旬在县附近渡渭至益店，继续“勾结凤翔回逆抗拒官军”。

同治五年（1866 年），西捻军在游桥十里坡大捷后，与凤翔回民军李得仓部制定联合作战计划，到同治六年（1867 年）西捻军在回民军掩护下由宜川渡河入晋为止，西捻军和回民军共有过三次大规模的配合作战，而这三次联合作战都取得了成功。如“同治六年（1867 年）四月，西捻军与回民军李得仓部联合作战的分工，是由回尽军攻西安城，西捻军进军同州、朝邑一带。1867 年 11 月，捻、回两军共同占领过绥德”③。捻回合势曾一度出现了陕甘反清斗争的高潮。此后由于华北东捻军告急，西捻军抢渡黄河东去，陕甘回民军在关中陷于孤立，被迫再次退往甘肃。

五、穆家营降清

同治七年（1868 年）六月，左宗棠将捻军追至山东一带剿灭后，率部再次入陕，进驻西安，着手部署对陕甘地区回民军的征剿。左宗棠拟定三路进军的作战计划。第一路为刘松山所部组成的北路军，自陕北西进，取道定边、花马池，攻击目标为灵州、金积堡；第二路为周开锡所部组成的南路军，自宝鸡经秦州攻击巩昌、狄道、河州；第三路为左宗棠亲率的中路大军，自乾州沿陕甘大道入甘，驻兵平凉、固原一线。大兵压境之际，驻扎在固原县属穆家营（今西吉县城）的李得仓率部降清。《平回志》记载：“初，静宁州回目李得仓，盐关营回目何士秀率静宁南八营及盐关营十六万人投诚。诏张瑞珍、王得胜往抚。瑞珍按册稽点，实得九万六千二百余人。其中汉民胁从者三万一千五百余人，遣散回籍。其无归者，尚千余人，令在萧河城以北至盐茶、豫旺城一路垦荒田。回众陆续因饥病死亡，尚存三万一千余，皆愿回籍。瑞珍以回众旧住秦安、清水所辖之张家川等处，令其各诏旧产生理，遣李得仓严束所部，不得扰及汉民。盐关营回

---

① 《钦定剿平捻匪方略》，二百七十三卷。

② （清）杨毓秀：《平回志》，见白寿彝主编：《回民起义》（第三册），78 页，上海，神州国光社，1953。

③ 曹立人：《西捻军和西北回民军联合抗清的一些问题》，载《西北大学学报》，1978（4）。

亦安插于秦州、静宁等处。”①

关于同治九年（1870 年）金积堡的陷落，何兆国先生在其《伊斯兰教哲合忍耶教派概述》中分析其原因时说：“最后由于张家川的起义军领导人李得仓等丧失胜利信心，率部相继向清军投降，七月间金积堡陷入重围，周围的许多堡寨相继失守，补给中断……”② 这个分析是正确的，李得仓是在左宗棠的中路军进驻平凉后，双方未曾交战的情况下率领 10 余万众投降的。此时，陕西回民军已撤退到金积堡，董志塬这道金积堡的重要屏障已经洞开。由于他的投降，左宗棠所率中路大军兵不血刃，长驱直入，从平凉、固原一线进逼金积堡。另外从双方力量对比看，同治八年（1869 年）七月，左宗棠分三路进剿金积堡时，“他调遣了大约 120 营的兵力……马化龙只有 13 个营的兵力，加上陕回四大营，南八营及董福祥的反清武装，总计不过 50 营”。如每营按 500 人计算，清军 120 营计兵力 60000 人，而起义军 50 营计兵力 25000 人，这样清军数量是起义军的一倍多，且装备精良，拥有从西方购置的新式武器。从《平回志》反映的情况看，李得仓投降后，清军按册实点接收人数为 9 万多人，将有战斗能力的人和起义军中妇孺老弱等眷属折半计算，当时李得仓投降时有能作战的人数也有 4.5 万人，这一部分兵力是金积堡失陷前马化龙起义军总兵力的近两倍，也许这一雄厚兵力的解体也是形成金积堡陷落悲剧的一个重要原因吧！

李得仓从同治元年起义到七年降清期间，究其革命性是坚定的。清代官方文牍是这样评价的：“回逆漫延陕甘，至逆回之最著者，则静宁州肖河城逆首李得仓一大股”③。而他在左宗棠实施“三路平回之策”，清军进驻平凉后为什么带领十万余人的庞大队伍向左宗棠投降呢？因为李得仓是一个虔诚的哲赫忍耶教徒，据张家川教内传说，李得仓投降是受十三太爷马化龙的密令。相传同治六年（1867 年）李得仓驻军固原县属穆家营后，“欲在宁夏依附马化龙，曾由穆家营派遣马义林（大号红房马老爷，张家川西关人）、苏师傅（张家川土磨崔家庄人）二人去金积与马化龙联系。当时马化龙虽未直接出面反清，但暗中支援陕西

① （清）杨毓秀：《平回志》，见白寿彝主编：《回民起义》（第三册），179 页，上海，神州国光社，1953。

② 何兆国：《伊斯兰教哲合忍耶教派概述》，见宁夏回族自治区文史研究馆编：《宁夏文史》，61 页，内部资料，1985。

③ 韩敏、邵宏谟：《关于清代同治年间陕甘回民起义时期的主要社会矛盾问题》，见《清代同治年间陕西回民起义研究》，19 页，西安，三秦出版社，1990。

回民反清的行为，已引起清军的极大仇恨，自感后果险恶，乃嘱咐李得仓设法先行投降，仍退居张家川，作为他将来万一失败后退身之地”[①]。马霄石著的《西北回族革命简史》中也说：“在金积堡保卫战吃紧的时候，大家曾商讨办法……卒因当时的粮食缺乏异常，人马杂沓，已发生食人的事件，马化龙顾虑丛生……因之他对他的儿子说他愿以百余口家眷作为牺牲，去和左宗棠讲和。他并授意李得仓在南八营防区内就地讲和，以免连累广大的人民。”[②] 同治八年（1869 年）六月，李得仓派苏生杰持投诚禀帖去西安面见左宗棠，申述回民被迫应变的苦衷和自己投降的诚意，并面陈解决回民事变的建议，得到左宗棠的夸奖，当面赠送苏生杰乘马 1 匹、盘费银 50 两，并嘱咐李得仓于他到平凉时亲自来见。十一月，左宗棠移营驻平凉，次年正月，李得仓到平凉见了左宗棠，“被赏戴红顶花翎，钦封武翼都尉，四品衔”。并赋予其越级奏事权。李得仓上左宗棠的投诚禀帖又称“万言书”，实际上长达 3600 余字，过去一些老人把它引为杰作，互相抄录背诵。这里值得深思的是，李得仓在投降时没有暴露自己哲赫忍耶教徒身份。“在他著作的降表中，把自己乔装成陕西回军之一种。降表中婉言陈诉陕西回变过程，控诉陕西团练头子张芾劣迹，实质上是借雷电掩刀光，牢牢地隐藏了哲赫忍耶的秘密”[③]。所以从伪装其身份这一点上也可旁证李得仓的投降是负有宗教使命的。

李得仓写给左宗棠的投降禀帖即“万言书”原文失传，现根据一些老人靠记忆背诵下来的一些断断续续的部分整理如下：“我大清临御以来，列圣相称，回汉两教一视同仁。自顺治、康熙、雍正、乾隆、嘉庆、道光、咸丰以来，有白莲教、八卦教、长毛、南蛮、李顺达、兰大顺前后叛乱，是皆汉民叛逆，未闻我回民作乱者也。自同治登基以来，风调雨顺，国泰民安。陕西华州赵老五与回民有隙，因砍竹竿起手。长毛残部窜入陕境，皇上有命到处防御，赵老五不许回民砍竹竿，只许汉民去砍，两下相争而打架，回民打死汉民一人，汉民打死回民两人，回民上衙告状，其官不分黑白，将回民打押，回民呕气不过，又和汉民打架。……陕西团练大臣张芾，沿路一带设立铡子会，到处锄回民，此刑比唐史之网铃、商纣之炮烙刳剃，歹有甚焉。彼时回回欲翔无翅，欲潜无渊，势如穷途，激成变乱……故此前来投降。至于收回一事，如汉武侯渡泸水恩服南蛮，宋曹彬

① 马守礼：《张家川形成回民聚居区的经过》，见《张家川文史资料》（第一辑），9～12 页，内部资料。

② 马霄石：《西北回族革命简史》，34～44 页，济南，东方书社，1951。

③ 张承志：《心灵史》，159～162 页，广州，花城出版社，1991。

下江南德感李煜；比如白起收赵一事，我回回虽愚，因愚而有预备。今口里口外回民不下百万，战将不下千员，不争江山，不夺社稷，意欲杀尽贪污汉吏汉官，到处团练之匪首，然后甘心。……我回民文不下阁台之铨，武不下武略之才……回回修盖礼拜寺，内设万岁牌，一则报其皇天原造之恩，二则报其皇王水土之德……恳祈宫保大人转呈皇上皇太后御前，回回感其教，汉民感其德。”

六、与起义军的暗中来往和河州劝降

李得仓起义于同治六年，是响应陕西回民起义最早的甘肃回民起义军首领。之后他和陕西、甘肃各地的回民起义军共同作战七八个年头，同他们结下真挚的友情。所以当李得仓投降后，与继续战斗的陕西、甘肃回民起义军在暗中保持着一种若即若离关系。从左宗棠的有关公文奏稿的批札看，在李得仓降后，左宗棠一直对其暗中监视和防范。如左宗棠在《吴中书士迈禀剿破秦州属之康坪贼巢由》的批复中就说：“李得昌就抚以后，心怀两端，早已识破。其不能制龙山寨、马家寨之回民亦在意中。唯李得昌既携南八营就抚，自应申明约束，勿准勾引外匪扰害汉民。纵该匪等不听约束，亦须据实禀请官军分别剿办……见谕该军功将龙山寨、马家寨两处回民户口堡长姓名造册申送，其勾引窝藏河州匪回之人亦即据实禀陈。”[①]

同治七年（1868 年）十二月，陕西崔伟、禹得彦、陈林、马正和等请李得仓代为求抚，李得仓遂有复信，但复信被清军截获。同治八年（1869 年），左宗棠在《喻守步莲禀分地安插逃陕西道逃回众由》的批复中说：“幸得昌所致禹、崔诸遗书，昨已于贼巢中搜得。其为陕回、甘回及自为之计，亦可谓工矣，而卒不免于败露，即此亦见天不可欺。本爵大臣以顺讨逆，以诚御诈，随宜因应，希尽人以合乎夫，他非所知也”[②]。致禹、崔的密件败露后，李得仓为了消除清廷的怀疑，遂致书左宗棠申述自己投降的诚意。之后左宗棠在《军功李得昌禀就抚回众心常兢兢请示晓谕由》的批复中警告李得仓：“尔等如果做好事，存好心，就是好百姓。尔等如果做坏事，存坏心，就是坏百姓。好百姓，我不错杀一个。坏百姓，我不宽饶一个。不消探听我的主意，亦不必听外边谣言……当剿则剿，可抚则必抚。说剿就剿，说抚也就抚。明明白白的话，确确实实的事，我何必多

① 《左宗棠全集·札件》，156 页。

② 《左宗棠全集·札件》，156 页。

言，尔亦何必多问。尔所寄禹得彦、崔三的信，我也看见，我亦不存在心里。从今以后，打定主意做好人，存好心，做好事，尔等之福。此谕。”①

同治九年底金积堡陷落，陕甘回民起义大势已去。为了民族生存，李得仓利用其身份，在回民军和清廷之间进行斡旋。他曾两次上书左宗棠，请赴河州劝马永瑞、马占鳌等投降。同治十年（1871 年）“六月，左宗棠檄诸军进剿河州，癸酉，奏略曰：前清水县张家川抚回李得昌自请赴河州，谕抚回目马尕大、马占鳌。臣谕令听其自投，不可招致。得昌行至洮河东岸，马尕大等递呈求抚。适闻河西用兵，疑得昌给己，得昌亦疑抚局有变，忿惧而归”②。马尕大、马占鳌等虽求抚心切，但左宗棠认为“河州、西灵（宁）即汉唐湟中故地，为历代战争之场。兰州东西南三面皆界河州。河州不靖，兰州不能解严。以贼势言之，河回嗜利轻剿，无事时尚出抄掠变乱，十年来未受惩创，更无畏忌。此非创巨痛深，难忘其帖服也”③。于是遂爆发了著名的太子寺之役，是役，河州各族联军重创清军，取得大胜。

七、接纳“洼上师傅”，保护哲派两姓三家后裔

同治十年（1871 年）前夕，正当金积堡马化龙及全体回民起义军面临生死存亡的紧急关头，马化龙嘱咐金积堡小寺“热依斯”洼上师傅离开金积堡去陇南的地理死角地带张家川，关于他的使命，曼苏尔著的《哲罕耶道统史传》记载：“灾难逼近的时候，毛拉对洼上师傅说：‘你走，你到南边立教门去！’洼上师傅哭着不愿离开。他说：‘我走不动！’毛拉说‘一步一爬你也要去！’……他与莲花城的人在正月初六日启程，到黄花川，后来又到了张家川。”④ 洼上师傅是一个传奇式的人物，他在哲赫忍耶发展史上作为一个中介人物发挥过重要作用，但各种史料均未注明他的大名。经笔者走访张家川洼上师傅的后裔和哲赫忍耶著名阿訇，他们讲洼上师傅名叫马成。洼上师傅到张家川后，和在此地肩负宗教使命的李

① 《左宗棠全集·札件》，156 页。

② （清）杨毓秀：《平回志》，见白寿彝主编：《回民起义》（第三册），140 页，上海，神州国光社，1952。

③ （清）杨毓秀：《平回志》，见白寿彝主编：《回民起义》（第三册），140 页，上海，神州国光社，1952。

④ 曼苏尔·马学智：《哲罕耶道统史传》，第五门，1934 年石印出版。

得仓取得了联系，并在李得仓的支持下在张家川建立了哲赫忍耶的复教基地。

光绪初年，哲派创始人马明心的四世孙马元章一行从四川成都辗转来到张家川，明确身份之后，李得仓保护了他们，使他们落居北山，以农耕为掩护，秘密开展哲派复教活动。

光绪五年（1879 年），哲派第五辈教主，回族反清起义领袖马化龙的孙子马进西囚禁西安，因他年满 12 岁，被解送北京施行宫刑，李得仓得知这一消息后，即指使马元章派人营救。马元章派去马寅武、杨云鹤、马云襄、马德玉四人尾随囚车，在山西洪洞县境内一个名叫张毛峡石的地方，见地僻人稀，有机可乘，便潜伏道侧，击毙解差，救了马进西。历尽艰险，背负马进西几经辗转回到张家川。以后清廷责令李得仓交出马进西并追查杀死解差之人，李得仓和马元章商议后，由李得仓冒死上书，呈请清廷赦免了马进西，从而保存了马化龙的裔苗，使其日后在张家川发展了哲派教务。

同治九年（1870 年）正月十九，清廷在平凉杀害穆生果及穆生华、穆生辉家属时，由平凉拱北阿訇马得真大义舍子，救出穆家一个裔苗，马得真将穆家裔苗改名换姓，令其大儿子引领逃出平凉，最后行至四川成都黄城坝清真寺，郭阿訇收留供养念经，娶妻成家，在成都时，人称马舍师傅。

“光绪十年（1884 年），大帅李得仓得知哲罕忍耶教派第二代传教者穆宪章（人称平凉太爷）后裔即穆生花的儿子马舍师傅在四川成都黄城坝清真寺，便派人接到张家川，安排在张家川东城内，并把他在城内东街的一院房屋，送给马舍师傅居住”①。

八、修建清真寺、拱北和道堂等宗教活动场所

同治七年（1868 年），李得仓降清后率众还居张家川。由于战乱，原建各清真寺尽遭兵焚，回民安家后因无宗教活动地点，李得仓遂上书清廷请示修寺事宜。同年三月间，清廷降旨批重建清真寺，遂成立了由李得仓、李生华等八大营总领为首的修寺管理处，一边备料，一边请来四川工匠，首先修建了清真西大寺。这是张家川历史上规模较大的清真寺，该寺开工于同治八年八月，竣工于同治十二年八月，历时 5 年。清真后寺是张家川哲赫忍耶教民又一较大的宗教活动场所。其前身始建

① 袁思维：《李得仓史略》，见《张家川文史资料》（第三辑），173 页，内部资料。

何年，尚无史料可查，但从原址上出土的“重建清真寺石碑”碑文看，原来的清真寺毁于同治年间的战火，石碑记载：“兵燹一兴，氓居荡然，礼拜寺亦同遭煨烬。”后由“花翎四品李得昌，武举苏汉德，蓝翎五品苏万英，监生苏土达”等22人督工“择地于北山之侧，购材于陇坂之阳”，重建于光绪八年冬月。

光绪初年，马化龙等四人的头骨被清廷在全国回民居住区示众10年后，被退回兰州。据说首级被广河谢家人获得后，先报知了李得仓，作为代清廷管理张家川军政大事的李得仓对此事采取了默认的态度。当时洼上师傅已被李得仓安置在张家川北山，广河谢家人便送头骨上山，马元章、洼上师傅遂将头颅秘密埋葬于北山。以后马元章于光绪十五年（1889年）在马化龙的墓上修起了八卦圆屋顶，群众开始称其为“拱北”。拱北的大规模兴建工程始于民国四年（1915年），宣化冈的名称也从此开始了。宣化冈内因为相继建有马化龙等哲派教主的八卦墓庐，所以它便成了全国哲赫忍耶教众敬仰的中心之一。

马化龙的孙子马进西于光绪五年（1879年）由马元章派去的人劫持营救，辗转来到张家川后，先在北山董家坡避难，后又潜藏张家川城内李得仓府上。李得仓冒死上书清廷赦免马进西后，他全力出资在离张家川2里许的南川给马进西修起了家院，既为马化龙后裔的衍生地，又作为马进西主持并发展教务的基地，他在这里讲经、静修、传教，教民尊称马进西是“南川二爷”，称其传道地为：“南川道堂”。

此后，李得仓作为张家川以至陇南地区的最高军事行政长官，多年来使境内“汉回和好，商贾通行，张家川附近昂堡及陇州知州汤敏皆称李得仓约束有方”①，因此在一个较长时期内创造了汉回友好相处的社会环境。在此期间，“他广置田产，开设商号，一跃成为地方豪富。光绪二十二年（1896年）病殁于家，终年七十岁”②。

（原文发表于《回族研究》1996年第1期）

---

① （清）杨毓秀：《平回志》，见白寿彝主编：《回民起义》（第三册），140页，上海，神州国光社，1952。

② 袁思维：《李得仓史略》，见《张家川文史资料》（第三辑），173页，内部资料。

崔伟其人及《崔氏宗谱》

马国强

一、崔伟其人

崔伟，字旭峰，生于道光十一年（1831 年）农历十一月二十八日，卒于光绪十九年（1893 年）农历五月十七日。原籍陕西凤翔府崔家洼人。因排行老三，又名崔三。崔伟“赋资纯笃，秉性刚方”。“有时严词正性，以化乡人，有时款语温言，以消强暴”。由于崔伟刚直不阿，处事公道，自青年时代起，就在地方上享有一定的声望。“誉早洽于乡里，人共推为邦彦”。

同治元年（1862 年），陕西关中回民因不堪忍受官府的压迫和民族歧视，利用太平军和捻军攻入关中，威逼西安，陕西境内防务空虚的有利时机，在任武、赫明堂的领导下，发动了有名的华州、渭南暴动，崔伟其时早对地方官府的敲诈勒索和民族歧视深恶痛绝、极为不满，当起义波及凤翔府后，崔伟立即组织了回民马队，在家乡凤翔府城南崔家洼率众揭竿而起，之后经众人推举，崔伟成为关中西部（即凤翔府）回民起义军的主要统帅。他与白彦虎、禹得彦、陈林、马正合等回民将领“曾建立了十八大营，约 20 万人”(4) 崔伟是“十八大营”重要领导人之一。义军以大荔的王阁村、羌白镇和渭南的仓头镇为据点，连续攻下高陵、华阴，于五月间进攻西安。七月义军又进攻泾阳、三原、咸阳、凤翔等地。八月和十一月清廷先后派胜保和多隆阿统兵入陕镇压，遭到回民义军顽强抵抗。崔伟等回民义军的马队“西剿则东驰，东攻则西窜，以趋避为长技，势难专制”。胜保索性躲在西安城里不敢出来接仗。同治二年（1863 年）二月，多隆阿乘回民不备，率部猛攻羌白镇、王阁村营垒，回民牺牲惨重，老弱妇女多被屠戮，陕回精壮者被迫撤离关中，向甘肃转移崔伟所部由加州长武向北行军，曾在庆阳府宁州属董志塬扎聚数年之久。

同治五年（1866 年）十一月，西捻军张宗禹率六万余众自秦入陕，清军大溃。董志塬的陕西回民反清军趁机重返关中战场。同治六年（1867 年）初，回民军已经进入蒲城、富平、临潼、渭南一带，另一路回民军在陕回崔伟的率领下，联合甘肃狄道、河州回民米贾、张非等部包括不少东乡、撒拉族的武装，进入凤翔府。同治六年（1867 年），清陕甘总督兼钦差大臣左宗棠把镇压太平军的清兵调入陕西。陕西回民军在不断出击受阻之后，并十八大营为四大营，主力退往同心城、宁安堡、金积堡一线。崔伟持陕西回民反清军转入甘肃，转战于甘、宁、青之间，有力地配合了甘肃回民的反清斗争。

同治八年（1869 年）八月，提督刘松山奉左宗棠之命，集中兵力向板桥一线进攻，陕西回民军崔伟、李经峰等，率部同当地回民军联合抵抗，清军伤亡惨重。同治八年（1869 年）九月，以提督刘松山为翼长的清军从三面对金积堡、吴忠堡等 520 多座回民堡寨形成合围之势，“此时整个义军的形势，更加危急。白彦虎、赫明堂、马生彦等率领十八大营的败军残部去投河州的马占鳌”。在金积堡受围之际，在狄道的陕回崔三（崔伟）联合马尕大、马占鳌欲救援金积堡，遇到清军拦截，中途而返。同治十年（1871 年）九月十六日左宗棠进驻安定，分兵三路进窥河州，形成合围之势。同治十一年（1872 年）一、二月间，河州各族联军在太子寺重创清军。但马占鳌却乘大胜之机，向左宗棠投降，遂使河州人民的反清斗争陷于夭折。

同治十年（1871 年）九月，白彦虎、崔伟、禹得彦等陕西回民反清军与以马桂源、马本源为首的青海回族、撒拉族反清军并肩作战，在西宁以东的大峡、小峡地带与刘锦堂的军队大战五十多次，使清军损兵折将，阻止了清军的推进。但是由于循化遭到清军的进攻，西宁回绅的背叛，使义军腹背受敌，西宁战役失败。当时崔伟粮尽援绝，处境困难，被迫受了左宗棠的“招抚”。崔伟所部精壮者被左宗棠收编，留驻西宁。其余男妇老弱病残者九千余人被清军押赴甘肃清水县恭门镇、闫家、张良、平安等边远山区（今属张家川回族自治县管辖）择地安插。同治十三年（1874 年），沙俄侵占伊犁，投靠英国的阿古柏反动势力也扩展到南北疆一带，整个新疆局势岌岌可危。光绪元年（1875 年）清廷任命左宗棠为钦差大臣督办新疆军务。左宗棠将在西宁招降的陕回精壮人马编为“旌善马队”令崔伟带领，随刘锦堂出关进军新疆。光绪二年（1876 年）春，在左宗棠指挥下，七万清军分三路进疆。崔伟所部系西北土生土长部队，习惯于关外水土和气候，能吃苦耐劳，马步各队均骁勇善战。进疆后，崔伟率领的“旌善马队”作为主力之一首战北疆，“攻剿古牧地，乌鲁木齐，迪化州，玛纳斯等处，所向克捷”。玛纳斯之役，使北疆全部收复。光绪三年（1877 年）四月，新疆气候转暖，左宗棠令诸军三路并进，翻越天山直取南疆。崔伟率部“进窥南路达坂、托克逊、吐鲁番及进攻阿克苏、乌什各城，转战于冰天雪海、白草黄沙间”。由于各路将士的浴血奋战，一举攻下吐鲁番、托克逊、达坂城，继又占领了乌什和阿克苏城。至此，新疆战役胜利结束，除伊犁仍被沙俄占领外，新疆南北两路全部收复。崔伟由于新疆之战有功，受到朝廷嘉奖。

二、《崔氏宗谱》

1989 年 6 月，笔者在甘肃省张家川回族自治县恭门镇（清代属清水县管辖）崔伟后裔崔恒武处，发现了《崔氏宗谱》和《崔伟墓记文》。该谱由崔伟后裔崔海清于民国三年创修，天水张拱辰和静宁州王槐堂应崔海清之嘱为《崔氏宗谱》撰写了序文。修谱人崔海清，字镜涵，号仙槎，前清候补县丞，宣统三年制科孝廉方正，民国三年以孝廉出任宁夏道循化县知事。从《崔氏宗谱》序文看，崔海清在循化县任事其间“慨其先谱遭乱而失，复有志于修谱”。民国甲寅年离任回清水县之恭门镇家中着手修谱，“阅半载而始告成”。《崔氏宗谱》内容包括序文、世系图、宗谱、祝文、墓记文、匾文和后叙等。其记事简要，脉络清楚，是一部考证崔伟某些史实的重要历史资料。

从《崔氏宗谱》有关资料看，崔伟的祖辈、父辈都是陕西凤翔府老户回民，他们一直定居和生活在那里。同治元年（1862 年）陕西兵燹，崔伟及其眷属为逃避劫难，才撤离关中来到甘肃清水县恭门镇安家落户。王槐堂崔氏家谱序记载：“如崔氏者，其先凤翔人也，世为名族，至大清同治元年忽遭兵燹，官军逼迫遂离陕西而至甘肃，因以声水之恭门镇为家焉”。这段序文清楚地说明了崔伟移居甘肃的时间和原因。据推算，崔伟同治元年移居甘肃之前，曾在陕西凤翔府崔家洼老家居住生活 31 年之久。还可推算崔伟响应华州渭南暴动，在家乡凤翔府揭竿起义时年仅 31 岁。

根据《崔氏宗谱》一世至五世序列表记载，崔伟祖：父讳要，原籍陕西凤翔城南崔家洼，生卒年月失考，与马氏生子天中、天德、绳西、天成，殁后葬于陕西凤翔府故里。崔伟父天德，前清诰授一品封典，夫人单氏生四子，长曰岭、次曰崇、三曰伟、四曰岳，卒后亦葬于陕西凤翔府崔家洼。崔伟有二子，与张夫人生长子曰蓉镜，字小峰，前清钦加同知，历任四川西昌县、礼州县知事。与糟夫人生次子曰鸿镜，字宝臣，前清游击补用守备，历任红城子花马营守备，宣统三年曾为骁锐军右营马队管带。崔伟有六孙，长孙珩、次孙、三孙瑶均系蓉镜与杨宜人所生，四孙介系鸿镜与沙淑人所生，五孙琛、六孙璞均系鸿镜与贺淑人所生（详见《崔氏宗谱》）。

根据碑文记载，崔伟于光绪十九年农历五月在“游府任内一病不起”，临终前曾遗嘱归葬陕西凤翔府崔家洼先茔，“以途远不便，遂葬于兰州东门外拱北之傍”。崔伟墓碑系其胞弟“管带武毅左马队留甘督标参将衔尽补用游击崔岳”，率子侄辈于光绪二十年夏五月所立。碑文载“崔伟号旭峰，原籍陕西凤翔，兵燹后移寓甘肃清水县之恭门镇，遂为清水阖人”。又载，崔伟“幼喜武略，及长，身长八尺余，躯干魁梧，见者异之”。鉴于崔伟同治年间参加陕西回民起义，立碑人唯恐得罪清廷，故碑文对其同治元年至十二年（1862—1873 年）起义反清的重要历史活动只字未提，之后直书崔伟“同治十有三年投入老湘大营，克服河州肃州”。尔后碑文叙述了崔伟在新疆的重要军事活动。光绪二年（1876 年）春带领“旌善马队”随同左宗棠出关“攻剿古牧地，乌鲁木齐，迪化州，玛纳斯等处，所向克捷。越明年又进窥南路达坂、托克逊、吐鲁番及进攻阿克苏、乌什各城，转战于冰天雪海、白草黄沙间”。由于崔伟“屡拔坚城，数克大敌”，在南北疆战斗中取得重大军事胜利，经左宗棠保荐“以提督记名简放两更号，赏戴花翎并赏正一品封典”。之后旋带旌善前旗马队驻防张家口。光绪七年（1881 年）卸任，受到皇帝召见之后返回。以后又带领武毅左旗马队借补前营游府在甘肃兰州任职八年之久。

新疆之役胜利结束后，清廷对此役有军功的将佐封赏有加，左宗棠迁升二等靖候加一等轻车都尉。崔伟因战功卓著被擢升正一品提督，诰授建威将军。根据《崔氏宗谱》所列资料，左宗棠为表彰崔伟的功绩，曾于光绪己卯（1879 年）仲春为其亲笔书赠“忠诚可法”的匾额。从匾额的署名看，崔伟的职衔是：钦命头品顶戴，赏戴双眼花翎，记名简放提督军门，补用总镇，借补陕甘督标前营游府，督带旌善前旗马队，议叙加二级奋勇巴图鲁，阿克丹巴图鲁。

崔氏谱序

木茂则枝分，水长则派远，推而至于一家，不犹是木之有枝，水之有派乎？吾崔氏自凤翔迁于清水之恭门镇，其始不过老五房而已。由五房而递衍之子孙，孙生子，子又生孙，盛矣哉！枝分派远，不啻驾全镇而雄踞一方，虽然崔氏之食指固极繁矣。繁则情易漓，漓则疏，疏则痛痒不相关，饥寒不相恤，甚至庆吊不相通，将奈何？海清曰："家谱尚已，夫家之有谱犹国之有史考献。征文体大事重，又岂海清所能胜其任哉？抑岂海清官能辞其责哉？"及癸丑权篆循化，政繁事巨，不遑秉笔。甲寅解祖居家，粗稿具底，仍未成谱。至丙辰秋，张裙拱辰幕游吾邑，见其所修宗谱秩秩有序，井井有条，因仿其体例阅半载而始告成。呜呼！左昭右穆，水源木本，家谱之关系不禁重欤？窃愿我孝子贤孙慎重保存，毋以及事不关己，或等诸具文。毋以年远代湮或经久不续，此则创修理者之志也！其各勉旃是为序。

民国丁买东已夏日
五世孙崔海清谨识
六世孙崔世勋敬录
崔氏家谱序

崔氏者，清水恭门镇之望族也。自其先世多以战功著，余久耳其名，而与其宗人无一识焉。民国丙辰秋，余游清水得与镜涵大令相见于幕次。为日既久，见面益频。知无不争言，言无不尽，遂订为知己交。既而念其阀阅，武自提镇参游，文自同知佐贰，代有显人，及镜涵以孝廉出宰循化，累累然光增一邑，而为上邽之冠。即其庆衍螽斯，亦非上邽所再见，余乃告之曰："君之门第盛矣，食指繁矣，若无谱牒以全之，将数传而后，前人功勋之不彰。尤其余事而若者，为亲友，若为疏友，不皆茫然而无据乎？寖而至于触名犯寖，讳而至于同姓乱婚，亵祖渎宗，莫此为甚。"镜涵曰："此固早见及之者也，吾稿已成，因体例未备，藏之有年矣！手曷为我正之。"时余续谱垂成，将以授梓转而正之，镜敬宗收族之心久而且专，又喜其变通之处视余谱尤加详焉，不益可钦哉！重高山流水知音何遇？而不谓于镜涵遇之，岂一序所能罄其心藏耶？

丁巳孟夏上浣
天水张枢拱辰甫敬识
崔氏家谱序

家之有谱犹国之有史也，不惟纪远近，别同异，而且以著其中直也。家有谱，不惟志宗族联亲疏而堪以兴孝思也。故人每读其史，见有忠直，莫不恻然而生义。开其谱，念尔先祖，莫不油然而兴仁。况国之事迹，非史奚以稽家之亲疏，非谱何以明此？国之不可以无史，而家之不可以无谱也。如崔氏者，其先凤翔人也，世为名族。至大清同治元年，忽遭兵燹。官军逼迫，遂离陕西而至甘肃，因以清水之恭门镇为家焉。厥后家道振兴，人才时出。其祖父从戎，削平大乱，故其或为提镇，或为参游，其子弟或为都守，或为孝廉县知事。振振焉：而莫不头角峥嵘也！非其祖先之积厚流光，何以臻此？崔海清者，孝友温恭，好学不倦数试未售。宣统元年，举孝廉方正。恒慨其先谱遭乱而失也，复有志于修谱。来示予曰："嗟乎！修谱犹修史也，非有才学者弗能。予固至愚至陋，胡能堪任第"？予于海清，师弟也，义不容辞。窃谓海清此举是仁人孝子为也，上可以诗其宗祖，其名字可得，而讳也；下可启其后昆，其长幼可得而叙也。即至代远年遥，枝繁叶盛，因其谱而本源可溯，昭穆费紊矣。如观其史，而古人之事迹班班可考也。所谓家之有谱，犹国之有史也！不其然哉。海清之为斯也，非有仁孝之心乎？诗云："永言孝思，孝思为则"。又曰："孝子不匮，永锡尔尔"。其斯之谓，欤是为序。

民国三年甲寅孟春月望五日

静宁州禀生王槐堂谨序

宗谱

一世

高祖讳要，原籍陕西凤翔城南崔家洼，生卒失考。葬于陕西凤翔府崔家洼。

马氏，生卒失考，生子四：长曰天中，次曰天德，三曰绳西，四曰天成。

二世

讳天中，行一，生卒失考，葬于陕西凤翔府崔家洼。

马氏，生卒失考。生二子，长曰??，次曰??。

讳天德，行二，前清诰授一品封典。生于四月初一日，卒于十一月二十四日。年干失考，葬于陕西凤翔府崔家洼。

单夫人，生于十一月初六日，卒于四月二十五日。生子四：长曰岭，次曰崇，三曰伟，四曰岳。

讳绳西，行三，生于正月十六日，卒于正月二十三日。年干失考，葬于陕西凤翔府崔家洼。

糟氏，生时年失考，卒于十二月二十三日。生子一、女四，俱适马门。子名丰。

讳天成，行四，生于二月十七日，卒日年干失考。葬于陕西凤翔府崔家洼。

马氏，生卒失考。生子一，名恺。女一，适马姓。

杨氏，生卒失考。生子一，名曰应。女一，适黎姓。

三世

讳??，天中长子。行一，生卒失考。葬于巩昌府刘家铺。

沙氏，生卒失考。生子一，名曰秦镜。

讳??，天中次子，行二，生卒失考。

马氏，生卒失考。生子二，长曰心镜，次曰月镜。

讳岭，天德长子，生于八月二十日，卒于十月初三日，葬于秦安县所属莲花城杨店子坟茔，生卒年干失考。

海氏，生卒失考。生女六：长女适沈姓，次女适白姓，三女适米姓，四女适袁姓，五女适马姓，六女少亡。

讳崇，天德次子。生于道光八年九月初一日，卒于宣统三年十一月十一日，葬于恭门镇东川城科里坟茔。

孟氏，生于腊月初一日，卒于五月十一日，年干失考。葬于恭门镇西门外三角地坟茔。生子二：长曰仁镜，次曰澄镜。

孙氏，生于正月初二日，卒于民国二十四年十二月初四日。生子二，长曰金镜，次曰玉镜。女三：一适刘姓，二适兰姓，三适王姓。

讳伟，天德三子，字耀峰。前清钦命头品顶戴，记名简放提督军门，补用总镇，借补陕甘督标前营游府，督带旌善前旗马队，议叙加二级奋勇巴图鲁，阿克丹巴图鲁。生于前清道光十一年辛卯十一月二十八日，卒于光绪十九年五月十七日游府任内。葬于兰州省东门外东郊拱拜之傍。

张夫人，生时年干失考，生于八月十八日，卒于宣统二年五月二十三日，葬于恭门镇东川城科里坟茔。生子一，名曰蓉镜。

糟夫人，生于咸丰二年腊月二十二日，卒于民国十七年正月十一日。生子一，名曰鸿镜。

马夫人，生于八月十七日，卒于四月七日，年干失考。葬于四川成都县唐家市坟茔。

郭夫人，生于九月初九日，卒于四月初五日，年干失考。葬于恭门镇东川城科里坟茔。

讳岳，天德四子，字岚峰。前清由军功保至花翎补用参将，曾管带武毅马他左营。生于道光十七年十二月二十七日。卒于光绪二十二年二月初一日。驻防漫坪营内，葬于兰州拱拜之傍。

米淑人，生于四月十一日，卒于九月初六日，葬于恭门镇西门外三角地。生子一，曰宝镜。女一，适丁家河马林之子。

马淑人，生于咸丰年五月十五日。生子一，曰铭竟。女四：长适于麻姓，次适于海姓，三适于杨姓，四适于赵姓。卒于民国三十五年三月十八日。

讳丰，绳西长子，前清诰封一品典。生于嘉庆二十年十二月十八日，卒于同治九年九月十四日，葬于巩昌府王家坪。

丁夫人，生子五：长曰金贵，次曰金明，三曰金成，四曰金魁，五曰金玉。生于嘉庆二十年四月八日，卒于光绪三年五月十二日，葬于恭门镇西门外三角地坟茔。

讳恺，天成长子。生于道光六年七月初十日，卒于光绪三十一年十一月初三日，葬于恭门镇西关口坟茔。

马氏，生子一，名曰万富。女二：长适陈姓，次适麻姓。

杨氏，生子一，名曰万选。出继弟应。女一，适马姓。生日年干失考，卒于腊月十二日，葬地恭门镇西郊三角地。

讳应，天成次子。生于道光二十九年十月二十三日，卒于光绪七年十二月二十七日。前清花翎都司。葬于恭门镇西郊三角地坟茔。

杨恭人，继子一，名曰万选。生女一，适黎姓。卒于民国八年二月初一日，葬于恭门镇西郊水沟里北山新坟。

四世

讳秦镜，?? 长子。生卒失考，葬于巩昌府刘家铺。

讳心镜，?? 长子，生卒失考。

讳月镜，?? 次子，生卒失考。

讳仁镜，崇公长子，字寿山。生于同治十年六月初六日，花翎都司衔守备。前清宣统三年帮带骁锐右营马队卒于民国三十六年三月初二日。

贾氏，生于光绪八年十一月二十八日。生子一，女一适妥全，子名曰琳，卒于民国二十八年十二月二十九日。

讳澄镜，崇公次子，字清湖，生于前清同治十二年五月初二日，前清五品军功，卒于民国十五年五月十五日。

张孺人，生于光绪元年乙亥三月二十八日。生子四，女一。长曰瑜，次曰瑞，三曰琏，四子少亡。卒于民国五年八月十五日，前清五品军功，卒于民国十五年五月十五日。

金镜，崇公三子，字心齐前清五品兰翎。生于光绪十二年十一月初一日，卒于一九五五年五月二十三日，葬于恭门镇东川。

米氏，生卒年干失考。生子三：长曰王廷，次曰王官，三曰琪。女一，适马姓。生于腊月初十日，卒于五月初十日。

玉镜，崇公四子，字润山。宣统三年充任骁锐右营马队右哨哨长，生于光绪十四年十二月初五日，卒于一九五八年五月初十，葬于恭门镇北山新坟。

铁氏。

糟氏。

讳蓉镜，伟公长子，字小峰。前清钦加同知衔，历任四川西昌县礼州县知事。生于咸丰十年十月初四日，卒于光绪三十四年七月十八日任内，葬于冕宁县正南冕山坟茔。

杨宜人，生于同治九年正月十八日，卒于民国五年五月二十一日，葬于恭门镇东川城科里坟茔。生女一，适西马方丁炳乾这子丁应祥。生子三：长曰珩，次曰璠，三曰瑶。

讳鸿镜，伟公次子，字宝臣。前清游击衔，补用守备，历任红城了花马营守备。宣统三年曾为骁锐右营马队管带。生于光绪元年十月二十六日，卒于民国三年五月初五日，葬于恭门镇东川城科里坟茔。

沙淑人，生失考，卒于民国二年八月十二日，生子一，名玠。

贺淑人，生日无考，卒于民国六年五月初四日。生子二：长曰琛，次曰璞。

宝镜，岳公长子，字?? 堂。前清同知衔太学生，生于同治元年五月二日，卒于民国十七年十二月。

马孺人，生于前清七月二十四日。生子四名：一曰济南，二曰北南，三曰镇南，四曰道南，生女二，卒于民国三十一年二月初七日。

铭镜，岳公次子，生于光绪十九年十二月十九日，曾任宁夏省政府参军，十五路军驻西安办事处处长，山东垦文总局局长。中宁县售药局局长，宁夏省政府参议，西北陆军第七师二兵营营长。

米宜人，生女一，适张川下马山刘九经之子。

佘宜人，生子一，名曰梦麟。

讳金贵，生于道光十八年四月十四日，卒日失考。

马氏，生卒失考。生女一，适马姓。

讳金明，崔方公举母夫提，生于道光二十年四月十四日，卒日失考。

赵氏，生于七月十四日，年干失考。卒于民国元年五月二十三日，葬于麻山坟茔。生子四：长曰蔚，次曰润，三曰鼎，四曰琏。

讳金魁，丰公四子，字星桥。前清记名简放总兵，历任甘州梨园营、肃州布隆吉尔营都司，凉州镇羌营游击，帮带旌善前旗马队营，带武毅左营马队，统领魁字马步全军兼带中队营马队。生于道光二十五年十二月六日。卒于宣统三年十一月二十一日，葬于恭门镇东川坟茔。

吴夫人，生于咸丰元年十月初六日，生子二长曰岗，次曰崧。女一，适海姓。

马夫人，生日年干失考，卒于七月二日，葬于恭门镇东川。

高夫人，生于咸丰七年二月初二日，卒于宣统二年九月初五日，葬于恭门镇东川坟茔。生子四：长曰??，次曰???，三曰峤，四曰??，生女一，适于马姓。
金玉，三公五子，字昆山。前清诰封武功大夫，花翎补用都司。生于咸丰三年癸丑正月十五日，卒于民国十八年八月十五日，葬于恭门镇北山新茔。

赵夫人，生于咸丰七年丁巳三月初十日、生子六：长曰海清，次曰嶂，三曰岐，四曰岭，五曰峻，六曰?。女一，适于赵姓。

万富，恺公长子，字玉山。前清五品翎顶，生于咸丰九年已屋顶六月初十日。

袁孺人。

万选，应公之子，字青山，前清兰翎拔补把总，宣统二年帮带骁锐后营马队，生于同治十年二月十七日。

马孺人。

五世

琳、???，仁镜长子、次子。

马氏。

瑜，澄镜长子。

马氏，生子三：长曰福堂，次曰岁堂，三曰玉堂。女四。生于腊月二十七日，殁于民国二十八年三月十二日。

瑞，澄镜次子。

马氏，生子一，名曰满堂。

琏，澄镜三子，一九五一年五月初十日亡故。

马氏。

??，金镜长子。

马氏。

??，金镜次子。

琪，金镜三子。

马氏。

珉，金镜四子。

琮，金镜五子。

珩，蓉镜长子，字楚白，前清光绪十七年辛卯腊月十七日生，前充骁锐马队军需长。西北陆军第一师工兵营军需长，清水县畜税局局长。一九五八年六月二十二日，卒于张川坟茔。

杜氏，生子二，长曰振堃，次曰炳，生女二，长适于罗阿訇之子。卒于民国三十六年后二月初二日。

璠，蓉镜次子，字蕴珊，生于光绪二十二年丙申二月初八日，甘肃公立法政专门学校，北平财习所均各毕业。曾任临潭县长，省政府民正广视察员、庆阳善北后局长、临夏特税局局长，卒于一九六八年后七月十二日，葬于恭门镇北山坟院寺旁。

孟氏，生于九月十七日，年干失考。卒于一九八五年四月二十九日，生女一，适于丁家团庄丁永清。

海氏，生于光绪二十五年二月初一日，卒于民国二十二年正月二丨五日，生子三：长甲世勋，次曰世德，三曰世禄。葬于兰州荣誉奖了拱拜之旁。

马氏，生子三：长曰世忠，次曰世宗，三曰世俊。女三：长适于袁姓，次适于马姓，三适于马姓。

瑶，蓉镜三子，字琴堂。生于光绪二十四年十一月初十日，卒于一九六八年五月十三日，葬于新疆。

马氏，生子二：长曰世明，次曰世华。女四：长适于海姓，感知这于马姓，四适米姓。

玠，鸿镜长子。生于光绪三十四年八月二十九日。

铁氏，生卒失考。生子二：长曰世斌，次曰世全，生女二：长适马姓。

济南，宝镜长子，字小遽。甘肃陆军学校，法政学校均各毕业。历充戎锐马步全军教练、河南将军府副官。生于光绪十年九月初七日，卒于民国五年腊月二十日，葬于开封宋门外阐义堂义坟。

镇南，字少武，前清五品军功，河南巡缉步队第二营连长，将军府候差员，生于九月二十五日，年干失考。山丹车口县善后局局长，秦安县县长。

马氏，生子三：长曰金官，次曰禄官，生女二：长曰水翠，二曰岁花。

曹氏，生子一，名曰福官。

道南，生于六月十一日，卒于民国二十年十一月。

黄氏，生子一，名升官，生女一，名桂英。

蔚，金明长子。同治二年八月十二日生。

马氏。

润，金明次子。生于同治五年十月初一日。

沙氏。

鼎，金明三子，字汉三。生于同治十一年九月。

沙氏。

琏，金明四子。生于光绪四年二月。

马氏。

岗，金魁长子。字秀峰。前清花翎都司衔守备，民国元年充任戎锐左营马队营固原提标、右营守备。生于同治十年十一月十七日，卒于民国七年十月初七日，葬于恭门镇东川。

赵恭人，生于光绪八年三月初六日。生子三：长曰锡麒，次曰锡麟，三曰锡凤，生女一，少亡。

??，金魁次子，字远峰。前清五品军功，生于光绪五年三月十六日。

米孺人，生于光绪五年七月十八日，卒于民国三十年二月二十六日。生子二：长曰子和，次曰子昌。

??，金魁三子，字西峰。前清五品军功、戎锐左营右哨哨长。生于光绪二十八年正月二十八日，卒于民国八年十二月初三日，葬于河南省卫辉府临波县付壁镇。

麻孺人，生于光绪八年五月初五日，生子一，曰子祯。生女一，适马姓。

崧，金魁四子，字峻轩。前清拔被陕西榆林镇标额外，宣统三年帮带戎锐左营马队。生于光绪十年甲申二月初六日，卒于民国元年八月十六日。

峤，金魁五子。前清五品军功，生于光绪年十二月二十九日，卒于光绪二十九年二月二十八日，葬于恭门镇东川坟茔。

??，金魁六子，字锦峰。前清太学生候选，从九品。生于光绪十五年七月初七日，卒于一九五二年十一月。

马孺人，生于前清光绪十四年戊子六月初六日，生子三：长曰子重，次曰子春，三少亡。卒于民国八年八月三十日，葬于恭门镇东川坟茔。

海清，金玉长子，字镜涵，号仙槎。前清候补县函，宣统元年制科孝廉方正，保举以知县用。民国三年任西宁道循化县知事，民国四年勤办验契事宜，蒙甘肃将军巡按使给予三等奖章，创修崔氏宗谱。生于道光二年丙子三月初三日，卒于民国十八年八月初三日，葬于恭门镇北山新茔。

宋安人，生于光绪十一年七月十六日，生子一，名子隆。卒于民国十九年四月初十日，葬于恭门镇北山新茔。

嶂，金玉次子。前清五品军功，历充戎锐前营马队右哨哨官，陇东护军使随员。生于光绪四年九月初八日，卒于民国七年十一月初八日，葬于恭门镇北山新茔。

麻孺人，生于光绪五年八月十六日，生子二，长曰子英，次曰子厚。卒于一九五七年四月十一日。

岐，金玉三子，字凤石，前清武生，保举副将衔守备，历任清水营利桥营把总，陕西榆林镇标中营守备，兼带城防步队甘肃巡防马队右哨哨长，管带戎锐左营马队壮凯前路右翼马队。晋给三等银色章、二等金色章。生于光绪七年九月二十三日，卒于民国十五年二月十三日，葬于海源县西门外李家庄。

干夫人，生于光绪二十二年二月十六日，生子二：长曰子木，次曰子元。

岭，金玉四子，字季高，前清候补县丞，恭闫二镇国民学校管理员，蒙甘肃省长将给三等嘉奖章。生于光绪十年九月初七日，卒于民国三十四年。

海孺人，系海家河方噶最海潮云之女。生于光绪十五年四月二十八日，生子三：长曰子万，次曰子仁，三曰子文，女：长适于米姓。

峻，金玉五子，字云峰，前清宣统三年充任骁锐左营马队右哨哨长，秦州清水营把总。生于光绪十五年四月初六日，卒于民国十三年四月二十三日，葬于恭门镇北山新茔。

马孺人，系陇南回民教长马时西之女。生于光绪十三年六月十八日，葬于民国十八年八月一日。

??，金玉六子，字霞峰。生于光绪十年九月二十六日。

马孺人，生于光绪二十二年二月十二日，生子二：长曰子宽，次曰子德，卒于民国八年十月二十四日，葬于北山新茔。

标，万富长子，字子英，充任骁锐后营马队右哨哨长，生于光绪五年二月二十九日。

马孺人，生于光绪九年十月，生子二：长曰岁勋，次曰平娃。女二。卒于民国七年十月十六日，葬于恭门镇西川。

玠，万富次子。前充骁锐左营马队先锋、壮凯右翼马队蓝旌，生于光绪十三年腊月二十六日。

杨孺人。

锐，万富三子，生于光绪十六年。

马氏。

钧，万富四子，字平山，生于光绪十九年。

海氏，生于光绪三十四年三月十五日。

杰，万选公子。

马氏。

[崔伟六旬荣庆祝文]

恭祝建威将军耀峰军门崔老大人六旬荣庆

盖闻福寿多男，工揄杨于华祝。康强逢吉，?? 休美于畴其，鲐征盎背之文，兕酌介眉之酒，引年之典，亘古为昭。而况樽泛流，得霞东海，辞行添幕府，孤悬明月南山性，勒军麾兹者，岁肇著雍，纪逢困敦。珠联璧合，斗枢?? 柳木之津，阴极阳生，复卦应连山之象。

恭值耀翁军门老大人，六旬荣庆。维时阴浓椿树，宴?? 筵祝。鳌者，诗赓；永锡老介祉者，铭镌长乐未央究之擒肤，泛之词奚以侑手仇之爵。夫福者，备也。木以百顺为名。寿者，酬也。奚啻九龄是舆。

如军门者，赋资纯笃，秉性刚方。誉早洽于乡评，人拱推为邦彦。衣，衣我；食，食我；口众成碑。风，风人；雨，雨人；心交勒版。有时严词正性，以化乡人；有时款语温言，以消强暴。人闻风而自化惭深，王烈之知信近义，而何私言重孝候之诺。至若登坛秉　专阃仗旌，剑拂青霜，奋鹰杨于玉塞，书传黄石领鸦队，金城万甲罗胸一身是胆。出奇制胜，佐元蓉一范一韩。险阵摧锋，冠诸将八战八克。世则娴夫豹略，貌则类于虎头。力奋先登，人识黄吻年少，荣膺上尝，将推白马功高。此刘统帅赖为禅师，而左文襄亟登贤牍也。且也老当益壮，鲸波更息于河阴，屈此群丑。虎穴直探于西域，入阵而一能当百勇。著铁枪驰声而独擅无双，威生玉帐，迨至大树表将军之号，清芬顷先德之余。唾手名丹。流鹤顶举头。

恩重翠焕凤毛荣披一品之衣

龙坟

□重之命想前日城输强虏，拜汾阳共祝年龄，喜今朝会耆英此潞国长，绵福寿已极矣，荣何如此呼？是知岳降嵩灵，早伏精神于元老，松苍柏翠，欣瞻气色于元戎，不采少室之蓝，先天素保，未炼丹炉之永，浩气常伸，儿齿童颜，龙髯鹤发。

应熙朝之人，瑞署平地之神仙，纯右段尔常岁纪常延，鹤算经纶丕。

著勋名无愧，麟图，迄今鲤庭早播，循声一门济美。

凤诰频膺，异宠五色生辉，修海上仙俦，乐极山中，佛侣固共，放夫老福。曾无间于人言，等幸仰云晖，莫名露祝同殷。

燕贺愿绵岁月，于八千略纪，鸿勋莫罄公布杨于万一，共跻堂而拜庆。奉??以摅忱行者，

看花甲将调驻台颜而不老，长庚朗昭膺上寿于无期，谨序。

钦加六品衔升用县丞候补主簿姻愚弟沙培金顿首拜

书敕授登仕郎吏部候选从九门生曹兆绶顿首拜

钦加副将衔留甘补用参将借补平罗守备沐恩米万荣顿首拜

钦赐花翎留甘补用参借补梨园营都司沐恩崔金魁顿首拜

钦赐花翎留补用参备武毅马队左哨长沐恩刘怀春顿首拜

钦赐花翎留标补用参将武毅马队右哨长沐恩马占彪顿首拜

钦赐花翎留甘尽先补用游击武毅马队左旌沐恩苏国宝顿首拜

钦赐花翎留甘补用游击武毅马队左旌先锋沐恩马有顿首拜

钦赐花翎留甘补用都司武毅马队左旌先锋沐恩储昆山顿首拜

钦赐花翎游击衔留甘尽先补用都司沐恩崔正午顿首拜

钦赐花翎尽用补千总四川军标右营外委愚弟马万清顿首拜

光绪十四年岁次戊子冬月?? 旦

（原文发表于《甘肃民族研究》1990 年第 1 期）

考证洼上师傅家世的珍贵史料

马国强

在哲赫忍耶教史上，有一个对该教派生死存亡起过举足轻重作用的神秘人物，这个人就是洼上师傅。但哲赫忍耶教史称之为洼上师傅的这个人，一百多年来人们一直不知道他的真实姓名。

哲赫忍耶门宦在清代是一个备受迫害的教派，由于清廷无休止的血腥镇压，使这个教派的诸大贤者不得不隐姓埋名，以求生存。这样的人物除大家熟知的关里爷、洼上师傅外，还有诸如爸爸太爷、毛沟爷、洪乐府银拐子、古城三爷、胎里会、巩昌张、漫山阿訇、盐关刘、牛木头阿訇，等等。

在这些隐姓埋名的哲派诸大贤中，成就佼佼者要数关里爷、洼上师傅二人。洼上师傅作为哲赫忍耶生与死之间的桥梁，从而延续了哲赫忍耶的生存发展；而关里爷之所以大名鼎鼎是因为他是道祖马明心时代的哲派著名学者。关里爷曾用阿文写成记载哲赫忍耶两代穆勒什德马明心、穆宪章宗教、历史活动的最早经典著作《热什哈尔》。

《热什哈尔》是中国回族内部少数人中流传的一部重要文献。如同哲派诸大贤为了摆脱清廷的迫害而采取隐姓埋名的生存方式一样，在清代有关哲派教史的一些重要著述也采用秘密的形式而传世。比如经典世著“《热什哈尔》是非官方的、被禁绝的、底层民众的历史文献”。为了守密，这种文史形式就是不使人阅读，“《热什哈尔》一书主要使用阿拉伯文写成了，这样便拒绝了汉语世界对之阅读的可能。写成后从未刻板，仅仅在哲赫忍耶派回民的一些大学者（阿訇意即学者）中传抄。而作者为了进一步守密，书的后半又改用波斯文——这样继而拒绝了相当多数的阿訇阅读，因为阿訇中识波斯文的毕竟更少”[1]。而关里爷是道祖马明心时期精通阿文和波斯文的著名学者，这些渊博的学识使他成就了《热什哈尔》。

关里爷是甘肃伏羌（今甘肃省甘谷县）人，家曾住伏羌东关内，故称关里爷，他的宗教经名为艾布艾拉曼·阿布杜尕底尔。关里爷是马明心在伏羌一线的掌教者和大学者，他又是哲赫忍耶第二辈、第三辈教主时期的“热依斯”（教主代理人），“他是十九世纪前叶极重要的回教人物，不仅以学者著名，更主要的是他曾在哲赫忍耶苏菲派史上举足轻重”[2]。但至今这个“举足轻重”的人物的姓和名仍然是一个谜。《热什哈尔》的著作权人只能以关里爷署名。

金积堡在马化龙执教时，曾在其家院附近修建了一座小清真寺，名曰小寺。小寺在此期间具有特殊的宗教地位，主管此寺的人物，实际上是代理穆勒什德的相当部分事务，尤其是代理穆勒什德主持着哲赫忍耶的一系列“尔麦里”。哲赫忍耶第五代穆勒什德马化龙掌教时期，身边有几位教内地位相似于小寺“热依斯”的大名鼎鼎的阿訇，他们是江南戴爷、山东金爷、洼上师傅、滩里爷。同治年间的战争期间，戴爷病了，马化龙正式把小寺教务交给洼上师傅。洼上师傅虔遵穆勒什德马化龙的宗教使命“到南边去立行教门”，从而使陇南的地理死角地带张家川成为哲赫忍耶的复兴基地。

据曼苏尔·马学智阿訇所著《哲罕耶道统史传》第五门记载：“传说，江南戴爷病了，教主束海达依将小寺的事情交给了洼上师傅。一部分家人偏爱这个，一部分家人偏爱那个，本坊的人偏爱金爷。教主说：‘我知道你们不知道的事。’然后情况紧急了，灾难来临了，教主在基兰爷家里干‘尔麦里’之后对洼上师傅说：‘你到南边去立行教门的事情。’师傅哭了，他不愿去，推故说：‘我不能走路。’教主说：‘你去，即使你跪着走也罢。’他又说：‘你去，以后我们还要遇面。’他嘱咐了他一些事情。那一晚念的是《穆罕麦斯》中的这一段诗文：‘我拿来了几个嘎夫……’以后他顺命同莲花城的人们在一月六日走了，他们到了黄嵩川，又到了张家川。以后教主牺牲了，受诅咒的人把教主的头传示各地，为了显威严使人害怕，直到兰州。就像叶吉德所圣人的爱孙侯赛尼的头为显威传

① 关里爷：《热什哈尔》，张承志等译，序文，3 页，北京，生活·读书·新知三联书店，1993。

② 关里爷：《热什哈尔》，张承志等译，序文，7 页，北京，生活·读书·新知三联书店，1993。

示各乡那样。然后教徒们把教主的头拿到张家川师傅家。他们迎接他，那时师傅忘了教主的嘱咐，以后他在宵礼后念《穆罕麦斯》时念到那一段，他才记起来，他痛哭了，念不下去。他说：'教主，我从前就知道你的尊大，可是我不知道你这样的尊大'，然后，他们把他送到北山。三爷同师傅爷照当时古士布的口唤，把他埋在那里。须知在那里修了拱北。"①

关于洼上师傅履行宗教使命的情况，曼苏尔·马学智阿訇在他所著的《哲罕耶道统史传》这一古文献中，仅做了如上叙述，但"洼上师傅，其名称很难考究了"。② 至于他的家世、籍贯、出生年月、归宿等，一百多年以来仍然是一个不解之谜。

洼上师傅是哲赫忍耶教史上的一名举足轻重的著名人物，因此，解开上述谜团对于哲赫忍耶道统史的研究有着弥缺补漏的作用。为此笔者利用工作之余，深入访查，苦苦寻觅，历时三年，终于弄清了一些问题，现将所获公之于后，供回族史专家、学者研讨。

1993 年初，笔者寻访得知洼上师傅第七世孙马德贵居住于甘肃省张家川回族自治县张家川镇大寺南巷，于是根据这一条重要线索追根溯源，开始了长达 3 年的调查访问活动。马德贵年龄 20 多岁，经、汉两文皆识，他的宗教经名叫伊力·牙生。在漫长的寻访活动中，马德贵始终予以配合，并陆续向笔者提供了大量的口碑资料以及他自己珍藏多年的文字资料、中阿文字画、条幅、中堂、对联、挽联挽幛、经典等，通过对这些珍贵史料的分析、研究和认定，初步弄清了洼上师傅的真实姓名、家世、籍贯、社交活动及归宿等。

据马德贵提供的一份资料记载，洼上师傅姓马名成，经名陆葛疏·尔不杜里·哈利格·艾布哲麻力·俄夫忍拿呼兰呼。

为什么马成在一百多年来被称呼为"洼上师傅"？据这份资料所述，马成因在甘肃莲花城洼上村开过学，故被教下尊称"洼上爷"；由于马成系哲赫忍耶第五代穆勒什德马化龙派往陇南一线的"热依斯"，加上他知识渊博、深孚众望，后来他给哲赫忍耶第七代穆勒什德马元章当老师讲文学、讲授伊斯兰经典，故又被教下尊称"师傅爷"。

当问及马成的籍贯和家世时，马德贵说，据祖辈们传说"洼上师傅是宁夏金

---

① 马学智：《哲罕忍耶道统史传》，1934 石印出版。
② 张承志：《心灵史》，196 页，广州，花城出版社，1991。

积堡人，洼上师傅爷的岳父也是金积堡人，姓肖。洼上师傅爷有两个儿子，一个殁于地震，一子名曰马万毅，在宁夏西吉新店子经商，生四子，其名不知，而这四子正是我的祖太爷。我的一个祖太爷生四子，长子曰马克勋，次子曰马克敏，三子曰马克恭是我的亲太爷，四子曰马克灵。马克恭生我爷马鸿业，我爸叫马玉良，我叫马德贵，是洼上师傅爷马成的第七世孙”。洼上师傅马成是同治战争时期被马化龙人选命为陇南一线的“热依斯”之后定居甘肃省清水县张家川的。

根据马德贵所示资料看，洼上师傅马成的出生年代尚待考查，但其归真时间在清代光绪三十二年（1906 年）之前，因为有马德贵提供的一幅“追颂”洼上师傅去世的挽幛作证。挽幛的落款是“大清光绪三十二年夏五月上浣谷旦”。笔者理解因为挽幛上有“追颂”二字，这说明洼上师傅马成去世于光绪三十二年以前的某一年，而并不是当年，这幅挽幛的详细内容笔者在文末做以交代和介绍。洼上师傅归真后，哲派第七辈穆勒什德马元章与张家川政界要人及教下万名群众集资将其殡埋，安葬在张家川镇北门外，并修拱北一处，自有拱北后，每逢“师傅爷”忌日和正月十三日十三太爷纪念马化龙“尔麦里”，全国各地教胞来宣化冈和南川道堂上坟聚会时，都到“师傅爷”拱北上坟，举行“尔麦里”，该拱北墓地至今犹存，墓园门由其后裔维护管理，门上方书有“先贤师傅爷墓园”七个汉字，其上并写有经文。

综上所述，笔者认为马德贵先生所提供的上述资料对我们进一步考证哲赫忍耶教史以及洼上师傅的家世等具有重要作用，应该引起史学界的高度重视。现将马德贵珍存的这些内容丰富且鲜为人知的、具有文物价值的史料一一介绍如下：

第一，《穆罕麦斯》是哲赫忍耶创始人马明心于清乾隆九年（1744 年）从也门求学回国时带回来的阿文典之一。马德贵家中珍藏有一本由新疆回族总教长马良骏阿訇用经堂语的汉文，采用七言赞诗的形式译著成的哲派著名经典著作《穆罕麦斯》。此经典在首篇序文之后署名的译著时间为民国三十七年一月、穆圣迁都一千三百六十七年全月。译讨者甘肃清水县上磨庄马良骏善堂氏；誊写经文王普贤；誊写汉文马元新泽民；印刷装订马继贤明德。

第二，《满丹夜合》亦是哲赫忍耶创始人马明心于清乾隆九年（1744 年）从也门求学回国时带回来的著名阿文经典之一。马德贵家中珍藏有一本由洼上师傅马成亲笔誊写的哲派经典著作《满丹夜合》。

第三，马德贵家中珍藏有哲派第七辈穆勒什德马元章亲笔书写的阿文字画及洼上师傅马成亲笔书写的阿文字画数幅。

第四，哲派第七世穆勒什德马元章“到化龙殁后四十年大节，也就是清政府覆灭，辛亥革命成功的一九一一年冬，他跋山涉水，由西吉滩到张家川之毛娃山，大干‘尔麦里’（念经），祷念化龙，庆祝清廷灭亡，共和成立，哲赫忍耶反清胜利，并正式宣布追认马进成为哲派第六辈教主，他自己以第七辈相继。群众称为‘沙沟太爷’，在大庆的那天，适逢大雪，他便作歌志之，其歌曰：‘大风起兮雪飞扬，高山远祭兮望下梁。三九之年兮罪汪洋，真主赐恩兮启祯祥。’词中的‘汴梁’指的是马进成被清廷折磨致死之地。‘三九’是指化龙一家被杀害已三十九年了。‘祯祥’是马元章自己的号”[①]。马德贵家珍藏有马元章亲笔所写《大风歌》中文条幅一幅，但该条幅内容与马通先生所收集的歌词略有不同，马元章亲笔所作《大风歌》条幅内容为“大风猛起兮雪飞扬，高山野祭兮望汴梁。三九之年兮罪汪洋，真主赐恩兮启祯祥。”

第五，马德贵家上房悬挂一幅中堂字画，字画的中堂内容标题为：“甲子年建寅正月在宣化冈录”“教祖隐语今明显共沾天吉庆”。中堂内容笔者已附于《从〈谒关川道堂〉一文看马明心的出生年代》这一论文之后。[②] 该中堂两边的条幅内容为“拜真主一尘无染，赞圣人两世有光”。落款为“仁兄老先生补辟，谨垒书”。

第六，马德贵家中墙上挂有一幅哲派七世穆勒什德马明心、穆宪章、马达天、马以德、马化龙、马进成、马元章及其家族成员和哲派诸大贤生卒纪念日的条幅。这张条幅上载明六月十三日为洼上师傅殁忌，但其究竟归真于哪一年，笔者前面以挽幛作为依据，推测洼上师傅归真年代应在清光绪三十二年以前。更重要的是，这份“由马世藩署名的人于宣统二年六月十四日所撰写的忌单记载：道祖太爷降于康熙六十一年壬寅，升于乾隆四十六年辛丑三月二十七日，享年六十岁”[③]。从而对马明心的出生年代提出新说，而这种新说与关里爷所著《热什哈尔》中所说的“须知，这一年（1781 年）他高贵的行年到了六十岁”[④] 是一致的。这张条幅的落款是：宣统二年六月十四撰文民国二十三年十月谨录，克恭世

① 马通：《中国伊斯兰教派与门宦制度史略》，425 页，银川，宁夏人民出版社，1983。

② 马国强：《从〈谒关川道堂〉一文看马明心的出生年代》，载《甘肃民族研究》，1994（4），44～45 页。

③ 马国强：《从〈谒关川道堂〉一文看马明心的出生年代》，载《甘肃民族研究》，1994（4），43 页。

④ 关里爷：《热什哈尔》，张承志等译，103 页，北京，生活·读书·新知三联书店，1993。

伯大人雅属，古滇价臣马世藩。

第七，哲赫忍耶派第七世穆勒什德马元章在西吉因海原大地震遇难去世。马德贵家保存有一本由马焕章阿訇奉马元超（马元章胞弟）之命，于民国十年（1921 年）二月十二日著成并石印成册的阿文经卷《殉道阶级明证经》。这本阿文经卷后来由宁夏西吉县料泥河乡杨国荣阿訇采用现代语体做了翻译。

第八，马德贵提供的“追颂”洼上师傅去世的挽幛内容是：中堂开首为追颂大师傅老夫子先生大人懿行，挽词为“风徽永感”，落款为“赐进士出身诰授中宪大夫员外郎衔刑部主事诰授四川重庆府璧山县正堂覃恩加四级愚晚哈锐顾首拜撰、敕授文林郎吏部楝选知县丁酉科举人愚晚吴衍均全顿首拜书。大俄国、新疆省、秦州、固原州、平凉州、隆德府、静宁州、海城县、硝河城、平远县、化平厅、秦安县亲友马寅武、马震武、马绍武、马继武、马锡武、马忠武、马昭武、马毅武、马广武、马衡武、马仁武、马辉武、李自正等 240 人全拜，大清兴组织者三十二年夏五月上浣谷旦”。两张条幅开首为大师傅马老夫子先生，挽词为“圣教荣苦传薪半世辛勤成往事，清风长流水年申慕属先生”。落款为浩授奉直大夫钦点七品小京官刑部四川司主搞秋审处核对丁酉科授贡晚生王友曾顿首拜撰并书。两边缘锻幛上署名的有 1246 人。

（原文发表于《甘肃民族研究》1996 年第 1 期）

马元章“和为贵”思想初探

马　景

马元章（1853—1920），原名云鹏，字光烈，号祯祥，是中国伊斯兰教哲派（即哲赫忍耶门宦，下同）的创始人马明心（1718—1781）的四世孙，哲派第七代教主，他青少年时代正好赶上了同治年间的西北、西南的回民大起义。随着同治回民起义的进行，他的家乡云南他郎（今墨江县）也因他的家族资助云南杜文秀起义而遭到清廷的围攻，许多人被杀，他幸免于难，遂逃出清军的包围，这就是该派所谓的“十八鸟儿出云南”。他和其弟马元超、马元坤等一路扮作卖茶叶的商贩，千辛万苦逃到甘肃张家川，得到了早已降清的回族官员李得仓的庇护，暂时在此处落下脚，开始有步骤地复兴早已被清廷残酷镇压而处于衰亡的哲派逐渐恢复元气。在他的一生中，他吸收各种先进的思想，主动和一些汉族知识分子交朋友，接近上层官员，并与他们搞好关系，并且吸收历代教主的成功经验和失败的教训，总结经验，发奋图强，不辞辛苦，转走大半个中国，对哲派的复兴起到了领导的作用，促进了哲派的又一次复兴高潮。

一、马元章“和为贵”思想的来源

首先，伊斯兰教中倡导的和平、顺从的思想是他思想的主要来源。马元章本人则自幼聪明好学，在阿拉伯语方面造诣很深，据说18岁就会背诵整本《古兰经》了，使当时的许多阿訇、长者惊叹不已，称赞其是奇才，如当时著名的大阿訇马乐山都说自己的学问都比不上马元章，可以肯定他对伊斯兰教的教义、教律是颇为熟知的，他的伊斯兰知识是相当丰富的。其次，其家族良好的伊斯兰传统，从小塑造了马元章与人友善的品格，这些友善的思想不论是他祖父还是其父亲，都来自伊斯兰倡导的和平思想。马元章的祖父马顺清在马明心遇难后被发配到云南他郎，后来他成为哲派第四代教主马以德在云南的“热依斯”。在云南以经商为生，他慷慨尚义，与周围的人友善交往，平易近人，凡是在周围不分任何民族的人家遇到紧急的事情，他都不同程度地给予解决，在当地颇有影响，他后来被当地人及周围人称为“善人”。而他父亲马世麟是哲派第五代教主马化龙在云南的“热依斯”，并在云南经营进出口生意，出口到云南周围的一些国家和地区，如泰国、缅甸等地，雇用的人也很多，他有驮运的骡马500余头，财力雄厚，是当时云南的有名的富户，其买卖公平的作风受到人们的尊重，而且他作为教务管理人，自然因为其良好的道德风尚，博得人们一致的赞叹。伊斯兰本意就是和平、顺从等意思，伊斯兰教本来是倡导和平的宗教，主张与人为善，做善事。“命人行善，止人作恶”是贯穿《古兰经》的一条红线，这是他“和为贵”思想的主要来源。

其次，儒家的“和为贵”思想是他思想的又一来源。同治年间回民起义后，左宗棠在宗教政策上除了抑制和禁绝哲派外，还企图“用夏变夷”，“变其旧俗”，“同我华风”。他甚至攻击回民“鲜读孔孟之书”，“不明其理”，因此，他颁布《律易解》，“刊印颁发陕甘各州县”，令“教官朔望宣讲”，令汉回土民有所遵守，妄图用孔孟儒教来同化回民旧有的风尚。[①] 而马元章也早就看出来了，他“以其人之道还治其人之身”，主动接近并大量研读了诸子百家的书籍，当然这仅仅是历史发展的趋势而已，可以肯定，即使左宗棠不这样做，马元章还是会主动接近诸子百家的。他是哲派中唯一懂得阿文和汉文的教主。因此他阅历较多，擅长交际。他除了攻读经典圣训外，还博览了诸子百家的史籍文物，了解和掌握了诸子的思想，尤其是儒家的思想，自然儒家的“和为贵”思想如孔子的“君子和而不同，小人同而不和”（《论语·为政第二》），孟子的“天时不如地利，地利不如人和”（《孟子·公孙丑下》），有（若）子的“礼之用，和为贵”（《论语·学而》）等对他的影响是深远的。他还接受了刘智（介廉）用汉文宣传教义，用儒道之学解释宣传伊斯兰教，有运用儒家的忠义之道建立哲派的教权制度。另外他还主动与回汉族文人结交，学习和吸收这些知识分子对儒家思想的理解，这些人如清翰林哈锐（回族，甘肃天水人）、翰林安维峻（汉族，甘肃秦安

① 参见何玉畴、邓辉：《试论左宗棠镇压甘肃回民起义的剿抚政策》，载《西北史地》，1987（4）。

人)，翰林刘尔忻（汉族，兰州人)，甚至还有宣统皇帝的堂叔清道尹爱新觉罗·善昌。他经常和这些学者谈古说今，使他受益匪浅，因此成为当时宗教界一位博古通今的名人之一。另外，他后来还在宁夏固原设有商号“义和昌”，订有全国著名的报纸杂志十几种，每日翻阅，增长见识。他写有《省己格言》《鉴古训》《道统论》等文章。因此说儒家的“和为贵”思想是他的思想的一个来源。

再次，他吸收历代哲派流血的教训，以及同治年间的回民起义的教训，开始转向使用和平的方法复兴处于衰亡的哲派，避免了与当时政府的继续搞对立，最具有代表性的就是他对历代哲派所奉行的“舍西德”精神结合时代特征而做出的解释，这是他“和为贵”思想形成的一个重要来源。伊斯兰教主张“舍西德”精神，这在伊斯兰历史上曾经起了巨大的政治作用。而“舍西德”精神不是随便倡导的，它是在穆斯林的信仰和生命受到威胁时才提倡的，其目的就是为了保卫自己，抗击一切迫害穆斯林、破坏伊斯兰教的敌人。而哲派自从在中国的大地上生根发芽的那一刻起，就因早期革新思想主张的，如主张传贤不传子，诵经后不收取教民的费用，不设道堂、拱北，革除融进伊斯兰思想中的“异端”和其他风俗习惯，反对宗教世俗化，反对教主贪图财富等①。对早期中国穆斯林产生过很大的影响，许多早期的穆斯林都响应该派的主张，而从者日渐增多。甚至一些跟随老教（华寺门宦）的教民皈依哲派。一方面引起老派的不满，另一方面引起清廷的不安。政府官员认为他们“图谋不轨”，遂在新（哲派)、老两派之间挑起矛盾，政府公然支持老派。实行限制和打击新派的反动民族和宗教政策。而哲派宣扬的为信仰流血牺牲，跟随教主为教献身是无上的光荣，更是激起哲派信教群众的宗教热情，引起了哲派的起义，遭到了清廷的残酷镇压。而同治年间的回民大起义使哲派的打击最重，而且破坏性也是最大的。而自从马明心以来的历代教主大都或被清廷杀害，或被迫害而死的教训，他也看在眼里，想在心里，如何处理与当政者之间的关系，如何淡漠哲派信教群众的“砍头风吹帽，舍命不舍教”的这种“舍西德”精神，是摆在马元章面前的一个高难度的课题。这也是他“和为贵”思想的重要组成部分，更是他的思想中最具闪光点的成分。

---

① 南文渊：《伊斯兰教与西北穆斯林社会生活》，142～143页，西宁，青海人民出版社，1994。

二、马元章“和为贵”思想的具体表现

（一）缓和哲派内部矛盾，调整哲派内部关系

马元章自从云南成功逃离后，潜往四川成都，后来逃至甘肃张家川，与早已降清的哲派回族官员李得仓结识，并受到李的保护，就开始拟定恢复哲派教务的计划。首先，他成功打听到哲派第五代教主马化龙的家属和后裔的下落，不畏艰险，竭尽全力，成功地将他们营救出来，受到哲派内部的一致赞颂。并为马化龙修建拱北，撰写“为众舍身”的碑文，为此，他取得哲派教民的信赖和支持，大大提高他在哲派教众中的威望。其次，经过马化龙的遗孀西府太太白氏的同意和媒妁，马元章娶了马化龙之弟马成龙之女为妻，与马化龙家族结成亲缘关系，这样教权归谁就不成问题了，因为，马元章是马明心的后代，马进西是马化龙的后代，两人都有继承教主的条件，而这两人的祖先都对哲派的发展有不可磨灭的功德，都为哲派而被清廷杀害，都得到教民的崇敬。而马化龙后裔的脱险，马元章出了大力，况且马元章又是马化龙的女婿，理应掌握哲派教权，所以哲派教民尊称其为教主，马进西被营救出来后，也承认是该派的教主。[1] 再次，竭尽全力营救马进西，并处理好与马进西的关系。鉴于马进西是哲派第五代教主马化龙的后代，清廷极力想抓捕他，妄图斩草除根，因此马进西一直是清廷通缉的要人。在李得仓出面，甘肃提督马安良的说情下，马元章起草了赦书一份，其中有一句曰：“赦一人可安万民，杀一人万民难安”，呈报慈禧太后，慈禧太后看了赦书后，赦免了马进西，马元章也得到清朝政府的嘉许。而作为马化龙的后裔马进西，哲派教民对他也是相当崇敬的，在这种情况下，为了搞好与马进西的关系，马元章始终采取缓和敬重的方法对待马进西。而马进西在教主的继任方面与马元章有分歧和矛盾，甚至有过激烈的明争暗斗，但马进西鉴于马元章救过自己，而且在学问和能力方面远远超过他，他只能作罢。而民国五年（1916 年）马元章再次成功解救马进西父子，使他们的关系逐渐趋向缓和，在为了复兴哲派的共同重任上走得更近了。1916 年河南白朗军队攻占天水诸县，打死天水镇守使马国仁，有人向甘肃督军陆洪涛、省长张广建说马进西父子勾结白朗造反，因此马进西父子被捕，马元章知道后立即赶往兰州营救，此时有人劝马元章说：“你曾死

[1] 马通：《中国伊斯兰教派与门宦制度史略》，314 页，银川，宁夏人民出版社，2000。

里逃生地营救马进西，他不但不报救命之恩，反而成了你的大对头，如果你当年不救他，就不会有今日的两派，现在你不顺水推舟，还要去救，真是自找麻烦。”马元章听了大骂道：“你真是小人，你知道马进西是谁的后代吗？难道我能在他身上下毒手？你想叫我成为千古罪人？没有南川，哪来的沙沟，我们两家在精神上是相依为命的，唇亡齿寒，至于意见乃是家务，应识大体顾大局，救马进西是我义不容辞的责任。”① 经过马元章在兰州的斡旋，才将马进西父子释放。马元章的这种不计前嫌的高风亮节得到哲派教民的一致称赞。而马进西父子从此再也不为教权的事与马元章明争暗斗了，共同为了哲派的发展站到了一起。

（二）对哲派历代遵循的一些教义进行时代性的论述和重新定位

纵观哲派的发展历史，由于中国早期穆斯林的不团结，加之清廷的反动民族宗教政策，扶持老教，抑制新教，挑拨新、老两派之间的矛盾，发生了一系列的官逼民反的斗争，这使哲派的前几代教主和教民不是被杀就是被迫害或被流放、被屈辱而死，正是这种现实中的自卫反击斗争，使伊斯兰倡导的“舍西德”思想在哲派教主和教民之间不断升华，什么“舍命不舍教，坎头风吹帽，前辈是个血脖子，我也染个红胡子”是当时社会条件下的真实写照。而此时的马元章已经看出来了，如果不抑制教民的这种为了“舍西德”而“舍西德”的狂热，继续与清廷进行斗争，那么还会遭到清廷的残酷镇压，哲派教民人口将会再次锐减，如果能将教民的这种“舍西德”心理和“舍西德”行为转移到和平复兴哲派上来，不要为了“舍西德”而“舍西德”，这是摆在他面前的一大难题，而且他也开始这样做了。马元章经常对渴望追求“舍西德”而早进天堂心切的教民讲：“伊斯兰是为活人立的，不是为死人立的，我们都‘舍西德’了《古兰经》叫谁念？绿旗叫谁举？‘舍西德’不是无缘无故的，是最后不得已的，自找的死就不是‘舍西德’，教门未成身先死是最大的遗憾。”他还用中国历史上的故事作比喻说：“越王勾践有会稽之耻，卧薪尝胆，苟且生命，以图再起。我们有成千上万的教民，难道就不如一个兵败国亡的勾践？只想‘舍西德’而不去图生存，兴教门，救万民，如果你在天堂里看见你的家园被毁，妻儿被人抢劫，你在天堂里能坐得住吗？”② 他不仅抑制住教民的这种精神，而且把这种精神引导到复兴

① 马辰：《马元章与哲赫忍耶教派的复兴活动》，见《清代中国伊斯兰教论集》，银川，宁夏人民出版社，1981。

② 马辰：《马元章与哲赫忍耶教派的复兴活动》，见《清代中国伊斯兰教论集》，银川，宁夏人民出版社，1981。

哲派的实际行动中来，这是他成功的一个重要因素。另外，针对当时中国的另一个教派伊赫瓦尼运动倡导的“凭经立教”“尊经革俗”，回到“《古兰经》中去”，反对门宦和拱北的冲击和影响。在宗教仪式上，马元章及时纠正了前代教主强调的朝“道堂”等于朝麦加的错误思想，强调要隆重的举行“古尔邦节”（宰牲节），他说，我们没有财力朝克尔白（天房），可以在中国隆重举行穆斯林共同的节日，至于道堂绝不能当“圣地”朝拜，他本人理教四十余年严格遵照经典办事，从不树新立异，他说：“个人传授容易传错，若果脱离伊斯兰教正轨，形成遵人不遵经就了不得了。”[①] 为此他不但得到一些教派学者的赞同，而且避免了与其他教派大的正面冲突。

（三）调整回族内部及处理回汉民族关系

中国的回族自明朝中后期形成后，就在中国的土地上和其他兄弟民族一样，生存了下来，而且在清代前期以前就很和睦地生活在古老的格地目的教坊里，回族内部基本上没有大的分歧，加之这些时候政府的民族宗教政策还是比较优越的，回族人继续在中国的大地上发挥他们善于经商的优良传统。清朝中后期以来，随着海禁的开放，一部分苏菲思想的书籍伴随着中国穆斯林学者的朝觐回国，国外穆斯林学者和商人进入中国都被带进了中国。在中国的大地上，由于这些穆斯林的学者和阿訇在理解上的不同和吸收的不同学理的思想，使他们在有些方面有一些分歧，导致了中国回族内部的不团结。加之清廷的反动民族政策的误导，导致回族内部尤其是哲派与华寺门宦之间的矛盾冲突愈演愈烈，终于酿成回族内部的大乱。同治年间的西北回民大起义又使回族人团结一致，共同抗敌。然而，由于分歧，起义失败后，回族内部的矛盾依然存在，同治年间降清的一些回族将领，在左宗棠“以回制回”的险恶用心下，最终接过左宗棠手中的屠刀，转向自己的回族穆斯林同胞，许多穆斯林被杀，致使回族内部的矛盾更加激烈。如何将哲派教民对其他回族穆斯林的仇恨转移，这是马元章面临的又一难题。为了重振处于衰亡的哲派，马元章首先在回民中揭露左宗棠的“以回制回”的阴谋，竟而主张采取“多求友少树敌，凡是回民皆兄弟，何必煮豆燃豆萁”的方针搞好与回族内部不同教派之间的团结，尤其是与他同时代的伊赫瓦尼教派之间的关系，民心所向，在当时回族内部得到一致的好评。而且他与坐镇西宁的马

① 马辰：《马元章与哲赫忍耶教派的复兴活动》，见《清代中国伊斯兰教论集》，银川，宁夏人民出版社，1981。

麒、马麟兄弟及宁夏的马福祥等回族军事实力派人物的关系很好，尽管这些回族军事实力派人物的先祖都是同治年间对自己的回族等穆斯林兄弟曾经用武力镇压和屠杀过，而他们都对当时正在兴起的伊赫瓦尼派情有独钟，并进行全面的支持。马元章不计前嫌，主动与他们搞好关系。

回汉民族关系由于清廷的反动民族政策，致使西北回汉民族关系僵化，回汉民之间械斗时有发生，而且愈演愈烈，这也是哲派一直试图努力解决的问题，早在马化龙时期，回汉民族关系在宁夏部分地区有所缓和，而且回汉族也相处得很好，马化龙的努力，得到了汉族同胞的一致赞叹和敬仰，马化龙一度被称为“大善人”。况且在当时汉族也深受官府的压迫和剥削。遂与回民一起起义，就张家川回族首领李得仓的降众中就有三万多汉族同胞。然而其他地区，回汉族的矛盾也是深重的，同治后，如何缓解回汉族之间的矛盾，取得共同的发展是摆在马元章面前急需要解决的问题。因而他在团结回汉族关系方面做了大量的工作，主动结交有名望的汉族人士，他时常对教民讲：“没有回汉的团结，就没有教门复兴”，要求教民主动放弃成见，和汉民交朋友，化阻力为动力，他时常为汉族群众解决困难，得到回汉族人民的欢迎，并被称为“马大善人”。每逢宣化冈有“尔麦里”时，凡来朝拜的汉族，他都要亲自出迎，并吩咐侍者以上等筵席招待，汉族人回家时送双份油香。在张家川刘堡、王堡、榆树、连柯等地居住的汉族群众，经常去参加活动，并念叨说：“大善人对待我们如对待亲戚”①。1895年，河湟一带回民起义，海原人马匡匡杀死了该县的县长，由固原提督邓增办善后，邓因在同治年间被起义回民割去耳朵，怀恨在心，乱杀回民，一县之地，杀死三千多人，形将激起大变，马元章挺身而出，以“崇礼教、正人心”为由，向兰州总督上述陈述实情，痛陈利害，以免重蹈乾隆和同治年间的覆辙，洋洋洒洒，三万余字。兰州总督转奏清帝，得到嘉奖，同时，清帝又以失察罪名，责问平凉府官吏。马元章又以“民不举，官不知，民隐难明”为理由，为官府说情辩护，一时得到朝廷的好评，事后海原全县回汉百姓给马元章赠送了“万家生佛，恩惠桑梓”的万民伞，以表谢意。② 从此结束了甘肃陇东、陇南地区回汉人民长期对立的局面。

---

① 李树芳：《马元章传略》，见《张家川文史资料》（第2辑），内部参考资料。

② 马辰：《马元章与哲赫忍耶教派的复兴活动》，见《清代中国伊斯兰教论集》，银川，宁夏人民出版社，1981。

（四）缓和与当政者的关系，近官不信官

面对哲派与清廷斗争的历程，这种自卫反击的斗争对哲派来讲是一次次沉重的打击和损失，并且是一个深刻的教训。马元章吸取了这些教训，及时顺应历史发展的趋势，调整战略，主动与当政者接近，以便立于西北，发展哲派。首先是主动结交张家川降清的回族将领李得仓，而李又是哲派的教民，所以在信仰上是一致的，这是他靠近朝廷官员的第一步。而1895年因解决海原提督公报私仇进行屠杀回族一事，马元章主动向朝廷请愿，得到了清廷的一致好评和信任。1900年清太子少保董福祥因“庚子事件”得罪了洋人逃到了宁夏固原，董福祥曾因镇压同治回民起义而起家，而当他看到哲派在马元章的带领下在甘宁再次崛起，怀恨在心，妄图通过自己手中的兵力剿灭哲派，马元章知道后立即修书一份，陈述利弊，并以“获罪洋人”来恐吓董福祥，董福祥看了书信后，立即派人到沙沟向马元章道歉，并说他并无此意，实际上是坏人挑拨、造谣。马元章豁达大度，宽释前嫌，以桑梓为生。此后董福祥不敢再轻视沙沟，反而经常礼节性的进行拜访，这一事件提升了马元章在沙沟中的威信，回民也敢在固原的大街上戴白帽子，自由行走，而且不再受辱骂和歧视了，结束了回民不敢进城的历史。而他起草赦书要求赦免马进西这一事，不仅是慈禧太后赦免了马进西，而且得到了清廷的嘉奖。他的所作所为使得清廷渐渐放松了对哲派的限制，随着他的影响力的不断上升，清廷也趁机笼络他，1908年马元章55岁的生日清朝隆懿太后手书“寿”字中堂，送到沙沟祝贺表彰马元章是“今世师表，一代完人”。民国三年（1914年），因第一次世界大战，作为信仰伊斯兰教的土耳其参加了战争，而作为中国伊斯兰教哲派教主的马元章因怕受牵连，引起袁世凯的怀疑他与土耳其有来往。他及时致电袁世凯拥护当时中国北洋政府的对外立场，并以全家人的性命为担保，取得袁世凯的信任。而袁世凯回电马元章，说他是中国宗教界深明大义的爱国人士，并颁赠一等“嘉禾”勋章，以示嘉勉。与此同时，马元章又深知袁世凯反复无常，为了不引起他的怀疑，便把自己的第四子马震武留在北京明为供职，其实是留为人质。民国五年（1916年）因张广建和马福祥互争甘肃督军，马福祥曾请求马元章以同教（伊斯兰教）的关系而偏袒他，而马元章以西北民众安居乐业，国家太平统一为出发点，保举张广建，并回电袁世凯，袁认为马元章言之有理，遂任命张广建为甘肃督军兼省长。同时也使马福祥、马鸿逵父子对他怀恨在心。在张广建的倡议下，兰州各界赠马元章“东南西北人，江河湖海船”的大帐。

三、马元章“和为贵”思想的社会意义

产生于特殊历史背景下的马元章的“和为贵”思想在清末民国这段时间内，起到了很重要的作用，有着十分重要的社会意义。首先，就是这种以和为贵的思想，上交国家元首，下体察民情，主动与当政者和社会民众保持沟通与对话，不仅使哲派有了一定的喘息的机会，为哲派的存在与发展创造了相对宽松的社会政治环境，加强了哲派内部的团结，调整了哲派的关系而且避免了哲派内部大规模的冲突，避免了哲派重蹈历史的覆辙，避免了与当时其他教派大的矛盾冲突，客观上促进了哲派的发展，使哲派走上了继马明心、马化龙以后的第三次复兴高潮。其次，也缓和了哲派民众与其他民族人士，尤其是与汉族同胞的关系，加强了回汉民族团结，为回汉民族关系的发展做出了重大的贡献。在与当政者关系方面，他近官不信官，表现出他不与当时的当政者同流合污，而且保持高度的警觉，顺应社会发展的趋势，他作为一个宗教领袖，又作为一名社会成员，具有的那种人格和气质，同时得到当政者的赞同与支持。而他的所作所为在一定程度上抑制了甘肃诸马势力的扩张，客观上维护了西北地区，尤其是甘、宁地区的稳定。正是他的这种“和为贵”的思想的影响，到1920年他去世后，上至民国总统徐世昌，政界官员，军界、教界，下至回汉黎民百姓，写挽联来怀念他的丰功伟绩。就连曾经对他怀恨在心的马福祥、马鸿逵父子也写挽联来纪念他，这里写出一些人士的挽联、挽幛，以供参考。如民国总统徐世昌送的挽联是“道力竟难回地性，化身自应返天方”。中堂为“笃道知方”；绥远都统马福祥的挽联是“功在吾教”；宁夏统领马福寿的挽幛是“泰山其颓”；马鸿逵的挽幛是“老成凋谢”；陇南镇守使孔繁锦的挽联是“景教东来衣钵秉真传，一代宗风同仰止；旗亭成永别，什方从此失皈依”。天水前清回族翰林哈锐为马元章敬献“为教牺牲”的匾一块。[①]

马元章的“和为贵”在清末民国初，尤其是在民国初年在社会上引起了强烈的反响，尤其是他作为一个宗教人员能从社会稳定、民族团结为出发点，积极地适应社会的发展，与时俱进的发展哲派，对我们今天如何处理宗教与社会主义社会相适应也有一定的借鉴意义。在当前的社会，如何处理好宗教与社会相适应

① 参见吴钰：《天水回族史略》，256页，兰州，甘肃人民出版社，2000。

是各大宗教面临的共同问题，作为伊斯兰教，尤其是西北的伊斯兰教，由于教派众多，人员复杂，分歧也很大，如何加强各个教派之间的团结，处理与社会主义相适应的问题也至关重要，因此，各个教派应当相互尊重彼此在一些问题上的主张，应当与时俱进地了解各个教派形成和发展的历史，以史为鉴，面向未来，力求在求同存异的原则指导下，逐渐通过对话和协商的方式来加强各教派之间的认同和团结，逐渐达成广泛的共识。另外，还要加强与其他宗教之间的关系，相互尊重和了解各自的宗教，以消除相互之间的误解。这将是一个长期的过程，任何人、任何组织都不能操之过急，否则就会损害信教群众的宗教感情和民族感情，影响民族团结，出现不稳定因素。

（原文发表于《甘肃民族研究》2006年第1期）

后 记

张家川回族自治县是一个典型的少数民族聚居的地区。1953 年 7 月 6 日，张家川镇洋溢着浓浓的喜庆气氛，来自张家川地区的各族各界代表欢聚一堂，正式宣告张家川回族自治区（县级）成立，这标志张家川人民进一步完善和实现了当家作主的权力，为今后繁荣发展开创了更为有利的条件和美好前景。至 2016 年，张家川实现民族区域自治已走过了 63 个春秋。期间，张家川县回汉人民紧密团结、自强不息、共建美好家园，表现出了非常好的精神风貌，各项社会事业得到很大发展，这是党的民族政策的伟大胜利。在全国人民为实现两个“百年梦想”，实现“中国梦”的伟大征程中，回族作为中华民族的一份子，是重要的参与者。同时，民族地区经济繁荣、社会稳定、文化昌盛和中国梦的实现也是息息相关。这本书是《张家川回族研究（1）》的修订版，系统介绍张家川回族历史、经济文化、教育、回汉关系、历史人物的编著，收集汇总了专家、学者近 2007 年前发表于《回族研究》《西北民族大学学报》《中央民族大学学报》《宁夏大学学报》的多篇论文。我们将这些文章汇总成册，一是为了将散诸报端的文章做一个整理，方便研究者查找阅读；二是为大家展现张家川研究的成绩和现状，方便进一步研究；三是以提纲的形式，将研究内容相似的文章归类，有助于我们把握民族地区发展的规律和脉络。以上是我们编这本书的目的，希望对张家川县的社会发展和文化繁荣尽绵薄之力。

虎有泽

2017 年 10 月 13 日

图书在版编目(CIP)数据

张家川回族研究.1/虎有泽主编.—北京:民族出版社,2018.11
ISBN 978-7-105-15599-6

Ⅰ.①张… Ⅱ.①虎… Ⅲ.①回族—研究—张家川回族自治县—文集 Ⅳ.①K281.3-53

中国版本图书馆CIP数据核字(2018)第281134号

张家川回族研究.1

封面设计:刘福勤
出版发行:民族出版社
地　　址:北京市和平里北街14号
邮　　编:100013
网　　址:http://www.mzpub.com
印　　刷:北京艺辉印刷有限公司
经　　销:各地新华书店
版　　次:2018年12月第1版　2018年12月北京第1次印刷
开　　本:787毫米×1092毫米　1/16　字数:320千字
印　　张:17.5
定　　价:50.00元
ISBN 978-7-105-15599-6/K·2727(汉1559)

该书如有印装质量问题,请与本社发行部联系退换
编辑室电话:010-64228001;发行部电话:010-64224782